晋商银行研究院学术文库·中小银行系列

新监管标准下的
小银行发展战略研究

李树生　吕福贞　编著

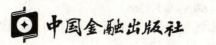

中国金融出版社

责任编辑：张　超　单翠霞
责任校对：张志文
责任印制：程　颖

图书在版编目（CIP）数据

新监管标准下的小银行发展战略研究（Xinjianguan Biaozhunxia de Xiaoyinhang Fazhan Zhanlüe Yanjiu）/李树生，吕福贞编著．—北京：中国金融出版社，2012.12

（晋商银行研究院学术文库·中小银行系列）

ISBN 978 - 7 - 5049 - 6805 - 0

Ⅰ.①新…　Ⅱ.①李…②吕…　Ⅲ.①商业银行—经济发展战略—研究　Ⅳ.①F830.33

中国版本图书馆 CIP 数据核字（2013）第 035004 号

出版
发行　中国金融出版社

社址　北京市丰台区益泽路 2 号
市场开发部　（010）63266347，63805472，63439533（传真）
网上书店　http://www.chinafph.com
　　　　　　（010）63286832，63365686（传真）
读者服务部　（010）66070833，62568380
邮编　100071
经销　新华书店
印刷　利兴印刷有限公司
尺寸　169 毫米 ×239 毫米
印张　18
字数　309 千
版次　2012 年 12 月第 1 版
印次　2012 年 12 月第 1 次印刷
定价　39.00 元
ISBN 978 - 7 - 5049 - 6805 - 0/F. 6365
如出现印装错误本社负责调换　联系电话(010)63263947
编辑部邮箱：jiaocaiyibu@126.com

摘　　要

　　本书以《巴塞尔协议Ⅲ》的修改和颁布为线索，立足我国小银行的发展战略，针对《巴塞尔协议Ⅲ》新监管标准的出台，对我国小银行监管进行了分析，特别对新监管标准下的小银行资本问题进行了深入研究，与此同时，本书结合金融监管对我国小银行的发展战略进行了研究。

　　全书围绕《巴塞尔协议Ⅲ》新监管标准颁布对我国小银行的影响、我国小银行发展与国家宏观审慎监管制度、村镇银行、民间融资等小银行相关问题及其金融监管的影响等方面的内容，进行了较为深入、全面的论述和调研。全书把小银行作为重点研究对象，分析了在新监管标准下，小银行在未来的发展战略问题。

　　全书紧密结合监管标准与我国小银行的发展现状，通过对历次巴塞尔协议主要内容修改的梳理，对小银行如何适应由于《巴塞尔协议Ⅲ》的颁布、我国新监管标准的探讨以及未来构建有我国特色的宏观审慎监管制度框架等一系列监管标准变化的背景下，如何开拓市场，高瞻远瞩，强化小银行的发展定位和战略研究提出了重要的建议。

　　本书的目的在于揭示《巴塞尔协议Ⅲ》的新变化、我国银行监管标准的修订及其对我国小银行发展的影响，提出《巴塞尔协议Ⅲ》框架下我国银行监管的新思路。全书的分析思路和研究方法是从理论到实践，由点及面的分析方法。全书除分析《巴塞尔协议Ⅲ》对我国小银行监管的意义外，还特别对新监管标准下有关银行资本充足问题、小银行的发展战略等热点问题进行了研究。

　　全书的结论是：面对《巴塞尔协议Ⅲ》及其国内监管标准的修订，我国小银行需要紧密跟踪国内外有关金融监管的标准，严格控制系统性风险、维护金融系统稳定。同时，在资本性指标、流动性指标以及杠杆率指标等方面要根据金融监管当局提出的新监管标准要求，及时采取对策和相应措施。

全书体系结构是紧密围绕巴塞尔协议与小银行发展，分别从资本监管、风险控制、内部控制、发展战略等方面、多视角进行了详细分析。

全书共分为七章，各章内容及其结构如下：

第一章　导论。主要是就新监管标准下小银行发展问题的思考。本章主要就小银行发展的分类、定位、发展脉络、发展环境以及存在的问题进行了分析。此外，本章还介绍了全书的选题背景、文献综述、国内外研究现状、全书的研究方法和思路、全书结构以及全书的创新等方面的基本情况。本章是对本书的概括和提炼，对全书起着提纲挈领的作用。

第二章　历次巴塞尔协议对小银行监管的完善及其评价。分别介绍了巴塞尔委员会对银行监管问题的发展脉络及其评价，并分别对第一版巴塞尔协议、第二版巴塞尔协议和第三版巴塞尔协议从背景、修改进程、内容和影响等几个方面进行了详细介绍。本章重点突出巴塞尔协议对银行监管（小银行问题的监管）的认识及其发展脉络。

第三章　《巴塞尔协议Ⅲ》新监管标准对小银行发展的影响。本章主要是从小银行的基本概念特征等写起，同时对小银行的发展脉络进行了简要回顾。同时，结合《巴塞尔协议Ⅲ》的新修改情况及其对我国小银行的影响进行了分析。主要就发展小银行的必要性、可能性等问题进行了探讨，特别是就当前我国金融监管领域小银行发展问题结合巴塞尔协议进行了分析。本章对小银行功能定位的争论、内部控制、风险管理问题及其资本补充等问题进行了分析。

　　第四章　新监管标准下我国小银行的发展战略分析。本章主要从小银行的功能定位、小银行的地域扩张与规模扩张、银行发展的差异化战略进行了详细分析，特别是对小银行的转型、小银行的并购与上市等现实热点问题进行了分析。本章通过数据和表格进行了较为全面细致的分析。

　　第五章　国内外小银行业务发展战略分析。本章从国内外小银行手机银行业务发展战略开始进行分析，并对国内外小银行投资银行业务发展战略、中间业务发展战略、零售银行业务发展战略进行了详细分析。

　　第六章　国内小银行管理战略比较分析。本章着重对小银行的品牌战略、营销战略、人力资源战略和合作战略进行了分析，同时还就小银行的IT 建设模式进行了探讨。

　　第七章　国内小银行发展的横向比较分析。本章选取了正反两个方面的案例进行了详细分析，共分四节，分别就招商银行发展战略及借鉴、民生银行发展战略及借鉴、兴业银行发展战略及借鉴进行了分析，特别是对海南发展银行的教训进行了深刻的总结。

　　【关键词】巴塞尔协议　银行监管　小银行　发展战略

目 录

Contents

第一章 导　　论

随着《巴塞尔协议Ⅲ》的颁布和逐步推行，它对小银行的发展和监管日益产生重要影响。可以说，巴塞尔协议是了解当代银行监管的一把"钥匙"。本书所讨论的"巴塞尔协议与小银行监管发展战略研究"，正是基于这样一个背景。

第一节　研究目的和意义

一、研究目的

当前，我国小银行的发展如火如荼，方兴未艾。根据中国银行业监督管理委员会年报显示，截至2011年底，我国共有144家城市商业银行，212家农村商业银行，2 265家农村信用社，190家农村合作银行，635家村镇银行。2012年底，江苏张家港农村商业银行在英国《银行家》杂志新近公布的按照银行一级资本规模排序的"2012年度全球1 000家大银行排名"榜中，位居全球银行业第709位，较上年度排名上升了39位。连续3年跻身全球银行业1 000强榜。各地的城市商业银行、农村商业银行、村镇银行、社区银行等小银行如雨后春笋般发展起来。

这是可喜的一面，与此同时，也存在着令人担忧的一面。肇始于2007年的美国次贷危机，随后发展成2008年全球金融危机，而且更为令人担忧的是此轮全球金融危机的影响尚未彻底结束，甚至还将持续十多年，甚至数十年（更为悲观的观点认为会持续近百年）。因此，防范金融风险，加强金融监管对于小银行而言还任重道远。

"巴塞尔协议"第三版（以下简称《巴塞尔协议Ⅲ》）的颁布，对于金融机构应对金融危机、防范金融风险具有积极的指导作用。因此，本书把《巴塞尔协议Ⅲ》出台后，对小银行的影响以及小银行的发展战略，作为本书的研究重点，这也是本书的写作目的之一。

概括地讲，本书的具体研究目的可以归结为：

（一）新版巴塞尔协议对小银行的影响

本轮国际金融危机暴露了欧美国家金融体系和金融监管的重大制度性漏洞。危机以来，金融稳定理事会和巴塞尔委员会按照二十国集团领导人确定的方向，对国际金融监管框架进行了一系列根本性的改革。2010年12月16日巴塞尔委员会发布了第三版巴塞尔协议（Basel Ⅲ）；最近巴塞尔委员会和金融稳定理事会就全球系统重要性金融机构（G–SIFIs）的评估方法论和附加资本要求（Capital Surcharge）达成了原则性共识。这标志着国际金融监管改革取得重大进展，确立了银行监管的新标杆。它对金融机构特别是小型金融机构的影响将在今后的实践中逐步显现出来。

《巴塞尔协议Ⅲ》的一个鲜明之处在于，从单家银行的稳健性扩展到了整个金融体系的稳定性方面，而小银行作为一国金融体系的重要组成部分，它的稳定与否直接影响着整个国家金融体系的稳定，因此，新版本巴塞尔协议对小银行稳健性的影响是小银行发展的重要研究课题。

与此同时，在新的金融监管标准下，小银行未来的发展战略也同样成为全书重要的研究内容。

（二）新版巴塞尔协议对我国小银行资本的影响

回顾历史，可以看出，1997年爆发的东南亚金融危机波及全世界，而当时的旧版巴塞尔协议（即1988年版）却没有发挥出应有的作用。1999年6月巴塞尔委员会发布第一次建议，决定修订老协议以增强协议规则的风险敏感性。2004年6月定稿的新巴塞尔协议，从单一的资本充足约束转向依靠资本充足率、监管部门监督检查和市场纪律三个方面的共同约束，所以又被称为"三大支柱"。在巴塞尔协议的这"三大支柱"中，笔者认为，资本充足率是巴塞尔协议"三大支柱"之首。

2007年2月，我国银监会颁布了《中国银行业实施新资本协议指导意见》，确定了我国银行实施新巴塞尔协议的范围和时间表。这个指导意见决定，在2008年底前由银监会陆续发布有关新资本协议实施的监管法规，在2009年进行定量影响测算。要求大型商业银行应从2010年底起开始新资本协议，经银监会批准可暂缓实施新资本协议，但不得迟于2013年底。其他商业银行可以从 2011 年后提出申请，自愿实施新资本协议。新巴塞尔协议没有修改旧协议所规定的 8% 最低资本充足率，但将整个风险的监管支柱扩充为三大支柱。所以，这次理财业务表外转表内的银信合作新政，应该是新巴塞尔协议实施框架下阶段性例行措施。

此外，从关注的对象看，原先关注的焦点大都集中于大型银行，"大而不倒"，而那些小银行的关注度可能不是很高。至少重点是在大银行方面。从关注的重点领域看，主要是资本及其充足率。由于银行表内信贷业务会被占用，就有可能压缩银行利润空间与增加资本金充足压力。提高资本要求度，就会把计提相应资本金的比率也提高，这必然会加大银行的资本金压力。这对那些资产规模达到一定程度，并且通过银行信托产品调节资产负债结构的银行具有明显的约束作用。但是，对于小银行而言就可能不是约束作用了，将是致命的打击。

这一点从有关资本市场中，银行股的走势可以看出，有关银行资本监管的新政出台以后，资本市场银行股表现一片葱绿，一蹶不振。

本书通过研究《巴塞尔协议Ⅲ》对我国小银行的影响这一主题，吸取了全球金融危机爆发前后国内外小银行的教训，此研究充分借鉴金融监管改革的最新成果，特别是第三版巴塞尔协议的成果，以图能够进一步完善我国小银行的监管，并根据监管措施能够对促进我国小银行转变发展方式、维护我国银行体系长期稳健运行、提高金融资源配置效率、支持国民经济可持续发展等方面能够有所借鉴。

重点是对小银行的资本监管进行分析。以第三版巴塞尔协议为核心的国际银行监管改革既延续了 1988 年巴塞尔资本协议（Basel Ⅰ）、第二版巴塞尔协议（Basel Ⅱ）以风险为本的监管理念，又超越了传统的资本监管框架，从更加宽广的视角理解风险，在监管制度层面确立了微观审慎与宏观审慎相结合的监管模式，体现了银行监管在三个层面的扩展和延伸。

（三）围绕《巴塞尔协议Ⅲ》，探讨小银行发展对策

如何发展小银行，金融界有不同的观点。2011 年"两会"期间，时任副总理的王岐山点名批评部分小银行"总想跨区域扩张"，这是因为近几年在银行业贷款规模大扩张、异地扩张经营时期，部分小银行也参与其中，未上市的部分小银行亦未能抵御扩张的诱惑。但同时也面临资本扩张受限的窘迫局面，未上市的部分小银行的融资手段除了发行次级债外，就是寻求老股东帮助、吸引民营资本进入或通过增资扩股引入新的股东，这种股权融资方式经常会引起

股权结构变动，也会导致小银行发生一些关联业务而酝酿形成潜在的金融风险。

由于融资渠道不畅，部分小银行的资本捉襟见肘，势必牵制业务的快速发展；与此同时，部分小银行的异地扩张及规模扩张所带来的风险隐患正在显现，其风险漏洞也为小银行的上市道路和未来发展增加了难以预料的金融风险，甚至带来不可想象的倒闭危险。

部分小银行股权价格过高，且上市无望，这样，对于小银行而言，它们除上述一些吸引新股东和民营资本外，最有可能的就是通过发债等方式增资扩股。而此举一样会酝酿着金融风险。因此，小银行的发展就必须面对在金融监管新政下的风险防范。国内外学者对中小银行发展及其作用的分析研究多隐藏于金融制度、市场竞争、区域经济发展、中小企业融资、社会效率与规模经济等理论研究当中。

鉴于此，本书探讨小银行的发展之路，除上述研究视角之外，还从小银行与区域经济发展、小银行与中小企业融资和小银行的优势、定位及发展策略等方面进行研究。

二、研究的意义

当前在全球金融危机的背景下，根治此番全球金融动荡的紧要任务是加强金融监管，完善金融体系，建立新的全球金融秩序，增加发展我国的话语权，进而重建世界金融秩序。在对这场危机进行反思中，如何重建全球金融监管新体系，对于重塑市场信心，提振全球经济至关重要。这正是本书的积极意义之所在。

与此同时，本书还有志于在金融监管理论，特别是银行监管方面能够有所作为，能够探讨在巴塞尔协议之下我国小银行监管的理论和实践。

近年来，我国以城市商业银行为代表的中小银行通过各种方式，比如更名、扩地、上市等，其实力得以提高，小银行的实力和地位迅速提升，特别是一些小银行的相继上市（如南京银行、宁波银行、北京银行等），成为近年来小银行综合竞争力进一步得到提升的标志。

有数据显示，全国小银行总资产规模增速连续三年超过30%，截至2012年6月末，我国小银行总资产规模达到115 134亿元，比上年同期增长31.5%，增速高于国有大银行的13.6%和股份制银行的27.3%。过去三个连续半年的数据显示，小银行资产规模的同比增速一直保持在30%以上，其中

2010年和2011年的增速分别为33.4%和32.4%，其资产规模占银行业金融机构的比例由2009年6月末的6.7%，增长至2012年同期的9.2%。

然而，随着《巴塞尔协议Ⅲ》的逐渐推广，银行监管当局对于资本监管的要求日益严格，我国一些小银行普遍面临着资本补充的压力。而小银行补充资本的渠道无外乎是通过利润积累、改制上市等方式，这种资本补充的方式将会对资本、股权和公司治理结构等方面带来很多变化，影响着小银行的未来发展。

这里，笔者选取近来一段时间，小银行在资本扩张方面的一些做法，结合《巴塞尔协议Ⅲ》及银行资本监管等问题进行研究。

在看到小银行实力提高，资产规模连续扩大的同时，我们也要清楚地意识到这背后所反映出的问题，要未雨绸缪。小银行在发展中所暴露的问题，特别是在资本扩张方面的一些问题值得我们关注。

一方面，资本充足率是衡量银行资本与资产风险预防程度是否充足的重要指标，也是其发展潜力的重要衡量标准，小银行要想进一步扩张，就必须有持续的资本金作保障。但另一方面，小银行的资本扩充又会遇到很多有别于大银行的现实问题。因此，如何根据小银行的实际，建立一种稳定、长期、可持续的银行资本补充机制对于小银行的发展更为重要。

2010年以来，国家实行稳健的货币政策，一些小银行普遍推行大规模放贷，特别是《巴塞尔协议Ⅲ》以及中国银监会所要求的提高资本充足率的有关规定，更是使得小银行面临着补充银行资本金的压力。2008年的金融危机也显示，按照8%最低资本充足率要求计提的资本远远不能覆盖吸收危机期间银行所遭受的实际损失，必须通过多种途径提供支持，加强银行资本补充能力。因此，探索小银行的资本补充问题具有很强的理论和现实意义。

目前，小银行各项监管指标都呈现较好的水平，整体保持了良好稳健的发展态势。但是从整体上看，大多数小银行的资本金缺口尚无充分的补充渠道，资本充足率发展不平衡，小银行也面临着很多的资本扩充约束条件。

2009年11月，银监会要求银行进一步防控信贷风险，针对拨备覆盖率不足130%、资本充足率不足10%的银行，监管机构将对其市场准入设限，不允许这些银行扩大风险资产规模。同年11月，银监会又发布《商业银行资本充足率信息披露指引》，对资本充足率信息披露的范围、内容和流程等提出了明确的监管要求。同年12月，银监会又发布《商业银行资本充足率监督检查指引》，通过监管部门的监督检查，推动商业银行完善风险管理体系和控制机制。可以说，资本监管要求的提高对于资本充足率刚刚达标的小银行来讲，无疑构成其资本扩张的强大外部压力。在当前信贷政策的压力下，小银行的资本充足率有所下滑，特别是在《巴塞尔协议Ⅲ》逐渐推行，以及中国银监会出台的有关防范金融风险而作出的规定，小银行资本充足率标准提高的前提下，小银行资本压力明显，建立起稳定、持续的资本补充渠道迫在眉睫。

概括地说，本书的研究意义主要集中在以下五个方面：

（一）小银行的资本及其补充问题

本书从理论和实践方面探讨了小银行的发展及其监管的问题，特别是对小银行的参股、控股与股权转让等问题从金融监管的视角进行了研究。

一些中小银行除了积极扩张地盘，异地建立金融机构之外，还通过参股控股异地金融机构的方式来实现间接的跨区域、跨城乡的经营。比如北京银行以1.275亿元的出资收购了廊坊商业银行19.9%的股份，成为了该行的第一大股东，从而实现了对原廊坊商业银行这一区域的控制。此外，一些中小银行还通过控股的模式提升自己的领地，如通过发起设立村镇银行的模式，拓展农村金融市场；通过设立金融贷款公司的模式拓展城市金融市场。很多村镇银行、贷款公司是由小银行发起设立的，与直接设立异地分支金融机构相比，发起设立村镇银行和贷款公司门槛较低，有利于小银行迅速占领城乡金融市场，但此举同时，也会带来一定的风险。

与前期小银行的参股、控股不同的是，2012年以来，以城市商业银行为代表的一些小银行的股权转让不断升温。通过对国内主要产权交易所公开披露的信息统计，截至2012年8月6日，共有13家地方银行公开挂牌进行股权转让，包括北京农商银行、大连银行、兰州银行、烟台银行、温州银行、重庆农村商业银行等。

据北京金融资产交易所有关资料，截至2012年8月份，北京农村商业银行挂牌转让580余万股股权，转让价格面议，但要求每股不低于3.8元。而在2012年上半年，北京农村商业银行就已经在北京金融资产交易所挂牌转让了5亿股股份，挂牌总价格为15.52亿元，折合每股3.10元。此外，大连银行也在北京金融资产交易所挂牌以1.72亿元的价格转让4 000万股股权。此外，上海联合产权交易所信息显示，兰州银行以1.6亿元的价格转让4 000万股权，折合每股4元。根据证监会在2012年3月底发布的名单，申报上市银行共有15家，其中11家为小银行，剩余的4家为农村商业银行。

最近一段时间以来，特别是2012年，地方银行股权挂牌的转让方大多实力雄厚，且多数为前十大股东，而这明显有别于前几年内部员工持股所进行的股权转让。比如 2012 年上半年，北京农村商业银行第三大股东北京华融综合投资公司则拟转让其持有的北京农村商业银行 5.23% 的股权份额；2012 年 5 月 2 日，烟台银行第二大股东华电集团在北京产权交易所挂牌转让其持有的烟台银行全部股权，合 13.65% 股权。

大股东转让股权，将资本退出小银行，因素较为复杂，需要具体分析。它既有政策原因，也有股东自身因现金流问题、企业的经营战略等因素的考虑。这里不做过多的评论。它所带来的现实问题就是未来小银行的资本扩张将面临更多困难。小银行的大股东们集中转让股份，一方面是赶上了股改的时点，另一方面也是考虑到了二级市场金融股价波动的影响。因此，这个时候各小银行的大股东纷纷进行股份转让，除小银行自身经营、资本运作等原因之外，同时也是对后期资本市场运行的预测。通过这一行动，我们可以看到小银行自身经营以及在资本补充等方面的问题。

最近几年来，我国各地小银行都在积极推行股份制改造。股份制改造必须面临资本问题。换言之，小银行股份制改造背后实质就是如何承担补充资本金、股权结构改造升级和在二级市场上市的任务。在这方面，小银行做的不一样，不好轻易下结论。有做得快的银行，也有股改进程相对缓慢的银行。小银行由于历史遗留问题，股权结构复杂，这成为其上市的一大瓶颈。加之，小银行前期扩张中的参股、控股等行为，又加剧了股权结构的复杂。

目前产权市场频现的小银行股权转让，实质是小银行资产扩张和资本补充进程中遇到的问题，背后体现了资金链的延续问题。小银行的股权转让折射出小银行中银行股权结构的复杂，这使得小银行在为筹资上市、完善资本补充机制、优化股权结构等方面更加困难、更加复杂。

（二）对小银行的扩张方式进行了分析反思，特别是对于小银行增设异地分支机构、发行理财产品等扩张方式进行了辩证的思考

一般说来，当前小银行资产扩张的渠道是增开异地支行、发行高收益理财产品和增加小企业贷款。从表面看，小银行异地扩张、增设分支机构似乎是比较立竿见影的方式。但此举是"双刃剑"，在给小银行带来积极效应的同时，也会给小银行的发展带来一定的负面影响。因此，小银行的异地扩张，一直受到监管层和学术界的争议，特别是银行监管当局的严密监控，但受控下的小银行并没有停止资产规模扩张的步伐。

2006 年 4 月，上海银行宁波分行开业，标志着小银行跨省区异地设立分支机构的开始。此后，全国小银行进入异地扩张高潮。小银行在异地扩张的同

时，还掀起了更名浪潮。一些小银行的名称越起越大，彰显了其扩张的"决心"和信心。

统计发现，虽然监管层多次表示不支持小银行异地扩张，但仍有部分小银行得以逆势扩张。仅2011年一年就有十多家小银行扩张成形。例如，2011年11月，包括成都银行、吉林银行、齐鲁银行等6家小银行均有异地支行通过了当地银监局的审批；2011年12月，哈尔滨银行有以成都双流支行为代表的五家异地支行宣布开业。在本书写作之时又得到新消息，2012年7月31日，浙江泰隆商业银行上海杨浦支行盛大开业，这是泰隆银行在沪设立的第八家支行。

尽管银行监管机构对异地小银行在当地增开网点设置了一定的门槛，包括公司资产规模、核心资本充足率等的要求，但为什么还是有一些小银行热衷于异地扩张呢？在这一进程中，确实有一些小银行可能实力强、有业务，能够增加营业网点。但并不是全部的小银行都有扩张的实力和能力。对此，我们要客观冷静地分析，一方面，小银行的异地扩张在拓展服务范围、探索小银行盈利模式、推进社区化经营战略、增加银行客户覆盖、提高吸收存款能力和提升企业声誉等方面都有一定的积极作用。但是，另一方面，小银行热衷于异地扩张，伴随着规模的做大，必然涉及资本补充的问题。一些小银行通过大规模地发行理财产品，以图吸引更多客户。近年来，一些小银行大量发行保本类的理财产品，令大比例的资产计入财务报表，使得这些小银行的资产得以提升。然而，此举带来的问题是，这些小银行的风险也得以显现。

据统计，2012年以来，各家小银行纷纷通过增加理财产品发行、提高产品收益率（一般在4%~5%之间）来吸引新客户，实现揽储目的。据统计资料显示，2012年下半年以来，小银行理财产品的发行量首次超过国有商业银行，前者的市场份额为27.5%，后者为25.6%；另外，投资期限为1至3个月的新发行理财产品中，平均预期收益率高于市场平均值且排名前三的银行中，二、三名皆为小银行。

从上述小银行突破异地限制、追求规模扩张和增发理财产品的经营模式来看，小银行在发展战略、多元化经营和市场定位方面确实想有所作为，然而，从金融监管的角度来看，我们对小银行的异地扩张并不完全乐观。这其中最大的担心就是对小银行的异地扩张所面对的风险，这是小银行必须面对的问题，也是银行监管当局担心的问题。

事实上，从2011年齐鲁银行的票据案到2012年烟台银行的票据案，小银行的操作风险漏洞屡屡暴露，流动性风险和信用风险也伴随其扩张而逐渐暴露。与大型国有银行相比，小银行起步晚、规模小，这种"先天"的弱势造成了小银行在其快速发展的进程中势必会暴露出一些不足，比如资产规模限制，内部风险管控能力，吸收存款的能力，存贷比等监管指标的约束，等等，因此，对于小银行在扩张过程中的风险防控能力和外部监管必须加强。

简言之，小银行突破地区限制，推行跨区域经营发展，必然带来更大的市场份额，但也会带来资本规模、经营管理、风险防范、内部控制等方面的考验，小银行希望在其发展中能够做大做强的愿望可以理解。然而，在异地扩张的过程中，势必会选择一些经济发达的城市和地区，这些地区正是一些大型银行和金融机构高度密集的区域，存在激烈的市场竞争，其风险和挑战显而易见，因此，小银行需要三思而后行。对于金融监管当局，也需要严格控制，避免过度的金融竞争，确保良好的金融秩序。

（三）探讨了小银行的同质化经营及其与大型金融机构的错位竞争，以及对小银行的退出机制等方面的问题进行了探索

各小银行在不断以异地扩张地盘后，纷纷尝试"偷袭"大型银行。而"偷袭"大型银行的拿手好戏就是占领市场、扩大地盘，小银行通过机制灵活的优势，错位竞争，加紧"偷袭"市场。

当前，小银行的地盘在一步步做大。根据银监会公布的中国银行业季度运行报告显示，2012 年第一季度各类商业银行中，小银行群体资产余额高于股份制银行，同比增幅 28.3%，仅排在较大程度因总量增长而居首的农村商业银行之后。

比较有代表性的是，2012 年郑州银行等一些小银行号召分支机构下农村做村居储蓄，意欲对农村金融市场进行开拓。很多小银行还推出了更多的措施提升市场，它们摩拳擦掌，跃跃欲试，小银行似乎在趁大型银行不到位的机会，演绎一场"奇袭白虎团"的大戏。

但是，从理论和实践来看，小银行如何面对利率市场化则是在其扩张和发展中又一个需要面对的问题。2012 年中央银行短期内两次降息所开启的利率市场化序幕，使得那些"高歌猛进"、"一路凯歌"的小银行在其扩张中惨遇"寒流"，小银行试图对大型银行进行"偷袭"的战略受到打击。

由于中央银行的宏观金融调控，在货币政策方面小银行的存贷受到制约，小银行的存贷利差在显著缩小，而大型银行具有规模效应，小银行的业务收入

结构单一。显然，相对于大银行而言，小银行对于中央银行的市场调控反应敏感，受到最近几次金融调控的影响也较大，它所面对的金融风险也较大。

此外，中间业务也并非一路凯歌。前些年银行业都向发展中间业务转型，不少小银行也积极跟进，但 2012 年，监管部门开始对银行业收费进行整顿，也使得小银行通过手续费增长拉动收入的想法受到抑制。

小银行异地扩张的另外一个问题就是同质化竞争的后果，如果小银行通过异地扩张能够做大做强倒也无妨，然而，小银行异地扩张的严重后果之一就是不可避免地带来了其发展模式上的趋同化问题。

在小银行异地扩张的同时，为博取更大市场空间，面对市场竞争，一些大型商业银行也开始谋求转型。随着利率市场化的加深，大客户的存贷款业务受到的冲击力更强。于是，一些大银行也开始把目标客户定位于中小企业，这使得大银行与小银行在这方面遇到竞争。目前，各类银行机构争夺中小企业的业务实实在在地成为大、中、小商业银行筹谋再发展的必然之举。

（四）探讨了在巴塞尔协议新资本要求下，面对利率市场化小银行的发展战略问题

由于国内金融环境的变化，特别是利率市场化带来的问题，小银行的生存和发展空间越来越严峻，如何筹划无差别监管下的小银行发展也是本书的关注点之一。

经过 2012 年的两次调息，当前国内银行业平均利差不到 3 个点，那么，小银行的盈利空间就在于瞄准大中型银行的"真空"地带。在当前情势下，小银行的业务结构要调整，同时向小微贷款偏移。

利率市场化使得一些小银行的贷款都比 2011 年同期有所下降，这个结果既受经济大环境的影响，也有因少量新的不良贷款抬头引起的审慎。面对 2012 年小银行呈现的"存贷双降"背景，一些小银行总行对下属分支机构的要求是，一方面加快信贷投放，另一方面也是要坚持市场定位，做到"额小、面广、分散"。

利率市场化下的小银行相对于大型银行而言，存款的压力更大。在存款成本高企的同时，小银行的贷款议价能力也弱，受国家金融调控影响，2011 年以来存款利率一直上升，贷款利率一直下降，利差越来越窄。小银行的日子并不乐观。

前有近在眼前的困境，后有更加严酷的威胁，小银行的未来发展之路似乎面临"四面楚歌"之窘境，小银行的发展之路何在？它将何去何从？

（五）新监管标准下，小银行的定位、品牌、人力资源、科技、薪酬等其他发展问题

由于多数小银行的前身是城市信用社、农村信用社，在这些信用社的基础上改制为城市商业银行、农村商业银行，先天存在着内部资金转移定价机制缺失问题。加之，小银行的人力资源优势、奖惩机制、内部控制和风险防范能力等因素的影响，要想改造成为现代银行，任重道远，绝非仅仅是更换一个名字那么简单。近年来，我们看到一些小银行热衷于更名造势，如济南市商业银行更名为齐鲁银行、太原市商业银行更名为晋商银行、石家庄市商业银行更名为河北银行等，不胜枚举，然而，小银行的发展绝非仅仅是更换一个"名头"就能够奏效的易事，它需要扎扎实实的努力和行动，它需要一个长期的发展过程。

此外，由于小银行不具备品牌优势，成立时间较短（我国大型商业银行有上百年的历史，中国银行的历史可以追溯到清末创办的大清银行），规模有限，在网点布局和营销渠道方面也有很大的限制。加之，小银行因资源及能力所限，难以满足大客户全方位的需求，因而在争取大客户方面的议价能力也不强。因此，中小企业就成为小银行发展的重要客户群。小银行上述特点和弱势，决定了它们同大型银行相比，在很多方面没有能力竞争，那种想通过"偷袭"达到目的的想法，有点不切实际。正确是要"有所为有所不为"，立足自身情况，积极打造核心竞争能力，实现自己的优势，而不应趋同发展，丧失优势。

概括地说，我国小银行的发展面临很多机遇，也面临很多挑战，特别是近期随着利率市场化进程的不断加快、信贷增速趋于放缓，而《巴塞尔协议Ⅲ》的推行和银监会有关资本约束标准的提高，更提高了小银行发展的难度和面对的挑战。这几方面的问题可以说是当前金融监管领域的重点、难点和热点问题，而本书所讨论的《巴塞尔协议Ⅲ》与小银行监管问题，在上述几个方面都有不同程度的体现。

纵观本书提及的小银行在发展中遇到的几个问题，逻辑上分析其相互之间有一定的内在联系。小银行在扩大规模的同时，由于小银行资本内生积累跟不上规模发展的速度，资本金与业务发展出现了背离，普遍面临着较大的资本约束。从外部环境看，面对激烈的市场竞争，一些大型银行受高利差吸引而携其强大的资金优势、规模优势、人力资源优势、经营管理优势、产品研发优势及网络信息和技术设备优势与小银行竞争，未来小银行的发展将面临很多不确定

因素，需要未雨绸缪，居安思危，发挥自己的优势，实现小银行的发展目标。

由于《巴塞尔协议Ⅲ》对我国小银行的影响等问题尚有很多需要探讨的地方，很多问题还需要等待实践的进一步探讨和回答。因此，本书对我国小银行发展的探讨还具有非常的不确定性，很多问题还会随着实践而不断进行修改和完善。

第二节　国内外研究动态

一、国外研究动态

国内外学者对于小银行的研究，一方面集中于小银行发展及其作用的分析；另一方面又多隐藏于金融制度、市场竞争、区域经济发展、中小企业融资、社会效率与规模经济等理论研究当中。因此，小银行的研究多散见于各种文献中，很难有完完全全对其进行研究的专一文献。同时，由于小银行研究涉及面广，分析角度多样，研究成果众多，鉴于此，本节对国外小银行的研究动态，将主要从小银行与区域经济发展、中小银行与中小企业融资和中小银行优势、定位及发展策略等方面对其研究成果进行概括。

自 2008 年全球金融危机爆发以来，国外对小银行发展的研究相对增多，特别是以巴西、俄罗斯、印度以及中国为代表的新兴市场国家，对于小银行的研究也有很多。

俄罗斯银行制度是在打破苏联时期单一国家银行制度基础上建立起来的，像经济转型的其他领域一样，银行制度转轨也是采取激进的一步到位的方式，因而在很短的时间内就形成了以中央银行为核心，以商业银行为链条的所有制结构多元、混业经营、高度对外开放的二级银行体制。中央银行从法律上拥有执行货币信贷政策和银行监管职能上的独立地位。改革伊始，俄银行体制就进入普遍的股份化过程，不同金融产权形式迅速进入市场竞争环境。中央银行和商业银行制度、银行业市场准入和退出机制、银行破产和重组机制、自然人存款保险机制等一整套类似现代西方市场经济国家的银行制度都从法律层面上逐步建立并日趋完善起来。

但俄罗斯的银行业发展是建立在分散和不平衡的结构基础上的，资产高度集中于大银行，中小银行众多但力量微弱。截至 2008 年初，前 200 家银行集中了 91.6% 的银行资产。尽管从 2007 年初，俄罗斯银行服务市场准入条件提高至 500 万欧元，但是依然有 400 多家自有资本不足 500 万欧元的银行存在。

自 1999 年以来，巴西政府积极推动代理银行制度发展，在低成本拓展金融覆盖率和提高农村地区资金可得性方面取得显著成效。根据巴西中央银行的定义，代理银行制度是一种在缺乏银行分支机构的地区为客户提供基础金融服务的方式和手段。银行与彩票投注站、药店、邮局、汽车经销商等商业实体签署协议，通过其商业网点提供部分基础金融服务，从而实现金融服务功能的延伸和拓展。同时，巴西相继通过了一系列立法，逐步放松对代理银行业务的政策限制。在地域范围上，巴西最初将代理银行业务限定在金融机构空白乡镇，后来则逐步放宽到全国任何地区；从业务范围上，最初仅允许银行利用商业网点放置 ATM 等取现设备，后来则允许代理行主动承担部分银行代理业务；在金融机构资格上，最初只有商业银行能够与代理行开展业务合作，后来则将开展代理银行业务的资格扩展到所有金融机构。立法管制的放松极大促进了代理银行制度的快速发展。

印度小产业由数量众多的小企业组成，是非常有活力的产业，在印度经济结构中占有重要的地位。小产业的发展水平对于印度的国民经济以及国际竞争力极其重要。但是由于小规模产业的先天缺陷，使它们在发展的过程中面临许多困难，如技术陈旧、管理经验不足、收款延迟、产品质量低下、容易受到环境变化的冲击、缺乏基础设施、缺乏营销网络等。

为了帮助小产业健康快速发展，印度政府颁布了《印度小产业发展银行法》，并于 1990 年 4 月设立了印度小产业发展银行（SIDBI）。根据该法令，SIDBI 应作为"促进小产业发展、提供资金支持的核心金融机构，并协调相关机构的职能，更好地为小产业服务"。

SIDBI 在其运营战略中关注的重点之一是增强对小规模产业的金融支持。SIDBI 主要通过直接资助或者间接资助的方式实行金融支持，设计和实行一些新的资金支持方式来填补现行信贷支付系统的资金缺口。

在发展中国家（地区），基于中小企业融资难和贫困问题以及 80 年代中后期开始的亚非拉国家的小额信贷热，掀起了有关小银行发展的浪潮。

总的说来，针对一些中小企业、个体工商者和广大农户的融资困难，各国对于发展小银行的问题普遍比较重视。同时，国外对小银行核心竞争力的研究日益深化。一般认为，Prahalad 和 Hamel 在世界上第一次提出"核心竞争力"这一概念，成为商业银行核心竞争力研究的真正起源。国内理论界和实际部门对小银行核心竞争力的研究较晚。

Leland 和 Pyle 指出，在信息不对称条件下借款企业为获取外部融资而对外发布信号是有成本的，而当借款企业建立联盟并形成一个融资互助的金融中介时能够将成本降低。在此基础上，Douglas 进一步指出，在信息不对称条件下，由于商业银行吸收的活期存款具有高流动性，一旦商业银行妄图利用它对存款人的信息优势谋取私利，不能按约定的存款利息对存款客户进行支付时，商业银行就会因自身的这种机会主义行为遭到破产，或是受到充当被委托监督人的信誉丧失等非金钱惩罚。

国外对于小银行的定位及其研究，很多是从金融机构规模与中小企业融资的实证研究方面进行的。目前一般认为，即使在发达国家，小银行比大银行更加倾向于向中小企业提供贷款，小银行的总资产中对小企业贷款所占比例高于大银行的相应比例。

Samolyk 通过实证研究发现，地区经济发展受地区银行影响，良好的当地银行有助于地区经济发展。Simo 和 Stavins 对 1992 年消费者融资调查资料分析后得出结论说，银行业市场保持着重要的地区性特征，有 68% 的家庭利用当地银行作为金融服务的主要提供者；84% 的中小企业以当地商业银行作为获取金融服务的来源，当地银行机构状况与当地经济发展存在较强的相关关系。

Holland 等人从银行体系的稳定性出发，通过 20 世纪 80 年代美国农业银行等地区性银行危机的影响分析，得出地区性银行规模相对较小，即使它们倒闭或破产也不会造成系统性风险，而大银行尽管可以实现资产多样化分散风险，但意外事件或者股市动荡造成的资产价格下降所带来的损失覆盖面往往是全国性的，严重时会对整个国家的金融、经济体系稳定造成冲击。

据美国学者 Berger 等人的研究，认为小银行（或者说小金融机构）更适合小企业信贷；而一些研究却对此结论表示怀疑，如 Jayaratne 和 Wolken 对小银行在小企业信贷上的成本优势假说进行了检验，结果并不支持此观点。

Bnaenjee 等认为中小金融机构在为中小企业提供服务方面拥有信息上的优势，并提出了长期互动假说。这种假说认为，中小金融机构一般是地方性金融机构，专门为地方中小企业服务，通过长期的合作关系，中小金融机构对地方中小企业经营情况的了解程度逐渐增加，有助于解决银行和企业之间的信息不对称问题。

Berger 根据 1993 年的数据对美国中小企业融资问题做了一个实证研究，发现大银行合并后，中小企业得到的贷款减少，而小银行之间的合并则会增加对中小企业贷款的供给。

Stranhan 和 Weston 分析了银行给予中小企业的贷款形式后表明，小银行一般比大银行持有更多的中小企业贷款，大银行仅占中小企业市场份额的35%。大银行贷款额增加对中小企业产值增加的作用没有中小银行显著。在为中小企业提供信贷服务方面，中小银行具有比较优势。其原因一方面在于，中小企业的资金需求规模较小，从而单位贷款的信息成本和交易成本相对较高。另一方面，中小银行在信息方面具有小银行优势，而大银行由于组织不经济而缺乏优势。

总之，上述与小银行发展相关的文献，主要是从某个侧面、某个阶段进行的研究，而对二元经济结构下小银行发展如何为经济发展不平衡、弱势群体服务的研究较少。发展中国家的一个基本特征是二元经济结构，在这一经济环境下，借贷双方信息不对称较严重、金融交易成本大，需要强有力的金融机构缓解信息不对称，减少交易成本。这样，欠发达地区金融中介机构的作用应与发达地区有所不同，发展中国家的发达地区与欠发达地区差别较大，小银行作为欠发达地区和农村区域的主要金融中介，其内涵与外延应该发生一些变化。

二、国内研究动态

近年来，我国金融监管领域的学者和研究成果不断涌现，我国学者结合国际金融危机所暴露出的金融监管问题，提出了很多有见解的思路和观点，涌现出很多学术成果。从研究动态看，由于我国对金融监管理论的研究起步较晚，研究成果多为总结或解释西方金融监管理论的内容，能独立自成系统进行深入研究或独创性地提出观点的学者甚少，特别是对于我国小银行的实际情况，提出有针对性的发展建议和发展规划的更少，这样势必导致小银行对自己的发展战略不能清晰地有所构思。

（一）对小银行的定位及其改革的研究

对于小银行的定义与概念目前学术界并无严格的定义，多数是从其资产规模和人员规模等指标数量进行定义。这就导致了对于小银行的定位众说纷纭。

我国的小银行很多是在合并城市信用社的基础上，由地方政府、企业、投资者三方入股并共同发起设立的地方性股份制商业银行。由于成立时间短、底子薄，普遍存在规模小、网点少、业务单一、盈利能力低的特点。在面对金融危机挑战的情况下，很多学者通过对小银行的现状进行调研分析后指出，小银行的未来发展只有通过完善公司治理机制、严控关联企业贷款、充分发挥现代化支付系统的作用，才能在面对金融危机时走出一条有自身特色的现代化金融企业之路，实现小银行的可持续发展。

相对于大银行而言，小银行在资金规模、管理水平、人力资源等方面较为薄弱，多数小银行未能根据经营管理需要建立完善的规章制度。尤其是在公司治理结构、内部控制方面缺乏有效的制度约束，造成公司治理结构不完善，内部控制薄弱，高级管理人员和关键岗位工作人员的道德风险较高，个别小银行违规、违法经营情况比较严重，业务拓展和创新能力相对较弱。部分小银行的领导和高级管理人员素质不高，缺乏必要的金融分析和管理水平，员工素质也亟待提高。这一切都制约了小银行的进一步发展。

这是小银行的不足之处，然而，小银行也有其优势，就是发展后劲大，经营灵活。此外，小银行具有鲜明的区域性、地方性特征。从历史上看，很多小银行多是由各地城市信用社改制而成。由于其经营范围受区域性限制，决定了其业务经营受到一定的地域限制。

从我国的实际情况来看，大部分小银行成立的时间不长，普遍规模较小、基础比较脆弱，特别是资产质量不高直接成为制约小银行发展的主要原因。因此，本书将致力于小银行的发展战略研究，特别是巴塞尔资本协议之下的小银行发展战略。

对于小银行的定位和发展，目前的研究一般认同于小银行经营发展战略定位主要面向城市居民和中小企业提供零售金融服务。由于小银行的发展历史以及机构性质决定了它的发展离不开城市经济这一根基，其组织形式、经营规模等决定了它服务于中小企业和城市居民的特性，员工素质、内部管理、经营水平以及风险控制等与大企业、大集团、高新技术企业不相适应。因此，小银行的自身特性决定了立足地方、服务中小企业和城市居民的市场定位。

这方面的研究主要集中于小银行原来的信用社产权模式的改革。代表人物有中国农业大学经济管理学院何广文（2003）提出的农村信用社制度创新不存在"最优模式"，认为农村信用社的改革方向问题不是一个合作制与商业化、合作制与股份制的简单选择，重要的不是哪种金融机构，而是金融机构具有什么功能。曾康霖（2005）认为现有农村信用社有合作金融之名，无合作金融之实，而且农村信用社由于存在严重的路径依赖和对其整顿提高的基本硬件条件不具备，所以几乎不可能通过强调三性原则对其整顿提高。张琦（2007）认为农村信用社在法人治理结构上应采取"动态"的股份合作制；在经营上实行合作金融与商业金融相结合的混合经营制；在行业管理上实行省级信用联社和县（市）级信用社的两级法人体制。谢平（2006）认为，我国农村信用社改革绩效不明显，花钱买机制并没有取得预期的效果。我国农村金融需求与农村信用社改革全书组（2007）对全国29个省（市、自治区）的村金融现状调查表明，农村信用社存在以下主要问题：对农村资金投放不足，资本充足率严重不足，不良贷款率仍然很高，股权过于分散，风险共担机制难以形成，民主管理流于形式，试点改革在"转制"方面进展不大。

这些学者为我国农村金融服务体系的完善提出了许多宝贵的建议，但其中仍不免有一些缺憾，主要体现在：局部研究较多，整体改革研究较少；一些学者的研究仍受计划经济思维的束缚，部分学者的研究严重脱离我国农村经济发展的实际；只有针对我国整个农村金融系统的研究没有针对地区性的农村金融子系统的研究，而我国农村地域辽阔，经济差别很大，必须承认差别，不搞一刀切，因此地区子系统的研究更有现实意义。

（二）关于小银行与区域经济发展的关系

林毅夫依据目前中国经济发展现状提出在特定时期应当发展中小银行的观点，把发展中小银行放到了国民经济发展的战略地位上来考虑。

舒炎、向湘、陈阳华认为在我国市场经济转轨的时候，众多利益关系没有理顺，国有商业银行在地方经济中逐渐退出，地方经济发展缺少金融支持，县域经济中存在着金融业发展的新空间，地方性的中小银行应当抓住机遇建立自己的经营范围，为地方经济发展提供资金保证。

郭斌、刘曼路以温州为个案分析了民间中小金融对当地经济发展的作用，证实了区域性中小银行金融机构的特殊经济作用。

贾成中、纪玉山认为构建中小金融机构服务体系是振兴东北老工业基地的战略选择。周建松、郭福春以浙商银行为立论的基点，从经济增长与金融发展的理论演化轨迹入手，从理论和实证两个层面论证了地方性金融机构为民营经济的发展提供了良好的金融服务与支持，两者之间协同发展，相互促进。

彭建刚、王睿在我国二元经济结构的背景下，从科斯的交易成本理论出发，分析了宏观和微观两个层面的交易成本与地方中小金融机构发展的内在联系。他们认为从宏观角度，发展地方中小金融机构实现金融制度安排多元化，有利于提高整个金融资源的配置效率，从而从一定程度上降低整个金融制度运转的成本。从微观角度，地方中小金融机构在服务地方经济方面与较大金融机构有交易成本上的比较优势，从而有利于降低参与金融交易各方所耗费的成本。因此大力发展与二元经济结构相适应的地方中小金融机构是支持地方经济发展从而最终改变二元经济结构的战略选择。

彭建刚、周行建认为地方中小金融机构在欠发达地区资源集聚过程中具有重要功能。刘金风在总结浙江、山东、湖北等地区中小银行支持区域经济发展经验的基础上，探讨了中小银行支持江西区域经济发展的对策。周鸿卫，彭建刚探讨了加快新农村建设中我国农村中小银行机构发展的策略，认为我国农村中小银行机构应发展为一个功能定位清晰、具有地方特色的、能提供商业性和合作性金融业务的多层次的银行机构体系。

（三）从小银行的发展战略方面进行研究

朱曙光、安军启在《河南商业高等专科学校学报》（2011 年第 8 期）发表了《浅析我国中小银行的发展战略——基于美国社区银行的发展经验》一文，该文立足美国社区银行的发展经验，对我国小银行的发展战略进行分析。文章认为，我国金融资源分布不均，存在着中小企业融资困难和居民金融服务需求得不到有效满足等问题。而美国社区银行历史悠久，差异化的市场定位和独特的风险识别能力确保了美国小银行能够为中小企业和城乡居民提供高质量的金融服务。我国小银行应以满足区域经济、中小企业、农户以及社区居民金融服务为重点，努力开拓新型市场需求，走差异化、物色化的发展道路。

华侨大学经济与金融学院的陈如清在《商场现代化》（2012 年第 2 期）上发表了《我国民营中小企业银行融资影响因素及其变动的实证研究》一文，就我国中小企业融资问题进行了分析，论文就中小企业的资产总额、担保实力、适度负债等影响因素进行了分析，还就小银行如何为这些中小企业提供金融服务提出了自己的观点。

中国人民银行长沙中心支行萧蓉蓉在《金融经济》（2012 年第 5 期）上发表了《我国中小商业银行的同质化竞争现象研究》一文，文章认为，小银行是我国银行业的重要组成部分，是支持国民经济发展的重要力量，但其在发展过程中普遍存在着同质化的问题，严重影响了商业银行的竞争。这不利于培养小银行的核心竞争力，也难以实现金融资源的优化配置。作者认为，只有采取结合自身业务优势的差异化竞争策略才是我国小银行的理性选择，并从经济政策环境和小银行主体创新两个方面提出了解决小银行同质化的对策建议。

付群在《宏观经济管理》（2012 年第 2 期）上发表了《我国中小银行发展的问题及对策》一文，就我国中小银行的发展现状、小银行发展中存在的问题、小银行的发展策略等问题进行了阐述，作者认为，小银行需要通过营造其发展的良好外部环境，完善金融机构市场准入机制和退出机制，加强小银行的金融监管。同时，小银行也要积极拓展业务范围，对市场准确定位，不断提高金融服务水平。文章从中小银行与区域经济发展、中小银行与中小企业融资以及中小银行优势、定位及发展策略等三个方面对中小银行的研究成果进行简单述评，指出以区域性服务为主的中小银行，通过与大型银行展开错位竞争，找到自己的生存空间，并成为大型银行的有益补充，有利于促进各地经济发展、满足各地不同的金融需求，增强区域经济联合。

阎福、杜凯在《海南金融》（2012 年第 10 期）上发表了《我国中小银行股权结构特征及其优化路径》一文，作者分析了近来我国小银行的发展情况，对小银行发展中存在的三种股权模式进行了介绍，通过分析三种股权模式各自的优缺点，提出了小银行今后股权结构优化的路径。

傅勇、邱兆祥和王修华在承担教育部人文社会科学研究基金项目"后危机时代中小商业银行的效率提升与风险控制研究"中，就我国中小银行经营绩效及其影响因素进行了研究，其科研成果体现在于《国际金融研究》（2011 年第 12 期）杂志上发表的文章。文章选取了 13 家中小银行作为样本，首先采用了因子分析法对样本银行经营绩效进行了评价，在此基础上，从宏观和微观两个方面建立影响因素进行模型分析。作者认为，在中小银行经营发展中，应逐步增强抵抗宏观风险的能力，保持适当的资产规模，控制董事会规模，着力改善员工的报酬。

郑绪新在《财税金融》（2012 年第 3 期）上发表的《我国中小银行信用卡业务盈利问题探析》一文认为，近年来，我国银行信用卡业务在以每年 20% 的速度增长的同时，银行业利润并没有相应提高。文章重点就小银行的信用卡业务盈利中所存在的问题进行了分析，并提出了相应的措施和建议。

国内从小银行的使命或存在的合理性方面进行分析的研究成果较多，有代表的学者有林毅夫（2001）从比较优势、信息不对称等理论出发指出不同的金融机构给不同规模的企业提供金融服务可提高金融资源的配置效率、降低成本，主张建立专门的小银行为小企业或小微企业服务。

李永军认为，不同的金融机构给不同规模的企业提供金融服务的成本和效率是不一样的，从银行机构的规模与非金融性企业规模的非对称性角度对中国银行业的行业结构与中小企业融资冲突问题进行了讨论，认为中国银行业过于集中的一个突出表现是中小型银行发展不足，金融资产过度集中于大银行，不利于中小企业的融资。

　　林毅夫教授从推进中国金融体系改革的角度，对于建立地方性中小银行以缓解中小企业的信贷约束进行了精辟的论述。他指出，资本密集型的大型企业的资金来源一般是向大型银行借贷和从股票市场直接融资，而劳动密集型的中小企业的资金则主要来自中小银行。从中国的现实情况看，劳动密集型的中小企业已经成为推动经济发展的主力，因此整个金融体系的构成应该以如何更好地为中小企业服务作为最终目标，这就要求中国金融体系的改革应该紧紧围绕着中小银行的发展来进行。他认为，只有中小银行才是能够真正支持中小企业发展的主要力量，金融体制改革应该围绕着服务中小企业这个中心，构建服务中小企业的银行体系，中小银行应该成为这个体系的核心。

　　李志赟建立了一个中小企业融资问题的分析框架，并将中小金融机构引入模型，发现引入中小金融机构将使中小企业得到的信贷增加，并且在中小金融机构的信息优势、数量和中小企业融资总额之间存在着正向关系。

　　张捷围绕融资中的信息种类与银行组织结构的关系，分析了银企之间的关系型信贷对于中小企业融资的作用，并通过一个权衡信息成本与代理成本以寻求最优贷款决策的组织理论模型，证明了在关系型贷款上的小银行优势。齐磊、吴茜则认为中小银行应作为致力于支持中小企业发展的后备力量，在促进我国中小企业发展上起到关键作用。彭建刚认为一个良好的金融体系不应该过分强调为大型企业服务，而应该努力发展多层次的针对各种规模的企业服务，尤其为中小企业提供有针对性的金融服务。他指出发展主要为中小企业服务的中小金融机构，就应该考虑发展以城市商业银行为代表的社区银行。

　　此外，彭建刚（2003）从建立区域经济发展极的金融支撑角度研究我国地方小银行的发展；史晋川（1999）以中国江苏、浙江的地方金融机构发展为例，从中小企业融资结构的变迁、满足市场经济需求出发研究地方中小银行的发展。张杰（1998，2000）从民营经济融资困境出发，提出新银行机构必须能完全按照市场原理运作，才能既不出现政府的不当干预，也不会有国有企业对国有银行那样的刚性依赖。顾旋、刘都、刘炜（2000）从规模经济不等于规模效益出发，认为小银行与国有银行比较，具有体制和管理上的灵活性，在科技上有后发优势。徐滇庆等人（2002）提出民营银行概念，通过对发达国家与地区民营银行及其对经济的作用的研究，强烈呼吁中国应当打破市场壁垒，发展民营银行。郭斌、刘曼路（2002）以温州个案分析民间小银行对当地中小企业起飞的重要性，证实了小银行的特殊经济作用。程慧霞（2000）以发达国家中小银行为研究对象，指出发达国家中小商业银行前景不乐观，而发展中国家当务之急是发展中小银行等金融机构，以促进本国金融秩序的发展与完善。

（四）从小银行的核心竞争力方面进行分析

还有一些学者从核心竞争力方面对小银行进行分析，如卿定文的博士论文从金融伦理与银行核心竞争力进行研究。

概括这方面的研究可以看出，目前人们对小银行核心竞争力评价指标体系的构建，主要是从两个方面进行的：一是从核心竞争力的主要特征来构建评价体系，即将核心竞争力的独特性或难模仿性、先进性、延展性、路径依赖性、战略价值性等特征作为构建评价体系的指标，这些特征既揭示了核心竞争力的本质属性，又能使核心竞争力区别于一般竞争力，更加能够突出核心竞争力的核心优势和核心能力要素，增强人们对核心竞争力的认识。因此，从这一角度构建的评价指标体系非常直观，指标简单明了，易于操作，也便于在现实生活中使用。但是采用这种方式构建的评价指标体系可能会忽视一些次要因素，这些因素也会影响核心竞争力。二是从核心竞争力的具体内容来构建评价体系。一般主要从资源要素、能力要素与环境要素等三个方面来构建。很明显，核心竞争力的影响因素很多，其中有些因素是主要的、有些是次要的，但是主次区分的标准则无法严格明确，如果这些指标因素的确定过少，则不足以构成指标体系，过多则相当繁杂，不利于操作。而且在确定其中各因素的权重问题上，也具有不确定性。

本书将在以往研究成果的基础上，围绕全书主题——巴塞尔协议对我国小银行监管的影响展开研究。

第三节　研究思路及方法

一、研究思路

本书立足于金融监管的新变化，探讨小银行的风险防范及其未来发展。尽管小银行在新规定下的未来之路还有很多不确定的问题，我们的研究思路是要立足小银行的实际情况，根据金融监管的变化，研究二者的关系。因此，本书实际是由金融监管、小银行风险防范及其发展战略这样两大部分组成。

基于以上考虑，本书的研究思路是从小银行核心竞争力及其发展战略入手，通过新监管标准下的评价指标体系来构思小银行的未来发展之路，概括地说，本书的研究思路有以下一些特点：

1. 立足小银行的实际情况

对我国小银行的分析，特别是其发展战略需要结合小银行的实际情况，小银行的核心竞争力是基于小银行的实际情况这一属性所决定的。因此，新监管标准下小银行的发展战略是就小银行核心竞争力、资本充足及其补充途径、内部控制、公司治理等各个因素的具体内容、相互关系与内在联系的系统分析，以此达到理论联系实际的研究。

2. 务实性原则

分析新监管标准下的小银行发展战略，所涉及的小银行经营管理、内部控制、人事管理以及核心竞争力等指标体系的构建应该具有较强的实务性与可行性，所提的分析和建议尽量来源于银行的统计数据，或者问卷调查的结果，甚至是我们一线的调研和走访。同时，我们在分析小银行的各经营管理时尽量与国内或国际通行的口径相统一，有利于在操作中进行实际的分析和评价。

3. 历史分析与现实分析相结合原则

在分析小银行的发展战略时，将小银行的历史情况与现实情况相结合，特别是从小银行的历史轨迹中提供其发展的战略途径。

4. 动态分析与静态分析相结合的原则

由于巴塞尔协议的修订，对于影响小银行发展、评价、监管的各种标准总是处于不断的发展变化之中，这就导致对于小银行的发展战略其实也是处于不断变化当中。因此，对于小银行的发展战略也是变化的。换言之，小银行的核心竞争力本身就是一个处于变化中具有一定结构与功能的有机整体，具有明显的动态性特征。为了动态性地反映和体现小银行发展战略的这种变化，就要使动态分析与静态分析有机地结合起来。

5. 定性分析与定量分析相结合的原则

由于小银行特殊的发展路径导致其特定的运作方式与特定的经营模式，有其独特的发展轨迹，同时又深深地烙上了自身小银行的组织构架、伦理文化、理念与营销方式等烙印。因此，本书对小银行的分析要尽量把定性和定量分析结合起来。

有关本书的研究思路如图 1-1 所示。

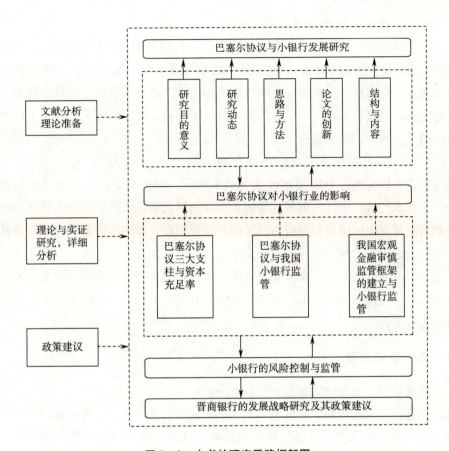

图 1 –1　本书的研究思路框架图

二、研究方法

总之，本书的研究方法侧重从动态的和历史演进的视角，结合巴塞尔协议对金融监管特别是小银行监管进行分析，通过监管者与被监管者之间的关系，以及在全球金融监管博弈过程中，一系列大国因素及其政治力量、经济力量和金融力量等相互作用的机制，来揭示巴塞尔协议对金融监管的影响。全书通过巴塞尔协议对我国小银行的影响，探讨建立我国宏观金融审慎监管以及金融体系的顺周期性问题。

具体说来，本书采用了规范分析与实证分析、理论与实践相结合、历史比较和中外比较法、规范分析与实证分析结合法、灰色关联分析法、博弈论以及实地调查法等方法。

现仅就其中几个方法做一介绍。

（一）历史比较和中外比较的方法

全书通过理论与实践相结合，运用了历史比较和中外比较方法加以分析。在对巴塞尔协议历次版本的出台背景、影响和意义等方面运用了历史比较方法。此外，全书结合此次国际金融危机的国内外实践经验，通过中外比较的方法对巴塞尔协议与国内外小银行的影响进行了分析，同时结合实际提出了作者自己的观点和相关政策建议。

（二）规范分析与实证分析结合的方法

规范分析与实证分析相结合是本书采用的一种基本方法。在全书的写作中，在资本监管、会计准则等外部因素造成的顺周期性以及可以考虑建立的逆周期机制等方面运用规范分析方法，同时通过国外大量的实证数据，并结合此次国际金融危机的相关情况，印证金融体系的顺周期性及其危害。本书还采用了实证分析的方法，将巴塞尔协议对我国小银行的影响进行分析，全书采用了全国部分小银行的一些数据，对巴塞尔协议有关资本监管标准修正对小银行的影响进行实证研究。

三、全书创新之处

概括地说，全书的创新之处有以下三点：

一是研究内容新颖，研究成果处于学术前沿。本书立足于巴塞尔协议与金融监管，着重于《巴塞尔协议Ⅲ》的研究，这在当前金融监管研究领域处于前沿领域，是一个全新的研究状态。全文以巴塞尔协议新标准对小银行的风险防范问题作为主线进行阐述，旨在丰富巴塞尔协议与小银行监管的研究。全书紧密围绕当前的金融监管热点问题，有的放矢地针对小银行监管提出对策。本研究将在内容上有扩展，突出实践应用背景，从而保证整个研究能够形成创新性和实用性。

二是较为详尽地探讨了巴塞尔协议修正后对我国小银行的影响，研究成果对实践具有指导意义。本书将巴塞尔协议修正后对小银行的资本补充、品牌战略、地域扩张、网络科技、客户发展、市场定位、核心竞争力等问题进行了分析。

三是研究方法上，注意理论与实践、国内外的比较等有机结合。本书紧密围绕巴塞尔协议与小银行监管问题，结合现代金融监管理论和定性与定量相结合的方法，构造了巴塞尔协议与小银行监管问题的研究框架。同时还通过国内外的相互比较，从更广泛的视角来研究我国小银行的发展战略。

第二章　历次巴塞尔协议的回顾

要分析《巴塞尔协议Ⅲ》的修订，有必要对巴塞尔资本协议进行一番梳理。

从1988年《巴塞尔协议Ⅰ》的最初问世，到2004年《巴塞尔协议Ⅱ》的出台，再至2010年《巴塞尔协议Ⅲ》的正式发布，巴塞尔协议根据金融机构抵抗金融风险的规定不断加以修正完善，已经伴随全球金融监管走过了20多年的风雨历程。

巴塞尔协议演进的进程，一方面彰显了它秉承的监管精神，即公平竞争、保护投资者和维护全球金融稳定的理念，另一方面，在《巴塞尔协议Ⅲ》不断完善和修改的进程中，其核心理念和思想逐步走向成熟，为全球银行体系的安全稳定发展奠定了坚实基础。

本章将介绍巴塞尔协议的发展历程，对三个巴塞尔协议的产生背景、主要内容及其影响进行分析，在对巴塞尔协议Ⅰ、Ⅱ、Ⅲ的发展过程有一个直观清晰了解的基础上，以求能够对《巴塞尔协议Ⅲ》的进一步完善加深理解。

巴塞尔银行委员会是历次巴塞尔协议的颁布主体，这三个版本的巴塞尔协议是巴塞尔委员会各成员国达成的若干重要协议的统称，是全球小银行最具有影响力的监管标准之一。这三个协议的出台，经历了全球金融危机和金融监管的风风雨雨，是全球金融监管领域的缩影，它深深打上了全球金融监管理念变化的烙印。

这里需要说明，由于巴塞尔协议颁布以来学界对其称呼有所变动，导致称呼混乱，不统一。因此，本书约定《巴塞尔协议》① 三个版本统一称呼为：《巴塞尔协议Ⅰ》是指1988年的巴塞尔协议；《巴塞尔协议Ⅱ》是指2004年

---

① 本书中如果无特别说明的《巴塞尔协议》多指巴塞尔协议的三个版本。有时会明确指出巴塞尔协议的第几个版本。

颁布的;《巴塞尔协议Ⅲ》是指 2010 年颁布的，巴塞尔协议是上述三个巴塞尔协议的统称，英文简称分别为 Basel Ⅰ、Basel Ⅱ 和 Basel Ⅲ（全书写作中有时也用英文简写表示）。

实际上，巴塞尔协议是巴塞尔委员会发布的一系列监管文件的总称，在分析巴塞尔协议之前，笔者先对巴塞尔委员会的有关情况加以介绍。

第一节　巴塞尔协议对银行稳健运行的促进

一、巴塞尔银行监管委员会的成立

1974 年，美国著名的富兰克林国民银行（Franklin National Bank）和德国赫斯塔特银行（Herstatt Bank）相继倒闭，随之而来的连锁反应，使许多国家客户受到巨大损失，给两国经济乃至全球金融业造成了严重影响，建立统一的国际银行监管体系已势在必行，这也是促使巴塞尔委员会产生的直接原因。

1974 年，十国集团中央银行行长积极倡议建立"巴塞尔银行监管委员会"，其成员包括十国集团中央银行和银行监管部门的代表。巴塞尔协议的出台源于前联邦德国赫斯塔特银行和美国富兰克林国民银行（Franklin National Bank）的倒闭。这两家著名国际性银行的倒闭使各国监管机构深刻意识到国际小银行经营所面临的环境日益复杂，风险明显提高，纷纷开始全面审视如何有效监管拥有广泛跨境业务的国际活跃银行这一难题。

建立统一的国际银行监管体系的日程被提上桌面，1975 年 2 月，由美国、英国、日本、德国、法国、意大利、比利时、瑞典、瑞士和加拿大组成的十国集团（Group of 10，简称 G10）代表们在瑞士的巴塞尔举行会议，商讨并成立了巴塞尔银行监管委员会（Basel Committee on Banking Supervision，简称巴塞尔委员会）。巴塞尔委员会成立的最初目的是通过各成员国向委员会派驻代表、各国代表每年定期召开三至四次会议的方式，通为各国金融监管者提供交流共享信息和观点的平台，通过签署各种合作协议达到促进银行监管国际合作、降低银行运作风险和维护全球金融稳定的目的。

巴塞尔委员会自诞生之日起，就致力于在全球范围内寻找小银行的最优做法并进行推广，促使商业银行强化风险管理能力，从而消除小银行的不公平竞争，保证全球金融的稳定。尽管巴塞尔委员会并不拥有超越各国主权的监管特权，其公布实施的各项协议文件也并不具备法律约束力，但是在巴塞尔委员会成立至今的三十多年里，其提倡的监管标准和指导原则在国际小银行得到广泛应用，大大提高了各国商业银行的风险管理能力。

随着全球经济的发展，特别是一些发展中国家的经济迅速崛起，全球经济格局发生了变化。一些发展中国家，特别是以巴西、俄罗斯、印度、中国和南非等金砖国家为代表的新型经济体在世界经济中的地位和份额逐渐提高，这些国家的金融市场也对国际金融市场产生了一定的影响。为了更好维护全球金融稳定，促进小银行的公平竞争，使更多的国家和地区能够贯彻落实巴塞尔委员会的监管原则，巴塞尔委员会也在后来的时间内陆陆续续地吸收了一些国家作为其新的成员。

2009年3月16日，巴塞尔委员会吸收澳大利亚、巴西、中国、印度、韩国、墨西哥和俄罗斯等7个国家为该组织的新成员①。

2009年6月10日，巴塞尔委员会邀请20国集团（Group of 20 简称 G20）中的非巴塞尔委员会成员、新加坡以及中国香港加入委员会。新加入巴塞尔委员会的 G20 成员国包括阿根廷、印度尼西亚、沙特阿拉伯、南非和土耳其。

至此，巴塞尔委员会的成员扩展到世界上27个主要国家和地区，包括阿根廷、澳大利亚、比利时、巴西、加拿大、中国、中国香港、法国、德国、印度、印度尼西亚、意大利、日本、韩国、卢森堡、墨西哥、荷兰、俄罗斯、沙特阿拉伯、新加坡、南非、西班牙、瑞典、瑞士、英国、美国和土耳其。

巴塞尔委员会向成员国的中央银行行长及监管机构首脑报告，以便寻求他们的认可。这些决定所涉及的金融问题内容非常广泛，而且复杂。巴塞尔委员会工作的重要目标是填补国际监管的空白领域，确保外资银行不能逃避监管并且能够得到充分的监管。为此，巴塞尔委员会一直鼓励其成员国之间的合作，加强国际交流。此外，巴塞尔委员会还为各国监管机构提供银行监管相关文献（其中就包括本章所要重点回顾的巴塞尔协议Ⅰ、Ⅱ、Ⅲ三个版本），每两年举行一次国际银行监督官大会，推动各成员国之间的联系，加强全球小银行监管，维护金融体系稳定。

---

① 2009年3月13日，巴塞尔委员会发布公告，为提高履行职责的能力和代表性，邀请澳大利亚、巴西、中国、印度、韩国、墨西哥和俄罗斯七个国家作为新成员加入，中国人民银行和银监会作为中国的代表加入巴塞尔委员会并全面参与了委员会各个层级的工作。

二、巴塞尔银行监管委员会的标志性成果——巴塞尔协议及其评价

要体现全球金融监管的发展方向，必须对现存的金融监管制度进行修改。要通过调整现存的金融监管框架以体现各个国家、各个地区金融发展的要求，维护各个国家（地区）的利益。

目前国际金融监管的章程体现在巴塞尔委员会所制定和公布的一系列协议和文件中，这些协议和文件主要有《巴塞尔协议》和《有效银行监管的核心原则》等。有关巴塞尔协议的文件构成情况，如图 2－1 所示。

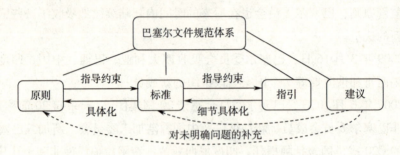

图 2－1　巴塞尔委员会文件规范的构成体系

通过上述巴塞尔委员会的文件规范构成，可以看出，在巴塞尔委员会的文件中有三个重要的构成，即原则、标准和指引，它们的详细程度依次递进。此外，除此三个重要构成以外，还有一些不太成熟的构想和建议，其约束力相对要更低一些。这些协议和文件普遍得到各成员国政府的认可。因此，尽管《巴塞尔协议》不具备法律约束力，但在一定程度上，在成员国范围内具有相当的约束力，多数成员国已将其作为所在国银行监管的重要标准。

在巴塞尔委员会若干文件中，比较有代表性的有：《巴塞尔协议》和《有效银行监管的核心原则》。现择其要点简述如下。

1975 年 12 月，十国集团和瑞士中央银行批准了《对银行的外国机构的监管》，这一文件曾被国际社会称为第一个巴塞尔协议，它奠定了国际监管合作、协调的机制和指导的基本原则。

1983 年 5 月，巴塞尔委员会又通过了修改后的《巴塞尔协议：对银行国外机构监管的原则》，它对第一个巴塞尔协议作了补充和完善。

1988 年的巴塞尔协议为《关于统一国际银行的资本计算和资本标准的协议》。该协议规定了资本的构成，它分为核心资本和附属资本两部分，且两部

分之间应保持一定的比例。核心资本主要由其实收资本和公开储备组成。实收资本包括已发行和缴足的普通股和永久非累积性优先股。附属资本主要包括资产重估储备、普通准备金或一般贷款损失准备金等。附属资本的规模不能超过核心资本。该协议将资产负债表内的资产，按信用风险划分为 0、10%、20%、50% 和 100% 五个风险权数，表内风险资产由表内资产和其相应的权数乘积决定；对资产负债表外的资产，则按确定的信用转换系数换算为相应的表内资产的风险权数，即

表内资产 = 表外资产 × 信用转换系数 × 表内相同性质资产的风险权数

1997 年，巴塞尔委员会又颁布了《有效银行监管的核心原则》（以下简称《核心原则》），该原则是巴塞尔委员会继《巴塞尔协议 I》之后推出的又一份重要文件，它顺应了新的经济、金融发展的形势。《核心原则》共 25 条，其基本内容可概括为七类，即小银行有效监管的先决条件①、获准经营的范围和结构②、审慎管理和要求③、小银行持续监管的方法④、信息要求⑤、监管人员的正当权限⑥以及跨国小银行监管⑦。它的公布推动了国际小银行经营与监管方面的变革，对于实现小银行的有效监管，防范金融风险，加强金融监管的国际协作具有重要意义。

2010 年颁布了最新版的巴塞尔协议，即《巴塞尔协议 III》，该版本巴塞尔协议最显著的特征是，在小银行监管的核心价值观选择上，安全已经远远超越

① 规定监管机构要有明确的责任和目的，各个金融监管当局应拥有适当的人力和物力资源，能自主地实施监管，在监管者之间共享监管信息并对所获信息进行保密安排，有相应的、适当的银行监管法规框架。

② 规定对银行机构和人员方面的监管，包括对新银行的审批、对高级管理人员的资格审查、银行股权的转让、银行的重大收购或投资等，应达到的最低标准。

③ 规定监管者应要求银行达到 1988 年《巴塞尔协议》中关于资本金的最低要求；监管者应要求银行加强信用风险管理，建立稳健的信用审批、监测的标准和程序，建立资产分类制度和资产质量评估政策，防范集中性风险，控制关联贷款的发放；监管者应要求银行建立有效、充分的内部控制机制和风险管理系统，加强对市场风险、主权风险和其他风险，如利率风险、流动性风险、操作性风险的管理和控制。

④ 规定监管者应能在综合并表的基础上对银行实施现场检查和非现场检查，并保持与银行管理层的定期联络。

⑤ 规定监管者应确保银行的财务登记符合会计原则和会计惯例，以便准确、公平地评价银行的财务状况和盈利能力，并保证银行定期发布的财务报表真实地反映其状况。

⑥ 规定监管者应掌握充分的监管手段，以便在监管当局作出种种努力后，银行仍不满足审慎监管要求，如最低资本充足率要求时，监管者能采取及时的纠正措施或行动。

⑦ 规定监管者必须实施全球性综合并表监管，加强监管的国际合作，保证监管信息在监管者之间的流动和对外保密。

了效率，这是自 20 世纪 70 年代以后小银行注重效率原则的一次重大转变。《巴塞尔协议Ⅲ》虽然出现了一些新的变化，但是强调资本监管的本质却没有发生变化。其出台意味着在经历了 2008 年最严重的金融危机洗礼之后，全球小银行的监管迎来了新的时代。

纵观巴塞尔协议的发展之路，我们可以看到，三个版本的巴塞尔协议前后连贯，一以贯之，在秉承以微观框架下的资本监管作为风险监管核心的同时，不断追求监管资本更高的风险敏感度。本轮金融危机后，巴塞尔协议从主流的微观监管逐渐扩展到微宏观相结合的审慎监管，从资本监管的单一主线蔓延到流动性风险领域，从而形成全面有效的银行风险监管体系。总之，历次版本的巴塞尔协议及其文件，在促进小银行公平竞争和安全稳健的方面，业已发挥了重要的作用。

总结巴塞尔委员会制定的一系列原则、文件和协议等规范体系，可以看到，它们相互补充、相互配合，互相完善，构成了巴塞尔委员会对全球金融监管的思想和方法，具体说来，巴塞尔协议具有以下一些特点。

首先，巴塞尔协议一直是以资本监管框架为基础的风险监管体系。从1988 年的《巴塞尔协议Ⅰ》到 2004 年的《巴塞尔协议Ⅱ》，再到金融危机后的《巴塞尔协议Ⅲ》，监管范围越来越广，对监管当局提出的要求也越来越高，但是基本的监管理念没有改变，贯彻三个版本的"巴塞尔协议"的核心思想就是基于风险的资本监管。可以说，以资本监管为框架的风险监管体系是"巴塞尔协议"历次版本的宗旨，也是巴塞尔协议金融监管思想的生命线。显然，在持续经营的前提下，资本金是银行吸收损失的唯一途径，因此资本金的数量、质量决定着银行的战略和业务选择。金融机构的资本金决定着金融机构的安全。

其次，《巴塞尔协议》的修订过程，是努力寻求提高监管资本对风险的敏感度的过程。在这一过程中，出台了很多方法和手段用以提高监管的科学性和有效性。在巴塞尔协议的修订中，从信用风险到市场风险，再到操作风险，以及金融危机后加入系统性风险、交易对手风险等，银行机构面临的风险不断被识别、计量和覆盖。《巴塞尔协议Ⅱ》中很大的改进就是采用更加先进的模型来测度风险，以使资本要求对银行承担的风险更加敏感和反映。不过，复杂的资本监管模型可能带来较大的模型风险，寻求监管套利的金融创新使银行得以在满足资本充足要求的前提下建立大量高风险的表外业务，大大提高了银行的杠杆水平。因此，金融危机后，在《巴塞尔协议Ⅲ》中，提高了基于风险的资本充足率标准，还引入了与风险无关的简单杠杆率标准作为补充机制，以便能够从总体上把握银行机构杠杆经营的情况。

再次，《巴塞尔协议》从单一的资本监管走向资本监管与流动性监管并重的监管体系。历次版本的"巴塞尔协议"一方面秉持资本监管的思想，另一方面，又把资本监管的视野不断扩大、深化。比如在资本监管核心思想的指引下，《巴塞尔协议Ⅰ》和《巴塞尔协议Ⅱ》已经对信用风险、市场风险、操作风险等银行机构面临的重要风险进行了系统的研究，然而对危机中关乎银行存亡的流动性风险未能予以足够重视。这个局限性在本轮金融危机中体现得非常显著，于是，在《巴塞尔协议Ⅲ》的修改中，针对银行流动性风险的监管更加突出和强化。《巴塞尔协议Ⅲ》将最低流动性要求纳入监管框架，使之与最低资本要求相结合，并列为小银行监管的两大最低要求标准，从而形成了一个更加全面的银行微观审慎监管框架。

最后，从完全的微观层面审慎监管到微宏观审慎监管并重的监管范围。《巴塞尔协议Ⅰ》和《巴塞尔协议Ⅱ》的监管对象是单个金融机构，希望通过单个金融机构的监管达到整个金融体系的安全与稳健。然而金融危机的发生启示人们，小银行总体的监管资本要求水平并不是与个体银行风险相适应的监管资本要求的简单加总，还应当考虑资本监管的顺周期性问题，以及个体银行转移出去的风险叠加成为系统性风险的可能。因此，《巴塞尔协议Ⅲ》引入了保护缓冲资本、逆周期缓冲资本等创新的制度工具，而且对系统重要性银行提出更高的资本监管要求。这些宏观审慎监管措施也使得金融机构风险管理与金融系统性风险管理结合起来。

总之，《巴塞尔协议》在推进全球小银行的发展，构建全球金融监管的协调与合作机制等方面都发挥了重要的作用，并对国际金融秩序的重建产生了深远的影响。

第二节　第一版巴塞尔协议

本章的第二节、第三节、第四节将围绕巴塞尔协议的发展沿革和修订情况，从每一版本的巴塞尔协议的修改背景、主要进程、内容、特点评价及其对银行监管的影响等五个角度，对每一版本的巴塞尔协议进行剖析。

一、《巴塞尔协议Ⅰ》产生的背景

20世纪70年代初，随着经济全球化的发展，在金融自由化和金融创新的推动下，各国普遍放松了对金融业的监管，大型的跨国银行得到了高速发展，其业务呈现出全球化、金融操作与工具创新和投机活动等特点。然而，由于跨国银行制度的混乱以及各国银行监管水平的参差不齐，特别是银行在资本和风险资产比例方面的差异，使银行在国际金融市场上存在着不平等的竞争。因此，在层出不穷的新产品和火热的交易背后，却隐藏着巨大的危险。

基于上述背景，1975年2月，由美国、英国、日本、德国、法国、意大利、比利时、瑞典、瑞士和加拿大组成的十国集团（Group of 10，简称G10）成立了巴塞尔银行监管委员会（Basel Committee on Banking Supervision，简称巴塞尔委员会），对国际银行进行监管。自此出台了一系列的银行监管相关文件，这些文件统称为《巴塞尔协议》。

导致巴塞尔协议出台有两个导火线，第一个导火线是1974年5月美国富兰克林国民银行（Franklin National Bank）的倒闭。这家银行在外汇买卖中出现巨额损失，不良资产大量出现，最终走投无路，被7家欧洲银行联合接管。

第二个导火线是同年6月破产的德国赫斯塔特银行（Herstatt Bank）事件。这家银行由于低估了浮动汇率下的外汇风险和外汇交易的市场风险，在外汇投机中损失了约1亿美元，当接到清算命令时，已无力向交易对手支付美元，导致破产，使国际上多家银行受到牵连损失。

这两家著名的国际性银行的倒闭事件引起国际金融界的极大震惊。银行风险成为人们关注的热点，人们从这两个事件中清醒地认识到加强跨国银行监管的重要性。一方面，跨国银行的发展虽然带来了效率的提高和利润的增加，但另一方面，跨国银行的发展也使金融危机和风险由一国之内向全球蔓延，这就加剧了国际小银行和整个国际金融体系的不稳定性，因而需要更为有效的风险管理技术和方法，这是促使巴塞尔委员会制定相关协议出台的直接原因。

以1988年的《关于统一国际银行的资本计算和资本标准的协议》作为开端，到1996年《关于巴塞尔协议Ⅰ中市场风险的补充规定》的颁布，可以认为是《巴塞尔协议Ⅰ》的形成与完善过程，这个过程经历了8年多的时间。在这一阶段中，初生的巴塞尔委员会在银行监管方面弥补了之前的监管空缺，提出了创见性的监管原则与指导方法：如资本的分类、资本计算的要求、风险权重的设置等，翻开了银行监管发展史上崭新的一页。

二、第一版巴塞尔协议（Basel Ⅰ）的主要内容

为加强国际银行体系的稳定性与安全性，消除国际间小银行不平等竞争的根源，1988 年 7 月，巴塞尔银行监管委员会通过了《关于统一国际银行的资本计算和资本标准的协议》，即所谓的第一版巴塞尔协议。在第二版本的"巴塞尔协议"颁布后，它被称为旧巴塞尔协议；在第三版本的"巴塞尔协议Ⅲ"出台后，为了区别，它不再称旧巴塞尔协议，而被称为第一版的巴塞尔协议。

第一版的巴塞尔协议主要有四部分内容：

1. 资本的分类；

2. 风险权重的计算标准；

3. 1992 年资本与资产的标准比例和过渡期的实施安排；

4. 各国监管当局自由决定的范围。

20 世纪 90 年代中期，在金融创新的不断推动下，金融衍生工具层出不穷，衍生品交易迅猛增长，小银行通过资产证券化等方式，与金融市场联系更加紧密，因而金融市场的波动对银行的影响也越来越显著。1995 年，巴林银行破产事件给金融界带来了巨大的震撼，银行和监管当局开始更多地关注银行内部约束、监督机制，致力于创造更加稳健的经营模式。

1996 年 1 月，巴塞尔委员会发表了《关于巴塞尔协议 Ⅰ 中市场风险的补充规定》（Amendmentto the Capital Accord to Incorporate Market Risks，以下简称《补充规定》）。在这一补充规定中，巴塞尔委员会允许银行在监管当局的指导下，采用标准计量法或者基于内部模型结果的测算方法，来计算它们的市场风险资本。那些运用内部模型的银行将会受到严格的定性与定量指标监管，进而提高它们的风险管理水平。巴塞尔委员会开展了进一步的研究来调查以上两种方法产生的影响，包括比较两种方法下各自的资本要求数量估计值。这些基于银行实际资产组合的估计值表明，内部模型法计算出的资本要求将会低于标准法下的结果。

巴塞尔委员会相信，这一结果与实际情况是符合的，因为内部模型法能够恰当地考虑到风险分散化策略带来的好处，还能激励银行建立并实施稳定的内部模型。此外，巴塞尔委员会还邀请业内机构针对特定风险（Specific Risks）开展研究，然而，尽管内部模型法具有鲜明的创新色彩，由于缺乏足够的经验数据，巴塞尔委员会并不能肯定银行的内部模型能够捕捉到所有的特定风险要素，因此仍将保留当前的规定。巴塞尔委员会同时表示，只要业界提供足够可

信的证据表明内部模型法能够充分准确地计量特定风险，就会马上对现行规定作出修改。

三、《巴塞尔协议Ⅰ》的评价及其影响

第一版巴塞尔协议虽然确立了资本作为抵御银行面临风险的最后屏障的地位，但也具有许多不足之处。

一是在协议的适用范围上有"一刀切"的倾向。《巴塞尔协议Ⅰ》对所有公司贷款均适用100%的风险权重，而不考虑贷款对象的评级，这种盲目的扩大，使得金融监管不具有针对性和适用性。

二是对违约贷款的时间上没有动态发展的看待。由于对违约贷款过于关注眼前的损失，缺乏长远的动态考察，因而在协议的制定上没有对其潜在回收和收益情况加以充分考虑，这势必影响到银行对于贷款情况的真实全面认定。

三是没有考虑贷款组合的风险分散效应。

由于上述三个缺陷，理论上第一版巴塞尔协议被业界认为风险敏感度严重不足，实践中许多银行为规避资本监管，节约昂贵的资本资源，纷纷运用资产证券化等手段，从事监管资本套利活动。

《巴塞尔协议Ⅰ》是巴塞尔委员会于1988年7月在瑞士的巴塞尔通过的《关于统一国际银行的资本计量和资本标准的协议》。《巴塞尔协议Ⅰ》的最初目的是建立一套国际通用的、以加权方式衡量表内和表外风险的资本充足率标准，以加强对信用风险的防范和管理。1988年公布的巴塞尔协议规定商业银行的资本充足率不低于8%。次年，又将巴塞尔协议的三大支柱加以确立，在此后的2004年6月公布了《巴塞尔协议Ⅱ》，其中更是把这一最低资本充足率要求的三大支柱之一的资本监管，明确定为巴塞尔新资本协议的第一支柱。可见，在巴塞尔协议中对于资本监管的重视，位居三大支柱之首。

《巴塞尔协议Ⅰ》反映出全球监管主体对小银行监管思想的根本转变，银行资本充足得到了空前重视，成为新时代防范风险、弥补损失的最主要屏障，这样的监管思路是符合20世纪末金融创新高涨、监管放松、风险集聚的时代特征的。在重视银行资本的同时，资产风险权重的划分、资本分类的缺点，都成为保障资本安全的重要防线。协议还在表外业务监管、动态监管、成员国实施等方面进行了一系列大刀阔斧的改革。可以说，《巴塞尔协议Ⅰ》以其深刻的监管思想、新颖的监管理念，成为了20世纪末影响最大、最具代表性的监管准则，为日后协议的不断补充完善提供了良好的发展基础，对全球小银行的

公平竞争、健康发展起到了举足轻重的作用。

第三节　第二版巴塞尔协议

一、第二版巴塞尔协议（Basel Ⅱ）的背景

20世纪90年代中后期，金融创新特别是证券化技术的不断精细化，国际小银行竞争的进一步加剧，金融创新层出不穷，金融产品日新月异，银行开始越来越多地介入衍生品交易，业务愈发多样化、复杂化。银行借助金融创新规避金融监管，潜在的风险日积月累，成为国际小银行稳定的隐患。加之，亚洲金融危机导致国际小银行风险日益复杂、挑战性越来越高，为提高监管资本标准的风险敏感性，减少监管套利行为，巴塞尔委员会于1998年启动资本监管标准的修订。

从1988年颁布《巴塞尔协议Ⅰ》到1997年亚洲金融危机发生，已时隔多年，世异时移。第一版的巴塞尔协议在很多方面已经有所滞后，特别是在小银行业务、资本要求、风险管理和监管实践等多方面都已经无法适应新时代的发展要求，单一的风险计量手段、"一刀切"（One – size – fits – all）缺陷、资本计量对风险的敏感性低（Broad Brush Structure）、只关注信用风险等问题已经得到了广泛的认知。因此巴塞尔委员会决定对原协议进行修改，用一套更具风险敏感性的框架来取代原资本协议。1997年7月全面爆发的东南亚金融风暴，也将人们的关注点迅速引向市场风险与信用风险的综合管理以及操作风险的量化问题。《巴塞尔协议Ⅰ》的修改工作显得日趋迫切，一个适应新形势的新资本协议呼之而出。

二、第二版巴塞尔协议修订的进程

1998年9月，巴塞尔委员会开始正式征询操作风险，并公布了对十国集团主要银行操作风险方面的一系列调查访谈结果。调查结果显示，虽然一些大银行开始重视操作风险，但是更多的银行仍然处于监测和空盒子操作风险的初级阶段。这次对操作风险的征询表明，巴塞尔委员会将在今后持续地监控各个银行在操作风险管理领域的最新进展，鼓励银行自身或与监管者们一起，不断研究开发鉴别、测量、管理和控制操作风险的新技术。

　　1998 年 10 月 22 日，在第十届国际银行监督官大会上，巴塞尔委员会和参会代表着重讨论了操作风险问题，主要涉及六个方面：业务持续计划、外部审计、商业智能的外包、千年虫问题、电子银行与电子货币、金融市场交易中的操作风险。以上六个方面的讨论为处在风险日益复杂环境下的银行提供了一系列多样而又实用的建议。会议代表一致认为，操作风险必须得到足够的重视，并强烈赞同巴塞尔委员会在推动小银行共享这方面信息和建立有效防控措施的努力。

　　1999 年 6 月，巴塞尔委员会发表了一个取代 1998 年《巴塞尔协议 I 》的新资本充足性框架的草案，即《新巴塞尔协议征求意见稿（第一稿）》。这一草案创造性地提出了银行监管的三大支柱——资产充足率、监管部门监督检查和市场纪律。可见，1999 年 6 月巴塞尔委员会提出的"新资本协议框架"，由于明确了新的资本监管协议的三大支柱，因而，其更具有重要意义，在历次版本的巴塞尔协议中具有重要的地位。

　　居于"三大支柱"之首的资本监管，其强调最低资本要求的目的在于对银行风险能够有一个更全面、更敏感的处理方法。除了《巴塞尔协议 I 》中关注的信用风险和市场风险外，《巴塞尔协议 II 》将覆盖操作风险，并会逐步采纳基于内部评级的方法来衡量信用风险。强调监管者的监督评估旨在确保银行的资本头寸和资本决策与它的风险状况是一致的。在银行资本不能提供有效缓冲时，监管部门能够迅速及时地进行干预，这就要求各国监管部门必须有权要求银行持有超过最低监管资本标准比率的资本数量。而有效的市场监督的关键则是使市场参与者能够获得准确及时的信息。巴塞尔委员会始终坚信，资本协议的发展必须与风险管理实践中的金融创新与进步相符合，面对波动频繁的全球经济形势，新资本框架将会更好地使监管资本要求与现实中的风险状况相吻合，有利于增强银行的风险计量与控制水平。

　　《巴塞尔协议 II 》的出台经历了一个数次修订、完善的过程：1999 年、2000 年、2003 年的三轮征求意见稿，2004 年的新资本协议框架以及 2006 年的新框架完整版本。与上一阶段（《巴塞尔协议 I 》的制定）相比，在《巴塞尔协议 II 》的制定、修改与完善中，巴塞尔委员会开始重视市场风险和操作风险对银行运作的潜在威胁，着手在跨境经营的风险管理、银行内部治理和银行会计准则的确定等方面加强监管，并在《巴塞尔协议 II 》公布后连续进行了五次定量影响测算，考察新资本协议的实际效果，适时加以完善。这一阶段是对上一阶段不足的弥补，更是对下一阶段进一步发展的铺垫，在整个《巴塞尔协议 I 》、《巴塞尔协议 II 》的修改完善过程中，甚至到《巴塞尔协议 III 》的修改进程中都起到了积极的作用。

根据《巴塞尔协议 II 》，单个银行风险计量的结果依赖于各自的风险状况和资产组合，为了考察新资本协议对银行资本要求的冲击，巴塞尔委员会面向全世界的监管部门和金融机构，开展了五次"定量影响测算"（Quantitative Impact Study，QIS），参与银行可以应用不同的方法——基于外部评级的标准法或者基于银行自己评级的内部模型法来计量各自的风险资本。

第一次定量影响测算（QIS1）在 2000 年展开，作为初次尝试，在调查范围和结果上都相对比较局限。2001 年 4 月，巴塞尔委员会对 G10 和一些其他国家的银行开展了第二次定量影响测算（QIS2）。研究目的在于分析 2000 年初发布的《巴塞尔协议 II 》的第二个意见征求稿的基础上，重点关注对资本要求的影响，其间共有 25 个国家的 138 家银行参与了 QIS2。调查结果显示，并不是所有银行都有能力采用标准法和内部评级法（包括初级法和高级法）来计量信用风险的资本要求[①]。

为了更好地对新资本协议草案作出修改，尤其是对内部评级法的应用提供调查数据，巴塞尔委员会在 QIS2 后修正并展开了第二次附加的定量影响测算（QIS2.5），要求参与银行重新计算在内部评级法下测算的结果。

2002 年 10 月，巴塞尔委员会又进行了第三次定量影响测算（QIS3），关注的重点在于新资本协议下最低资本要求的设定。在公布了 QIS3 技术指导文件后，巴塞尔委员会花了大量的时间与业界进行磋商，并依此对新资本协议进行修改。

2004 年 12 月，巴塞尔委员会发布了第四次定量影响测算（QIS4）的指导意见，尽管不是巴塞尔委员会独立完成的，但它为这些定量影响测算提供了支持，例如，涉及调查问卷并为如何完成这些调查问卷提供了相应的使用说明书等。

2005 年 7 月，巴塞尔委员会进行了第五次定量影响测算（QIS5）。调查结果表明，在两种内部评级法的应用中，使用高级法的银行计算出的最低资本要求与标准法相比，显示出较大幅度的下降（7.1%），而使用初级法的银行计

---

① 其中 127 家银行能够顺利实施标准法，55 家银行能够运用内部评级法，而只有 22 家银行能够利用高级内部评级法对所有资产组合进行风险测算，而应用相同方法的国家得到的测算结果也千差万别。

算出的最低资本要求下降了 1.3%，这些结果为衡量《巴塞尔协议 II》的影响提供了大量可靠数据。

可见，巴塞尔协议的制定和修改是极为慎重和认真的，在正式颁布之前，经过了成员国较长时间的测试和验证，表 2-1 记录了《巴塞尔协议 II》的修改进程中的主要事件。

表 2-1   《巴塞尔协议 II》修改进程大事记

发展阶段	主要内容	有关时间	重要事件
巴塞尔协议 II		1999 年 6 月	《巴塞尔协议 II（第一征求意见稿）》
		2001 年 1 月	《新协议草案》
		2001 年 6 月	《巴塞尔协议 II（第二征求意见稿）》
		2002 年 10 月	出台协议建议的最新版
		2003 年 4 月	《巴塞尔协议 II（第三征求意见稿）》
	跨境经营的风险管理	2003 年 8 月	《巴塞尔协议 II 跨国实施的高级原则》
		2005 年 4 月	《巴塞尔协议 II 在跨国银行交易活动中的应用及对双重违约影响的处理》
	测算巴塞尔协议 II 的影响	2000 年	第一次定量影响测算（QIS1）
		2001 年	第二次定量影响测算（QIS2、QIS2.5）
		2002 年 10 月	第三次定量影响测算（QIS3）
		2004 年 11 月	《第四次定量影响测算（QIS4）的指导意见》
		2005 年 7 月	《第五次定量影响测算（QIS5）的征求意见稿》

资料来源：作者根据有关情况收集整理。

2001 年 1 月，巴塞尔委员会又发布了新资本协议的第二个征求意见稿。自从 1999 年第一个征求意见稿出台后，广泛的业界意见和社会评论为新资本协议的出台提供了很多有益的建议。

在第一个支柱——资本充足率部分，巴塞尔委员会试图采用一系列新措施来取代《巴塞尔协议 I》的"一刀切"框架，银行在各自国家监管者的指导下，可以根据自身业务的复杂性与风险管理水平的高低，来选取适合的风险资本计量方法。那些具有雄厚实力和良好风险管理水平的银行，在监管者的允许下，可以利用内部评级法来测算信用风险。针对操作风险，巴塞尔委员会也会在新资本协议中提出全新的资本要求。

在第二支柱——监管部门监督检查部分，新资本协议会提出有效的途径和方法，使监管者能够确保每家银行都拥有稳定的内部流程和适合自身风险状况的资本目标，并且能够准确衡量银行的资本充足性。

在第三支柱——市场纪律中，该草案提供了更加细致的引导意见，要求银行在资本结构、风险敞口和资本充足性等重要信息的披露方面作出进一步的努力。

经过1999年和2001年的两次修改，2003年4月，巴塞尔委员会出台了新资本协议的第三个征求意见稿，这是新资本充足率框架出台前最后一次意见征求稿，目的是尽可能在当年第四季度完成《巴塞尔协议Ⅱ》的修订工作，并争取使《巴塞尔协议Ⅱ》在2006年底之前生效。这一文件总结了新框架中的重要内容，包括三大支柱（资本充足率、监管部门监督检查、市场纪律）与三大风险（信用风险、市场风险、操作风险），并特别说明了新框架中的一大创新——在信用风险和操作风险方面赋予银行更多的选择权，可以根据自身的经营、风险状况和风险管理水平，选择不同方法来计量风险。其中，可以采用标准法或内部评级法（又分为初级法和高级法）计量信用风险，采用基本指标、标准法或高级计量法来计量操作风险。这个征询意见稿对之前两个征求意见稿作出了有益的补充和总结。

2004年6月26日，经过数次征求意见和修正，《巴塞尔协议Ⅱ》终于问世。G10的中央银行行长和监管当局负责人举行会议，一致同意公布《资本计量和资本标准的国际协议：修订框架》（*International Convergence of Capital Measurementand Capital Standards：A Revised Framework*），即新资本监管框架，现在普遍称之为《巴塞尔协议Ⅱ》。《巴塞尔协议Ⅱ》立即在全球范围内掀起一股监管热潮，随后不久，25个欧盟成员国、澳大利亚、新加坡和中国香港等国家和地区表示将利用《巴塞尔协议Ⅱ》对商业银行进行监管，部分国家如南非、印度、俄罗斯等也表示将采取积极措施克服困难，争取在2006年实施《巴塞尔协议Ⅱ》。2006年底，《巴塞尔协议Ⅱ》开始在各国正式实施。

《巴塞尔协议Ⅱ》出台后，巴塞尔委员会并没有停止在全球银行监管方面的努力。2006年6月，出台了《巴塞尔协议Ⅱ》的完整版本（*International Convergence of Capital Measurement and Capital Standards：A Revised Framework – ComprehensiveVersion*），其中包括：1988年《巴塞尔协议Ⅰ》中保留的内容、1996年的《关于巴塞尔协议Ⅰ中市场风险的补充规定》、2004年的《巴塞尔协议Ⅱ》和 2005 年的《巴塞尔协议Ⅱ在交易活动和双重违约结果处理中的应用》（*The Application of Basel2 to Trading Activities and the Treatment of Double Default Effects*），这意味着一个综合完整、浑然一体的巴塞尔协议Ⅱ最终完成。第二个版本的巴塞尔协议在指引全球银行监管方面，迈向了一个全新的层次，具有非常重要的意义。

三、《巴塞尔协议Ⅱ》的主要内容

作为一个具有划时代意义的国际监管标准，与第一版巴塞尔协议相比，第二版巴塞尔协议的可圈点之处，主要体现在如下几个方面：

1. 风险覆盖范围有所扩大

不仅包括原资本协议的信用风险和市场风险，还在第一支柱下进一步包括了操作风险，在第二支柱下进一步包括了声誉风险、法律风险等其他风险。《巴塞尔协议Ⅱ》覆盖了金融机构所面临的主要风险，反映了国际金融领域全面风险监管发展的需要。《巴塞尔协议Ⅱ》首次将包括法律风险在内的由人员、系统和业务流程以及外部事件引致的操作风险纳入资本要求框架，使资本协议覆盖的风险范围由 1988 年的信用风险和 1996 年的交易账户市场风险进一步扩展到金融机构全面风险，还首次通过第二支柱的监管对银行账户的利率风险提出监管要求。

2. 信用风险度量方法不断完善，对银行风险管理和资本金监管要求体现了定量和定性方法的结合

这主要表现为两个方面：一是沿用 1996 年补充规定对市场风险资本计量同时提出定性和定量要求的做法，在第一支柱中对信用风险和操作风险高级计量方法采用提出严格的技术和制度标准；二是第二和第三支柱都反映了定性方法的使用，对资本充足的监管主要关注银行内部风险计量和管理过程，而市场约束关注的是风险和资本信息的披露。

3. 风险权重设置的不断完善和改进，为银行量化监管资本提供了灵活性和多样选择

在第一版巴塞尔协议的标准法基准上，进一步扩充到允许使用内部评级法。在这一版本下，取消了原来旧版本 10% 的类别权重，增加了 150% 的权重，并区别主权国家、银行及公司，分别根据这些主体的外部评级结果使用相应的风险权重。针对巴《巴塞尔协议Ⅰ》的"一刀切"缺陷，新协议在第一支柱中无论是对修订的信用风险还是新增的操作风险都为银行提供了计量方法

和多项选择，有利于各类银行根据风险管理水平选择适用的方法。

4. 第二版巴塞尔资本协议涵盖了当时国际银行界所面临的主要风险类别，风险敏感性显著提高

旨在提高监管资本要求对银行风险的敏感度和提供加强风险管理的良好激励。《巴塞尔协议Ⅱ》下资本要求对风险的敏感性将比《巴塞尔协议Ⅰ》有很大提高，而这种对风险更加敏感的资本要求加上高级风险计量方法带来的监管资本激励，将共同促使银行改善风险管理和减少风险过大业务，从而促进整个银行体系的稳定和安全。总之，这方面的修订反映了国际金融市场的创新和风险量化与管理技术方面的最新发展。《巴塞尔协议Ⅱ》反映了资产证券化、信用衍生产品等新的风险缓释和控制技术以及在信用风险量化和内部评级方面各种先进的模型与技术。巴塞尔委员会将西方发达市场经济国家的大银行在长期实践中探索形成的这些先进的风险管理技术称之为风险管理的"最佳实践"（Best Practice）或"良好实践"（Sound Practice），并把它们作为制定新协议的基础，希望通过新协议在更大范围内推出这些做法。

5. 协议适用范围的进一步扩大，协议的复杂性和广泛性开始引起国际争议

巴塞尔委员会明确表示新协议的适用范围不再局限于十国集团国家，尽管其重点仍是上述国家的"国际活跃银行"（Internationally Active Banks），但伴随金融市场全球化程度的加深，市场竞争压力的传导使新资本协议的适用范围实质扩大。此外，协议的复杂性也引发了广泛的国际争议。有人认为《巴塞尔协议Ⅱ》过于复杂而难以在全球普遍实施，尤其对大量的中小银行并不现实；即便对大银行，实施的成本也太高。为此，巴塞尔委员会不得不给予各国监管当局一定的自裁权，然而，自裁权的过度或不合理使用将使统一国际规则失去意义。特别是围绕新协议的亲经济周期性、对中小企业和发展中国家的不利影响、操作风险国际范围内进行统一衡量是否现实进而对操作风险的统一资本要求是否合理、《巴塞尔协议Ⅱ》可能会促使整体小银行的资本金水平上升而非如巴塞尔委员会预期的那样维持不变等话题，都产生了广泛的争议。

四、《巴塞尔协议Ⅱ》的影响和评价

《巴塞尔协议Ⅱ》出台后，在全球范围内得到广泛的实施。根据 2010 年金融稳定机构（Financial Stability Institute）展开的全球问卷调查可知，共有 112 个国家已经或者正在准备实施《巴塞尔协议Ⅱ》。具体到计量信用风险的方法选择上，标准法仍是这些国家最常用的方法，共有 96 个国家正在或者准

备使用。而使用初级内部评级法的国家共计65个，使用高级内部评级法的国家共计61个。

《巴塞尔协议Ⅱ》的出台，可以看做是对《巴塞尔协议Ⅰ》的完善和总结，它通过国际监管的形式，将三大支柱——资本充足率、监管部门监督检查和市场纪律有机结合在一起，反映出全球金融市场风险日益复杂多样的特点，树立起全面风险管理、重视模型量化的监管思路。《巴塞尔协议Ⅱ》还为银行灵活积累风险资本提供了多种选择，改变了《巴塞尔协议Ⅰ》中"一刀切"的痼疾，这是监管领域的重要创新，有力地提升了金融监管的水平和准确定位。巴塞尔委员会在银行监管领域作出了重要的贡献，在2006年墨西哥召开的国际银行监督官大会上，来自20个国家中央银行和监管当局的监管者们表示，他们会持续地支持新协议保证《巴塞尔协议Ⅱ》在各国的有效实施，共同致力于维护小银行的稳定和繁荣。

《巴塞尔协议Ⅱ》下三大支柱的主要内容如图2-2所示。

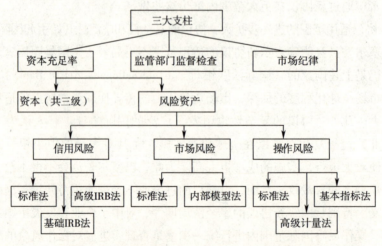

图2-2 《巴塞尔协议Ⅱ》下三大支柱的主要内容

第四节 第三版巴塞尔协议

一、《巴塞尔协议Ⅲ》的出台背景

2008年突如其来的金融危机对于定稿不久的《巴塞尔协议Ⅱ》形成了事

实上的冲击和不周，从某种程度上讲，与其说《巴塞尔协议Ⅲ》是对《巴塞尔协议Ⅱ》的修订和补充，毋宁说《巴塞尔协议Ⅲ》是对本次金融危机的补救和应对措施。

2010年9月，巴塞尔委员会主席卡如纳先生在西班牙首都马德里召开的第三次桑坦德国银行会议上正式提出了《巴塞尔协议Ⅲ》的征求意见稿，它是对目前银行资本与流动性标准的一次全面且综合的修正。这是对《巴塞尔协议Ⅲ》的狭义理解，事实上，从2009年7月到2010年9月《巴塞尔协议Ⅲ》出台，曾经颁布了一系列的文件，这些文件汇总共同构成了《巴塞尔协议Ⅲ》，这是广义范围上的《巴塞尔协议Ⅲ》。

多年实施《巴塞尔协议Ⅱ》的过程中，随着金融市场的不断发展，以资本监管为核心的《巴塞尔协议Ⅱ》逐渐暴露出一些缺陷和不足，引发了各方长久的争议。特别是2008年金融危机的爆发，更使巴塞尔协议的完善和修改成为亟待解决的现实问题。

二、第二版巴塞尔协议在监管准则方面的漏洞

首先，《巴塞尔协议Ⅱ》把风险调整后的资本充足率作为监管的唯一标准，然而金融危机中，破产的金融机构大多能够满足当时的资本充足标准，反而是流动性的不足使得它们无法清偿存款负债，最终破产倒闭。另外，此次陷入困境的资本充足的银行大多采用以高杠杆为特征的经营战略，过度应用资产证券化产品和金融衍生工具，逐渐酿成这次危机。因此，是否应该把资本充足率作为唯一的监管指标，是否应该引入流动性监管标准，是否需要引入杠杆率作为辅助监管指标，以及如何引进相关标准也引起了金融界广泛的讨论。

其次，在金融危机中，一些原来被计算在资本金范围内的债券或资产负债表科目，如短期次级债，并不能承担吸收损失、防止金融机构倒闭的功能，反而使之暴露于更大的危险之中。这样的科目是否还能算做资本有待商榷。

最后，《巴塞尔协议Ⅱ》对交易账户中的交易对手风险考虑不足。随着金融创新的发展，金融工具交易性日益复杂，1996年的《资本协议市场风险补充规定》对交易账户风险的管理也很粗糙。

在竞争日益激烈的经济全球化环境中，金融创新如泉涌般不断出现，风险管理的内涵与外延也随之扩大，《巴塞尔协议Ⅱ》在新的环境中面临更多的挑战。

《巴塞尔协议Ⅱ》颁布之后，围绕金融创新与金融监管的争议一直持续不

断，金融创新不断挑战金融监管。实际上，银行监管的改善只是一种心理上的感受，甚至可以说是一种错觉，金融监管某种程度上说，仅仅是一种信仰或是心理安慰，通过这种所谓的心理感受让被监管者明白，金融监管当局正在敦促、监督金融机构完善它们的有关规章制度，对金融风险进行控制，而一些金融机构的高管或许在思考如何可以巧妙地绕过有关的金融监管规则，美其名曰"规避监管"。比较有代表性的就是金融创新，坦率地说，金融创新的目的就是为了规避金融监管，当然有时也为了各种需要，把金融创新包装成为了提升金融效率，促进金融发展，等等。金融监管与金融创新的关系，就是在相互冲突中相互促进，在相互促进中相互冲突。二者是如影随形的，又是对立统一的。

由于《巴塞尔协议Ⅱ》是建立在微观审慎监管基础之上的，一定程度上忽略了对系统性风险等宏观因素的监管。这是一个显著的漏洞。《巴塞尔协议Ⅰ》和《巴塞尔协议Ⅱ》的监管对象都是单个银行机构，在这种监管框架下，银行为避免金融监管而创造出资产证券化等金融工具，将风险从银行转移到了非银行金融机构，但是，这种风险仍然存在于金融体系中，并且被衍生工具不断传播、叠加、放大，成为了整个体系的系统性风险。可见，《巴塞尔协议Ⅱ》存在明显的监管真空。

此外，全球的金融市场连成一体，但是监管却在各国分散进行，不同的监管准则形成监管套利空间，使得规避监管的金融创新迅速发展。美国 1999 年《金融服务现代化法案》颁布后，金融机构恢复混业经营，监管实行"伞形监管模式"，即金融控股公司的各子公司根据业务的不同接受不同行业监管机构的监管。这种监管模式使得监管空白和监管重叠出现，监管效率低下，也为金融危机的发生埋下了伏笔。

三、金融危机后第三版协议的出台

首先，对资本监管的核心理念的坚持，以及风险覆盖范围的增大，评级方法的风险敏感度的增强，都带来更加显著的顺周期效应（Procyclicality）。其次，《巴塞尔协议Ⅱ》中引入大量的复杂先进的模型，这不仅使得监管的实施成本提高，更重要的是，复杂的模型中可能蕴涵很大的模型风险，威胁银行和金融体系的稳定。此外，允许不同银行使用不同的模型和方法可能对公平竞争产生一定影响。最后，由于巴塞尔协议框架采用成熟金融市场数据作为参考样本，因而在规则的设立以及监管的有效性方面可能对新兴市场国家和中小银行具有一定的不公平性。

虽然《巴塞尔协议Ⅲ》是为了解决过去危机中所暴露出来的弱点，但 BIS 的主要目的是为小银行应对下一次危机。无论危机的起源是什么，但全球化与更快速的金融创新意味着所有国家都需要持有更高的资本和流动性缓冲来保护意外风险的银行系统和经济体系。

本次危机的一些起因实质暴露了巴塞尔协议在金融监管方面的不足，比如：全球流动性过剩，过多的杠杆，资本不足以及流动性缓冲不足；顺周期进一步加剧了去杠杆化过程以及各系统重要性被认为过大而不倒闭的金融机构之间的相互联系；其他一些因素也发挥了重要作用。诸如风险管理，公司治理，透明度，补偿机制以及高层人员的监管。

《巴塞尔协议Ⅲ》新标准的实施并不妨碍实体经济的复苏。这一方面，是由于巴塞尔协议的主导思想在于确保金融稳定，另一方面，为了稳妥起见，《巴塞尔协议Ⅲ》新标准的执行尚有足够的时间安排，条规从颁布到实施有足够长的时间以利于消化。例如，2009 年 7 月颁布了"关于加强对资本市场活动监管的资本和信息披露"要求，但它的生效时间是从 2013 年开始，并在 2019 年逐步采用。同时，所有 BIS 成员国必须在 2013 年的最后期限前将《巴塞尔协议Ⅲ》的规定纳入本国的法律和监管规定。

此外，虽然《巴塞尔协议Ⅲ》是应对金融危机所暴露问题的核心监管应对措施，但新标准和规定仍不充分，提高全球监管水平及其干预性是下一步的关键性任务。BIS 将强化监测机制以确保新标准得以充分实施，并为此组建了负责新标准的实施监测和同业审查工作的工作小组，并重点关注新标准的统一解释和可能存在监管套利的领域。BIS 还将关注对银行和监管机构在压力测试和稳健的流动性风险管理方面的执行情况并对其作出评估。

四、第三版巴塞尔协议的修订进程

从 2008 年到 2010 年，《巴塞尔协议Ⅲ》的修订工作逐步展开。在其制定的一系列全面修改框架的指引下，巴塞尔委员会从微观审慎监管和宏观审慎监管两个层面开展修订工作，微观层面主要包括加强最低资本要求和添加流动性要求两个方面，针对系统性风险的宏观审慎监管层面主要包括逆周期资本监管和对系统重要性机构提高资本监管标准等措施，从此巴塞尔小银行监管体系成为微观监管和宏观监管相结合，资本监管与流动性监管相结合的综合监管体系。

2010 年 9 月，巴塞尔委员会管理层会议就旨在加强金融监管的《巴塞尔协议Ⅲ》达成一致。同年 11 月 12 日，二十国集团（G20）领导人"首尔峰会"批准了巴塞尔委员会提交的金融监管国际新标准，即《关于商业银行资本和流动性监管改革的一揽子方案》，要求各成员经济体两年内完成相应监管法规的制定和修订工作，新监管标准将于 2013 年 1 月 1 日起在全球范围开始实施，要求在 2019 年 1 月 1 日前全面达标。因此，针对《巴塞尔协议Ⅱ》在 2007—2009 年金融危机中暴露出的缺陷，为加强银行风险管理和监管，巴塞尔委员会出台了一系列更加严格、全面的改革方案，即《巴塞尔协议Ⅲ》。

2010 年 12 月 16 日，巴塞尔委员会公布了第三版巴塞尔协议正式文本，包括《增强银行体系强健性的全球监管框架》和《流动性风险计量标准和监测的国际框架》。国际银行资本监管改革是本轮金融危机以来全球金融监管改革的重要组成部分，为提高资本吸收损失的能力，提高国际银行体系防范系统性风险的能力，2009 年二十国集团领导人匹兹堡峰会明确提出了"大幅度提高银行体系资本质量和资本数量"的改革目标。据此，金融稳定理事会（FSB）和巴塞尔委员会（BCBS）着手对资本监管国际标准进行改革。2010 年 9 月 12 日中央银行行长及监管当局负责人会议（GHOS meeting）就资本监管改革一些关键问题达成了共识，巴塞尔委员会于 2010 年底正式公布资本监管改革的最终文本。

2010 年 12 月 16 日，巴塞尔委员会发布了《巴塞尔协议Ⅲ》的规则文本，这表明关于银行资本充足率和流动性全球监管标准的详细信息已得到巴塞尔委员会成员的认可。委员会还出版了全面的定量影响研究结果（QIS）。巴塞尔银行监管委员会主席、荷兰银行董事长 Nout Wellink 曾高度评价《巴塞尔协议Ⅲ》框架为"有利于保护金融稳定和促进可持续经济增长的一个划时代成就"。他认为更高级别的资本，结合全球流动性框架，将会大大降低将来银行危机发生的概率及严重程度。根据这些改革，巴塞尔委员会传递着 2009 年 9 月 G20 领导人在"匹兹堡峰会"上制定的国际活跃银行的小银行改革议程。规则文本体现了《巴塞尔协议Ⅲ》框架的详细信息，它包括宏观审慎和微观审慎的元素。框架制定了更高质量的资本、更好的风险覆盖和基于风险要求增强的杠杆比率，这些措施促进了资本的积累，它可以在压力时期得以应用，同时框架也介绍了两个全球流动性标准。

第三版巴塞尔协议的过渡与执行问题体现了本次修订的重要性和慎重性。委员会已推出议程以确保严格的、一致的巴塞尔Ⅲ框架的有效实施。标准将逐步被采用，以使小银行可以过渡到更高的资本及流动性标准，同时支持投入经济的贷款。关于杠杆比率，委员会将使用过渡期去评估是否建议设计和校准杠杆比率以适应完全信贷周期和不同类型的商业模式。基于并行运行期间的结果，在2017年上半年任何调整都会进行，并进行适当的审查和校准，以期2018年1月1日达到支柱Ⅰ的要求。流动性覆盖比（LCR）和净稳定资金比率（NSFR）将会有一个观察期，并包括一个解决任何意想不到后果的审查条款。

尽管委员会已经更新了第二支柱及第三支柱的资本框架，但如果这些框架没有得到充分一致的执行，《巴塞尔协议Ⅲ》将毫无意义。

五、第三版巴塞尔协议的主要内容

第三版巴塞尔协议（Basel Ⅲ）是巴塞尔银行监管委员会针对2004年第二版本的巴塞尔协议（Basel Ⅱ）在2007—2009年金融危机中暴露出的缺陷，为加强银行宏微观审慎监管和风险管理在近年来密集出台的一系列监管改革方案的总称。作为对金融危机的系统监管改革的回应，《巴塞尔协议Ⅲ》的全面实施将在全球小银行的发展进程中产生深远影响。

（一）资本定义的持续严格

为提高资本吸收损失的能力，第三版巴塞尔协议提出了新的更审慎的定义，规定一级资本只包括普通股和永久性优先股，并要求各家银行最迟在2017年底完全达到针对一级资本的严格定义。

《巴塞尔协议Ⅲ》主要内容的修改体现了加强小银行监管以及更广泛的银行体系的稳定。巴塞尔Ⅲ框架包含了宏观审慎措施，以帮助解决相互联系的系统性风险。《巴塞尔协议Ⅲ》大幅增加资本质量和数量主要集中在普通股权益，以吸收损失。

从2008年到2010年，《巴塞尔协议Ⅲ》的制定工作展开得迅速而有条不紊。在其制定的一系列全面的修改框架的指引下，巴塞尔委员会从微观审慎监管和宏观审慎监管两个层面开展修订工作，微观层面主要包括加强最低资本要求和添加流动性要求两个方面，针对系统性风险的宏观审慎监管层面主要包括逆周期资本监管和对系统重要性机构提高资本监管标准等措施，从此巴塞尔小银行监管体系成为微宏观相结合，资本监管与流动性监管相结合的综合监管体系。

（二）整体监管框架不断完善

针对危机中暴露出的小银行监管中的种种问题，巴塞尔委员会在 2009 年 1 月 16 日发布了《巴塞尔协议 Ⅱ 框架完善建议》的征求意见稿，在全球范围内征集修改意见，其最终稿于 2009 年 7 月 13 日发布。此文件是对巴塞尔协议 Ⅱ 框架进行修订的纲领性文件，是巴塞尔委员会改进银行资本监管体系的重要部分。

2009 年 12 月 17 日，巴塞尔委员会公布《增强银行体系稳定性（征求意见稿）》，目标是增强小银行危机下吸收损失的能力，降低银行风险向实体经济的负溢出效应。这份重要的文件总结了巴塞尔委员会危机经验的全面改革方案。主要内容包括提高资本的质量、延续性和透明性，增强银行在危机中的损失吸收能力；扩大资本协议的风险覆盖范围，在《巴塞尔协议 Ⅱ 框架完善建议》的基础上增加了对衍生产品、回购和融券行为的交易对手信用风险暴露的资本要求；在第一支柱下引入杠杆率作为原有基于风险框架的校验和补充；引入逆周期缓冲资本的监管框架；对国际上活跃银行要求一个全面的短期（30 天）最低流动性覆盖标准和长期的结构性流动性标准等。在资本和流动性标准中都考虑了市场压力，以降低银行杠杆率，尽量减小顺周期性，使银行体系在压力下保持长期的稳健。

除了以上提高银行的风险管理能力和促进信息披露等其他措施以外，巴塞尔委员会还研究了对系统重要性跨境银行和有关宏观金融审慎监管方面的解决方案。本轮金融危机表明，金融体系会导致重大系统性风险，对金融体系自身、实体经济、金融市场、社会公众的信心及全球增长造成影响。因此，需通过实施宏观审慎监管，减少经济周期波动性带来的损失，降低金融市场和金融体系之间的内在关联性。尽管实施宏观审慎监管并不能完全消除金融体系周期性和易受冲击性，但正确使用宏观审慎监管可以增强金融稳定性、增强市场抵抗冲击能力，确保潜在的未来危机能被及时地识别和解决。各国可以根据经济、金融和文化的不同，自行选择实施宏观审慎监管的组织架构，但必须保证其独立性和权威性，并具有透明度和可靠性。

（三）风险覆盖更加全面

《巴塞尔协议 Ⅲ》持续引入了风险管理、监管和披露标准，特别是有关资本市场活动方面的风险。例如，强调风险价值要求的交易账户风险暴露。为此，银行必须持有更长期的流动性较差、信用敏感的资产。这样，就使得证券化风险控制在银行的资本费用与银行账户相一致的前提条件下。

除了上述宏观审慎措施之外，《巴塞尔协议Ⅲ》还引入了新的全球监管框架基本要素。这些措施包括：一是资本缓冲，可以促进保护小银行应对信贷泡沫，并减少其"压力期"。同时，也可以减轻例如目前亚洲地区所面临的房地产价格向上的压力；二是借鉴了一个基于风险管理体制支撑的简单杠杆比率；三是达成了国际性的流动性统一框架。

本次《巴塞尔协议Ⅲ》的修改扭转了过去"轻触式监管"（lighttouchregulation）、资本效率优化以及金融产品创新等所带来的弊端，在《巴塞尔协议Ⅲ》的核心要素中，大幅增加了一些诸如提高交易账户资本要求、资本定义审查、全球流动性监管审查、压力测试、价值估算以及预估交易对手信用风险等方面的实质性内容。危机爆发后，巴塞尔委员会采取了一系列有力的监管措施加以应对，包括要求监管人员掌握先进的风险分析和评估的能力、及时有效的执行监管决策等。同时，委员会强调在快速的金融改革或存在不确定性的情况下，银行持有优质资本与流动性缓冲的重要性。

六、对《巴塞尔协议Ⅲ》的评价

1. 定量影响研究工作的背景

2010年12月16日委员会公布了全面定量影响研究的结果。委员会进行了全面定量影响研究工作，以评估2009年7月公布的资本充足标准和2009年12月发布的《巴塞尔协议Ⅲ》资本及流动性建议的影响。来自23个委员会成员共计263家的银行参与定量影响研究的演练。这包括94家第一类银行（核心资本超过30亿欧元，具有多样化国际活动的银行）和169家第二类银行（其他所有银行）。定量影响研究并没有考虑到任何过渡安排，比如逐步扣除和豁免安排。相反，提交的评估假设是基于2009年末的数据，针对最终的《巴塞尔协议Ⅲ》一揽子计划的全面实施。有关银行的盈利和行为反应都不作为任何假设，例如，从那时起或在将来银行资本或资产负债表组成的变化。出于这一原因，定量影响研究结果与工业预测不同，它往往是基于预测并考虑管理操作以减轻影响。同时，把不公开的行业信息纳入分析员的估计。

2. 对核心资本充足率的评估

这主要包括所有改变对资本的定义、风险加权资产的影响，并且假设充分执行为2009年12月31日，与新的4.5%的最低资本需求，第一类银行的平均普通股本的核心资本充足率（CET1）为5.7%。第二类银行的平均普通股本的核心资本充足率（CET1）为 7.8%。为了使第一类银行满足 4.5% 的新的平均普通股本的核心资本充足率（CET1）要求，附加的资本需求估计为 1650 亿欧元。对第二类银行来说，附加的资本需求估计为 80 亿欧元。

关于 7% 的平均普通股本的核心资本充足率，它包括 4.5% 的最低资本要求和 2.5% 的资本保护缓冲，委员会预计到 2009 年底在第一类银行中会有 5770 亿欧元的短缺。作为一个参照点，2009 年在此示例的银行的税后分配前的利润总额为 2090 亿欧元。第二类银行的平均普通股本的核心资本充足率低于 7%，将需要附加的 250 亿欧元，2009 年这些银行税后分配前的利润总额为 200 亿欧元。自从 2009 年底，银行通过发行股票和利润留存的组合不断提高它们的普通股本的资本水平。

3. 对流动性标准的评估

委员会还评估流动性标准预计的影响。假定银行对流动性风险预测和资本结构不发生变化，如 2009 年底：

（1）第一类银行的平均流动性覆盖比（LCR）是 83%；第二类银行的平均流动性覆盖比（LCR）为 98%。

（2）第一类银行的平均净稳定资金比率（NSFR）是 93%；第二类银行的平均净稳定资金比率（NSFR）为 103%。

银行到 2015 年要达到流动性覆盖比（LCR）标准和到 2018 年要符合净稳定资金比率（NSFR）的标准，这些将反映任何的修订都要经过一个标准的观察期。低于 100% 所需最小值门槛的银行可以满足这些标准，例如，通过延长它们的融资期限或重组业务模式，在压力时期这些行为最容易导致流动性风险。应当指出的是，流动性覆盖比（LCR）和净稳定资金比率（NSFR）的差额是不可附加的，因为一个标准的差额减少可能导致其他标准差额的下降。

七、《巴塞尔协议Ⅲ》的影响

（一）《巴塞尔协议Ⅲ》的积极影响

为应对金融危机下对现行银行监管体系的缺陷，巴塞尔委员会修改了有关监管方案，这些修改旨在总结金融危机所暴露的监管体系的不足，并希望通过监管准则的修订，建立起更加全面的风险管理意识，完善风险管理体系，使金融体系抗风险能力更强，防止类似金融危机再次发生。

巴塞尔委员会两年多的大范围、多角度、高效率的修订丰富了巴塞尔协议的内容，强化了资本监管的思想，在较多领域进行了金融监管的完善和补充，同时也有所创新。例如，流动性指标的确定使得流动性监管的可操作性大大增强，不以风险为基础的杠杆率，在某种程度上是对过去以"资本充足率"作为唯一监管标准的完善和修订，系统性风险的考虑以及宏微观审慎监管观念的融合增加了人们对风险的内涵的理解和外延的延伸，长期存在的资本充足管理的顺周期缺陷被逆周期的资本、评级设计以及杠杆率等的弥补，特别是压力测试的推广，为实践中降低模型风险作了有力补充。强化了操作风险、市场风险、信用风险的测量和监管，丰富了跨境交易、银行内部治理以及存款保险制度等内容，以上举措都使得这个新的监管体系《巴塞尔协议Ⅲ》能够更加全面地度量和监管银行风险，促进银行体系的稳健经营，防范金融危机的重演。

第二版巴塞尔协议虽然相比 1988 年的第一版协议有重大改进，但仍存在一系列不足，主要表现为：一是对风险的认识仍不够全面。这突出地表现在《巴塞尔协议Ⅱ》的第一支柱中，对风险的度量仅限于单笔贷款，没有考虑到贷款之间的彼此关联。第二支柱中对此虽有考虑，但由于对监管方式的选择、模型设定等方面的规定模糊而复杂，贷款之间的关联性无法得到准确度量。二是对金融创新引致的监管套利行为应对不力，这突出表现为以信用违约互换为代表的诸多衍生产品的大量使用，使银行得以掩盖风险谋取更多利润，而监管者无法确定真实的风险水平。三是伴随风险敏感性的提高"顺周期性"问题凸显并广受诟病。按照《巴塞尔协议Ⅱ》的方法计算违约概率、违约损失率和违约风险敞口等指标时，往往表现出"顺周期性"特征，即经济指标向好时小银行坏账较低，更多资产被认定为优质资产，此时等量资本可以支持更大规模的资产，而在经济衰退时可以支持的资产会变少。监管资本的顺周期变动会助长经济的周期性波动，反过来经济波动加深也会对金融体系造成重大伤害。

针对上述缺欠和金融危机反映出的大量问题，第三版巴塞尔协议试图从多个方面大力改进现行监管资本标准。这主要体现在提高资本质量、扩大风险资产覆盖面和解决"顺周期性"等问题方面。

总的看来，《巴塞尔协议Ⅱ》中存在的多数问题业已发现并试图采取措施加以解决，但仍有一些问题尚未在第三版巴塞尔协议中得以解决。比如模型的主观分析、预测未来的准确性和监管套利等问题仍普遍存在，这些因素对资本监管的长期有效性会产生潜在的不利影响①。

第三版巴塞尔协议的公布是近年来国际银行监管领域的最大事件，各国监管机构希望新协议的实施能促使全球银行体系在提高资本损失吸收能力的同时减少高风险业务。不过，未来巴塞尔协议的完善与改进仍将任道远，限于各种因素的制约，特别是金融监管领域的空白和盲区，《巴塞尔协议Ⅲ》的未来还有很大的改善空间。

《巴塞尔协议Ⅲ》的颁布和即将实施，其重要意义在于为未来银行监管提供了一个"路线图"或者"监管蓝图"。在它的导向指引下，各金融机构和金融监管当局将能够有的放矢地进行金融活动，特别是对小银行进行监管。不过，尽管《巴塞尔协议Ⅲ》在帮助全球金融机构提高抵御危机的能力和改善财务状况方面有所进步，但并没有完全化解这些金融机构可能造成的溢出效应。对此，笔者认为当前对于《巴塞尔协议Ⅲ》的评价还不宜盲目乐观，还需要根据未来的实际情况加以观测和分析，任何过于乐观的评价都显得盲目和轻率。也许，金融监管的实践将会对《巴塞尔协议Ⅲ》作出最佳的评判。

（二）《巴塞尔协议Ⅲ》的消极影响

从长期来看，监管机构与银行界都认可实施《巴塞尔协议Ⅲ》将对金融稳定性和更加稳定的经济增长产生积极正面的作用。认为更高的资本和流动性要求会增加银行体系的稳健性和安全性，降低金融危机爆发的概率。然而对于实施《巴塞尔协议Ⅲ》要求的资本和流动性水平是否是最恰当以及其所带来的短期影响，监管机构与银行界对于新标准的要求开始了激烈争论。

金融稳定委员会和巴塞尔委员会共同组成的宏观经济评估小组在2010年8月发布的《更高的资本和流动性要求的宏观经济影响评估》和《增强的资本和流动性要求的过渡对宏观经济的影响的评估》两份研究报告指出，实施《巴塞尔协议Ⅲ》更严格的标准对宏观经济的影响是可控的，尤其是在过渡期

---

① BIS 的宏观经济评估小组（MAG）和长期经济影响工作组（LEI）已对《巴塞尔协议Ⅲ》标准的潜在影响进行彻底审查。基于稳健保守的假设，MAG 评估结果表明，新标准仅温和地对在过渡期内的经济增长产生影响，而 LEI 结果表明，随着更高的资本和流动性要求，相关的经济利益将远远超过成本。假定根据 BIS 的过渡安排逐步分阶段地充分实施《巴塞尔协议Ⅲ》框架，MAG 小组最近公布的后续工作是从平均资本达到 5.7% 的大型银行开始基于定量影响的研究结果，在此条件下，提高全球的普通股资本比率至 7%，将导致 GDP 的水平在相对于基准预测的 0.22% 时下降最大。在成长率方面，增加资本的好处在于在同期的基准水平上，年年增长率将低于其 3 个基点。

安排合理的情况下。从量化指标上来看，当核心以及资本充足率（普通股/风险加权资产）要求上升1%，则GDP将降低大约0.20%，这意味着未来四年半内，年增长率平均降低0.04个百分点。此外，流动性资产上升25%所带来的影响要低于核心一级资本充足率上升1%的影响。因此，实施《巴塞尔协议Ⅲ》不会对实体经济复苏产生较大的负面影响。

此外，对新兴市场经济国家和中小银行的不公平问题仍然没有在《巴塞尔协议Ⅲ》中得到解决，更加复杂的监管体系如何能够得到有效的实施也是留给各国各地区监管当局的一个开放性问题。巴塞尔协议在不断完善的同时也面临着更多挑战，虽然仍存在问题，但在目前的监管体系中，巴塞尔协议的框架依然是最科学和完善的，其在小银行监管中仍然占据着不可撼动的地位。

八、《巴塞尔协议Ⅲ》有关过渡期安排的相关规定

《巴塞尔协议Ⅲ》从修订、颁布到实施经历了一个较长的时间，因此，围绕《巴塞尔协议Ⅲ》的实施提供了一个过渡期安排。根据2010年9月12日巴塞尔银行监管委员会管理层会议达成的共识，所有成员国执行期从2013年1月1日开始，分阶段达标，即2013年初普通股权益/风险加权资产提高到3.5%，核心资本充足率达到4.5%，总资本充足率达到8%。此后，每年普通股权益/风险加权资产和核心资本充足率在2013年基础上提高0.5个百分点。反周期缓冲的充足率要求则是从2016年开始，每年提高0.625%，4年后达到2.5%的水平。现在分别说明如下：

（一）过渡期安排

在过渡期内，扣除项中非来源于一级资本的部分将继续由现行国民待遇承担。如果扣除项是来自于一级资本，则在2014年时其处理方法为：20%的金额来源于一级资本，80%的金额来源于用于支撑现行国民待遇的扣除项。如果扣除项是现行国民待遇的风险权重，则在2014年时其处理方法为：20%的金额来源于一级资本，80%的金额来源于根据现行国民待遇的风险权重。同样的，如果《巴塞尔协议Ⅲ》调整了现行国民待遇，则在过渡时期，一级资本的金额将相应地增减。

一些一级和二级工具因为超过有关界定而未被《巴塞尔协议Ⅱ》认可，则在过渡时期仍不能被计入。若监管调整结束而还未开始新的调整，则应当暂时服从过渡时期的安排。其目的是处理未变现亏损，同时也适用于其他目前的

转向《巴塞尔协议Ⅲ》的监管调整。

（二）不受新规定约束的例外情况

不受新规定约束的范围仅包括某些特定工具。若某个工具在2013年1月1日被终止确认，其不计入固定不受新规定约束的范围。如果一项工具的有效到期日在2013年1月1日之前而且未被买回，则根据2011年1月13日的文件其有资格不受新规约束。若其到期日在2013年1月1日之后，而且因此而不必遵守2013年1月1日的进入标准，其需在到期日前被逐步淘汰并终止确认。

如果某个适用于不受新规限制的二级工具在2013年前开始其最后五年的分期偿还期，只将实际分期偿还金额计入不受新规限制范围，而不是总名义金额。股票溢价和不受新规限制的工具之间的关系：股票溢价如与某项适应进入标准的工具有关，则其只适应于进入标准而已。

（三）一级资本安全期的规定

在前瞻性的基础上，如果达到了符合所有附属一级资本合格要求的一级资本安全标准，则在买回日期2014年12月31日和随时可偿还日期2014年1月1日后，其安全性将计为80%。如果不买回，则在2015年1月1日时计为100%的安全性。但是同时需注意前提是所有逾期未付工具属于一级资本。

在过渡期间，由子公司发行的盈余资本的计算并非取决于第三方投资者本身的转变。例如，2014年剩余普通股核心资本的计算并非反映了当时普通股核心资本的最低值（RWAs的4%）和当时的资本保护缓冲区（RWAs的0）。在其他条件相同时，在过渡期间以上两个例子将导致更高的扣减。

如果《巴塞尔协议Ⅲ》第87段规则文本规定的三个项目（普通股、DTAs、MSRS这三项重大投资）的数额门槛超过15%的限制，那么超出部分需要被扣除。从2018年起，这多余的100%将从普通股核心资本中被扣除。在过渡期间，这多余部分将需要部分从普通股核心资本中、部分从"现有的国民待遇"被扣除。在过渡期间，从2013年1月1日起，这些项目的加权风险均为1250%（在《巴塞尔协议Ⅲ》第90段规则文本中描述的50：50扣除）。

现将有关具体情况概括如表2-2、表2-3所示。

表 2-2　　　　第三版巴塞尔协议各项规则过渡期安排时间表　　　　单位：%

时间\指标	2011	2012	2013	2014	2015	2016	2017	2018	2019 年起
杠杆率	监管监测期		过渡期为 2013 年 1 月 1 日至 2017 年 1 月 1 日，从 2015 年 1 月 1 日开始披露					纳入第一支柱	
普通股充足率最低要求			3.5	4.0	4.5	4.5	4.5	4.5	4.5
资本留存缓冲最低要求						0.625	1.25	1.875	2.5
普通股充足率加资本留存缓冲最低要求			3.5	4.0	4.5	5.125	5.75	6.375	7.0
扣减项的过渡期				20	40	60	80	100	100
一级资本充足率最低要求			4.5	5.5	6.0	6.0	6.0	6.0	6.0
总资本充足率最低要求			8.0	8.0	8.0	8.0	8.0	8.0	8.0
总资本充足率加资本留存缓冲的最低要求			8.0	8.0	8.0	8.625	9.125	9.875	10.5
不符合新资本定义的资本工具过渡期	从 2013 年 1 月 1 日起分 10 年逐步剔除								
流动性覆盖比率（LCR）	开始监测				开始监测				
净稳定融资比率（NSPR）		开始监测						开始监测	

资料来源：Group of Governors and Heads of Supervisi on announces higher global minimum capital standards，Basel Committee On Banking Supervision.

表 2-3　　　　与《巴塞尔协议Ⅲ》相关的潜在监管时间表

日期	事件	说明
2010 年 9 月 7 日	巴塞尔委员会会议	对资本充足率下限作出决定
2010 年 11 月 11—12 日	韩国首尔 G20 峰会	G20 成员国将正式通过《巴塞尔协议Ⅲ》
截至 2010 年底	巴塞尔委员会将公布《巴塞尔协议Ⅲ》的最终规则	最终标准将于 2010 年底公布
2011 年 1 月至 2012 年 12 月	对杠杆率的监督期，着重于建立对杠杆率进行追踪的模板	

续表

日期	事件	说明
2012 年 12 月 31 日	计划实施修订后的《巴塞尔协议Ⅲ》资本规则	巴塞尔委员会将采取适当的过渡措施并允许旧规则在足够长的时间内逐步过渡到新标准
2013 年 1 月至 2017 年 1 月	杠杆率以及净稳定资金比率的过渡期，将对杠杆率及其组成加以跟踪，银行层面的杠杆率及其组成的披露从 2015 年 1 月 1 日开始	
2017 年 1 月以后	杠杆率以及净稳定资金比率的最终确定和全部实施	

第三章 新资本协议对小银行的影响

第一节 "小银行"发展的基本问题

一、小银行的概念和特征

从小银行的定义来看，各国标准不一，必须清楚小银行的定义，国外发达国家，与发展中国家的定义是不同的。我国的小银行一般是从资产规模来定义的。事实上，小银行在管理、经营方面是有其独特的成分的。对于小银行的定义一般是理论研究的意义更强烈一些，从管理来看，小银行更有其独特性。

大中小银行是一个相对、发展的概念。由于不同国家或地区之间的经济发展水平、经济体制、历史等方面的原因，导致不同国家对大、中、小银行的界定有所不同。

首先，小银行是一个动态发展的概念。不同时期对于小银行的衡量标准会有所不同。

其次，小银行的共同特点在于"小"，它表现在资金较少、业务范围和服务对象较为狭窄，地域性突出。

最后，小银行是一个相对性的概念。这里的"小"仅仅是相对于"大"而言的，事实上，小银行和中银行之间也很难界定，于是，有时大家干脆统称其为中小银行。

本书将从国外大中小银行和国内大中小银行等视角进行分类界定。

（一）国外对小银行的一般界定

传统企业规模理论把资本金、资产额、分支机构、员工数量、经营地区和业务范围等作为企业规模的衡量标准。对银行而言资本金决定银行抵御风险的能力，资产额是银行实力的基础，分支机构和业务范围是银行经营范围大小和经营能力高低的重要标志。

以资产额和员工数量为划分标准，若以净资产标准衡量，按照西方经济学和银行实业界观点，净资产在 10 亿美元以上的银行为大银行（Dymksi，1999），大于 1 亿美元小于 10 亿美元的银行属于中等规模银行，小于 1 亿美元的银行为小银行。

大银行或超大规模银行资产规模大、分支机构多、具有在全球经营金融业务的能力。如美国的花旗银行，德国的德意志、德累斯顿银行，日本富士、樱花住友银行等城市银行。中小银行资产规模较小、分支机构较少，如美国的州银行体系、社区银行；德国的区域性商业银行、私人银行、储蓄银行和信用合作银行；日本的地方银行、互助银行、信用合作及中小城市银行。

若以员工数量划分，各国的划分标准略有不同。在美国，常雇人员在 200 人以下的银行属于中小银行；在日本，常雇人员在 300 人以下的银行属于中小银行；在德国，常雇人员在 500 人以下的银行属于中小银行；在韩国，常雇人员在 300 人以下的银行属于中小银行。考虑各国汇率、通货膨胀及实际购买力差别，多数国家把常雇人员在 500 人以下的银行归为中小银行。

（二）我国国内对小银行的界定

一般说来，我国学术界对中小银行存在广义和狭义两种理解。

广义理解的小银行，是把大型国有商业银行以外的全国性或区域性股份制商业银行、城市商业银行、农村信用社（包括改革后形成的农村合作银行和农村商业银行）统称为中小银行。这个范围较多，外延大。可以说，除了工行、农行、中行、建行、交行五大银行外，其余皆为中小银行。其中，规模相对大一些的是中银行，规模小的就是小银行，至于二者界限如何明确，并不纠缠。

狭义理解的小银行是指规模较小的为区域经济发展提供资金支持的银行，它主要包括城市商业银行、农村商业银行、村镇银行、社区银行、城市信用社、农村信用社等机构。

可以看出，目前我国的银行规模界定标准在学界尚无统一明确的标准，有时甚至以所有制和垄断力作为区分的标准。一般而言，大银行的垄断性较强，而中小银行的垄断性较弱。垄断强弱可以作为评判银行大中小的参考标准，但从学理上看，并不科学。

在计划经济时期，中国人民银行承担"双重"角色，它既是我国的中央银行，同时又承担着商业银行的职责。改革开放初期，有工行、农行、中行、建行四大国有商业银行，有一定的分工和定位，其规模相差不是很大，同为四大国有商业银行。当时基本没有小银行的存在，也就没有小银行的概念。

伴随改革开放的深入，一些小银行如雨后春笋般出现。由于银行的所有制结构决定了大型商业银行和新兴股份制商业银行在资本金、资产额、分支机构等方面的差异。于是，有了中小银行之分，它们是相对资本规模庞大、分支机构多、队伍庞大、有能力从事综合性金融服务的大银行而言的。

可见，按照资产规模、经营管理能力等硬性指标分析，绝大多数城市商业银行、农村商业银行、农村合作银行、农村信用社、村镇银行以及社区银行等均属于小银行的行列。随着其中一些小银行的发展，规模日益做大做强，为研究和管理的方便，有时也将其列入了中型银行的序列之中。加之，银行的发展本身就是一个动态的过程，因此，很难通过静态的方式来给银行做一个评判的标准。今天的中型银行，昨天可能是小银行；而今天的小银行，明日也可能成为中银行，甚至大银行。

总之，由于我国的小银行经营地域范围狭小，不能像大银行那样从事综合性、全面性的银行业务，其主要在特定区域为特定客户提供金融服务，同时也主要通过弥补大银行服务的空白领域，为当地居民和企业提供金融服务获得稳定的客户基础。

（三）小银行的特征

虽然，小银行的定义比较复杂，但小银行相对于大银行而言，它还是有很多自身的特点，可以通过这些特征来区别大银行。简单地说，小银行相对于大银行而言有以下几个方面的特征：

第一，产权结构特殊，规模相对较小。从产权结构的特殊性来看，小银行资本构成一般具有本土化的特点。根据我国有关法规，城市商业银行等地方小银行只能面向本地的企业、团体和居民招募股本，这就使得小银行与当地有着千丝万缕的紧密联系，使得小银行有着较强的地区竞争优势。

第二，股权高度集中，地方政府控股占大部分。根据一项调查显示，地方政府在城市商业银行的平均持股比例是 24.2%，如果加上地方政府通过其他企业或机构间接持股的数量，国有资本的持股比例达到 76.3% 左右，地方政府对城市商业银行有绝对的控制权。[①]

---

① 国务院发展研究中心金融研究所《中国城市商业银行研究》全书组：《城市商业银行调查》，载《南方周末》，2005 – 04 – 07。

据银监会的统计报告，2007—2011 年，工行、农行、中行、建行、交行五大银行的国家持股占比呈逐年下降趋势，农业银行由 100% 的国家持股下降至 82.7%，下降了 17.3 个百分点（农业银行数据从 2009 年 1 月改制后开始统计）；工行、建行、中行、交行也分别下降了 3.00 个、1.99 个、3.19 个和 2.26 个百分点，下降至 67.6%、57.13%、67.20% 和 26.52%。其中，交通银行的股权相对分散，截至 2011 年底，其前十大股东合计持股占总股份的 72.9%，为五大行中最低。大型商业银行通过不断优化股权结构，在国家政策允许的范围内，引入"多元化战略投资者行政行为管理模式"向"公司行为管理模式"进一步转变。而小银行的股东则地方色彩较浓。

小银行在资本金、资产额、职工数量、业务服务范围等方面都有较小的规模。但是，到底多少规模为大，多少规模为小，则很难界定。因为，经济是发展的，金融业的规模也是发展的。图 3－1 是关于各类银行在资产规模等方面的比较图。从图 3－1 可以看到，我国各类银行机构的规模从 2003 年到 2011 年间呈现出递增的态势。大、中、小银行规模也是动态变化的，也许同样的资产规模，在 2009 年它还是中型银行，但到了 2012 年、2013 年它或许就是小银行了。从这个方面也可以看出，金融机构的竞争十分激烈。

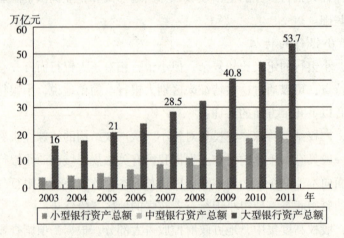

资料来源：银监会 2011 年年报。

图 3－1　大、中、小银行资产总额对比

第三，小银行的分支机构较少，服务地域一般仅限于本地区。由于中小银行资金额等方面的限制，中小银行一般在特定区域内从事特定的经营业务。小银行的服务对象、经营区域较为固定，小银行的市场定位主要是当地中小企业和居民等特定客户群，以发展当地区域经济为目标。一般情况下，城市商业银行以城市中的民营中小企业为服务对象，农村信用社主要为农村和农民提供金融服务。

第四，小银行具有区域性、地方性特色，呈现出较强的区域优势。由于受到资本金等方面的限制，大多数小银行一般只能在特定的区域内从事银行业务。正是小银行这种立足于地区发展的优势，使其在一定区域内从事金融业务方面有着天然资源优势，小银行能够随时调整营销策略，保持有利的区域优势。它们能够通过各种途径详细地了解潜在客户的资产、经营状况、信誉度等情况，从而获得各种非公开的软信息，易于形成"关系型"联系，有助于降低借贷风险，并能够对借贷者进行有效监督，防止由于信息不对称而引起的逆向选择和道德风险。

我国小银行是在我国特殊历史条件下形成的，基本上都由原来各地市的城乡信用社改制而成，由于其经营范围受区域限制，决定了其业务经营受到狭小的地域限制。图3-2、图3-3和图3-4是描述北京银行、宁波银行和南京银行贷款在地区间流向的情况，从这些图可以看出，北京银行的贷款流向主要集中于北京和天津地区；南京银行的业务主要集中在江浙地区；而宁波银行则主要集中于浙江省。北京银行、南京银行和宁波银行在同类银行中区域扩张做得较为突出，相对于其他小银行而言还是非常出色的，但其区域性特点仍然鲜明。由此可以看到小银行的扩张任重道远。

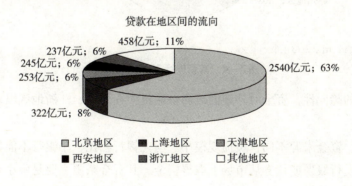

资料来源：北京银行年报。

图3-2　北京银行2011年情况

由上可以看出，各个小银行的资金主要流向了本地区，对本地区的资金支持度都超过了自身贷款总额的一半。说明小银行对本地区的经济发展有着突出的作用。另外，这些小银行的贷款除了流向本地区外，也都出现了流向经济较

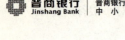

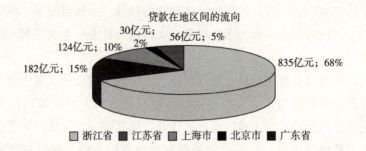

资料来源：宁波银行年报。

图 3-3　宁波银行 2011 年情况

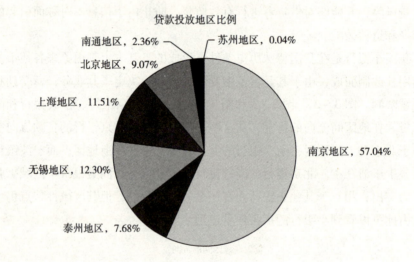

资料来源：南京银行年报。

图 3-4　南京银行 2011 年情况

发达地区的趋同性，资金对外地的流向普遍集中在北京、江浙地区以及上海和广东等地。

　　第五，资金来源不同，负债规模小。与大银行相比，小银行不能像大银行那样通过发行股票或债券从市场上取得资金，其资金来源主要是中小企业存款和当地居民的储蓄存款。图 3-5 是我国大、中、小银行负债对比图，从中可以看出，小银行的负债规模明显小于大银行。结合图 3-1 可以看出，我国大型商业银行、中型商业银行和小银行资产与负债总额 2003—2011 年的对比情况。由两图可知，近年来我国银行业发展迅速，年均增长率均达 19.3%，远超同期年均 GDP 增长率，而且在整体银行业增长迅速的情况下，中小商业银行的表现更为突出。

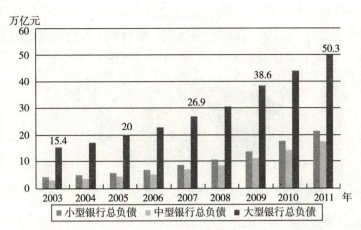

资料来源：银监会 2011 年年报。

图 3-5　大、中、小银行负债对比

第六，小银行相对大银行历史较短，具有明显的代理成本优势。一般来说，小银行的基础较薄弱，大部分小银行成立的时间不长，普遍规模较小、基础比较脆弱。小银行组织结构简单，中间委托管理层较少，决策迅速，贷款人员通常拥有一定的贷款决策权，可以有效地降低利用"软信息"时产生的代理成本。然而，大型银行的非本地化使得其对当地中小企业的信息掌握不够充分，由于大型银行的结构复杂，代理链条长，银行基层获得了"软信息"很难以书面形式向贷款决策层传递和反馈，发放关系型贷款的代理成本较高。

第七，公司治理和内控制度不完善，抗风险能力较小。小银行资产质量不高、地方性行政干预、公司治理结构、内部控制方面缺乏有效的制度约束等因素造成了小银行的抗风险能力较差，特别是受到经济衰退的冲击时，它既没有可分散风险的投资组合，也没有可分散投资的经营领域。

第八，人力资源相对较弱，薪酬激励相对明显。部分小银行的领导和高级管理人员素质不高，缺乏必要的金融分析和管理水平，员工素质也亟待提高。由于高级管理人员和关键岗位工作人员的道德风险较高，个别小银行违规、违法经营情况比较严重，业务拓展和创新能力相对较弱。

关于小银行的人力资源情况，可以通过大、中、小银行从业人员的比较得以验证。据银监会统计资料，截至 2011 年末，我国银行类从业人员总数已达

319.8万，其中大、中、小银行中从业的人员总数为288.8万①，占比达到90.3%。而在这288.8万大、中、小银行从业人员中有162.7万人就职于大型商业银行，占比达56.3%，就职于中型商业银行和小银行的人数分别为27.8万人和98.3万人，占比分别为9.6%和34%（见图3-6）。

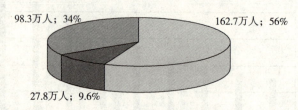

资料来源：银监会2011年年报。

图3-6　2011年末大、中、小银行从业人员对比

由图3-6可以看出，目前我国银行类从业人员还是主要供职于大型国有银行，这与我国大型商业银行的整体实力和我国金融体系的演变过程分不开。由于我国现在正处于战略转型期，要想顺利实现产业升级，保持经济快速平稳而又集约高效的发展，那么必须大力发展中小企业，而这又离不开中小商业银行的发展，所以我们应该继续以政策鼓励中小银行发展，鼓励金融人才投身中小银行。

二、小银行的类别和环境

（一）我国小银行的情况

目前我国的小银行主要包括城市商业银行、农村商业银行、农村合作银行、农村信用社及村镇银行等。

城市商业银行主要由城市信用社改组而来，也有一部分是由城市合作银行统一更名为城市商业银行。截至2011年底，全国共有城市商业银行144家，营业网点近万个，遍及全国各个省（市、自治区）。目前我国已经有南京银行、北京银行、宁波银行等城市商业银行实现了上市。城市商业银行由于受其

---

① 本文统计口径为：大银行包括中国工商银行、中国农业银行、中国银行、中国建设银行和交通银行；中银行包括中信银行、中国光大银行、华夏银行、广发银行、深圳发展银行、招商银行、上海浦东发展银行、兴业银行、中国民生银行、恒丰银行、浙商银行和渤海银行和邮政储蓄银行；小银行包括城市商业银行、农村商业银行、农村合作银行、农村信用社和村镇银行。

地域限制，其资产规模总体不大，主要以当地经济、中小企业、当地居民为服务对象，据有关调查显示，经济效益好的城市商业银行主要集中于那些经济发达的地区，特别是东部地区。

农村商业银行是由辖内农民、农村工商户、企业法人和其他经济组织共同入股组成的股份制的地方性金融机构。在经济比较发达、城乡一体化高度集中的地区，农业比例较低，"三农"的概念发生了严重的变化，政府决定对这些经济地区的农村信用社进行股份制改造，组建农村商业银行。

农村合作银行是由辖内农民、农村工商户、企业法人和其他经济组织共同入股，在合作制的基础上，吸收股份制运作机制组成的股份合作制的社区性地方金融机构。这种股份合作制是股份制和合作制的有机结合，农村合作银行是在遵循合作制原则基础上，同时吸收股份制的原则和做法建立起来的一种新型银行组织形式，这是一种劳动联合和资本联合、"三农"服务功能和商业功能相结合的产权制度。

农村信用社是由农民入股组成，实行入股社员民主管理，主要为入股社员服务的合作金融组织，是经中国人民银行依法批准设立的合法金融机构。其主要任务是筹集农村闲散资金，为农业、农民和农村经济发展提供金融服务，支持各种形式的合作经济和社员家庭经济。

村镇银行是经银监会批准，在农村地区设立，主要为当地农民、农业和农村经济发展提供金融服务的银行业金融机构。2006年12月21日，由于我国农村地区金融服务不足、竞争不充分，银监会调整放宽了农村地区银行业金融机构准入政策，提出建立"三类"新型农村金融机构，即村镇银行、贷款公司和农村资金互助社，村镇银行是其中唯一一家具有股份制性质的银行类金融机构。

上述各类银行机构都属于小银行的范畴。

（二）我国小银行发展的环境

当前，我国小银行发展方兴未艾，已经具有了一定的发展基础。分析小银行的生存环境和发展空间，可以看到喜忧参半。一方面，小银行决策迅速、熟悉地区客户资信状况、信贷监控成本低，在为中小企业服务、满足当地居民金融理财服务方面较国有商业银行有优势。另一方面，小银行在其发展中还有很多问题值得关注和思考。特别是小银行在化解历史遗留的金融风险，在承担地方债务风险方面还有诸多隐患，某种情况下会诱发不良贷款的增长。

1. 政治环境

分析小银行的生存环境，首先要从其政治环境入手。

目前国有股（地方财政股）在多数中小银行的产权结构中处于绝对控股的地位，这类产权结构使得小银行无法摆脱地方政府的行政干预，使得小银行无法建立真正的法人治理结构；另一方面，我国政府对金融业实行严格的金融监管，具体表现在：一是对金融机构实行"分业经营、分类管理"，规定银行业、保险业、证券业实行分业经营、分类管理；二是对小银行的业务范围和业务种类进行了限制。在政府的保护措施下使得小银行降低了市场竞争力；三是小银行与大型银行相比存在着不平等的政策环境。与国有银行相比，小银行较少享有垄断性特权。国有银行不仅以国家信用作保障，其风险由中央财政承担，不存在破产风险，而且还存在国家财政注资、享受特定业务上的垄断权的优势。如记账式国债柜台交易只能在国有商业银行办理，其他股份制银行（交通银行除外）和城市商业银行不能办理此项业务。

2. 公司治理环境

我国新兴的商业银行通过股份制改革，一些中小商业银行积极探索市场化的公司治理机制，通过股权结构的分散，引入战略投资者。截至 2011 年底，除渤海银行、广发银行、中信银行、光大银行、华夏银行外，其余银行前十大股东占总股本比例基本都在 67% 以下，民生银行最低（43.09%），其股权结构较 5 家大型银行进一步分散。同时，外资持股占到了一定比例，有 8 家银行引入了战略投资者，其中广发银行引入美国花旗集团 CITI、中信银行引入西班牙 BBVA 银行，华夏银行引入德意志银行，均达到 15% 以上持股比例。据近十年股份制商业银行经营数据的实证研究，引入战略投资者对商业银行的成本控制、市场运作、可持续发展、公司治理起到了重要的作用。

3. 社会信用环境

现代市场经济中的大部分交易都是以信用为前提的，信用也会带来风险。小银行信用环境的影响主要体现在以下几个方面：一是社会信用环境不佳严重限制了小银行的业务扩展。例如，零售业务和网上资产业务的前提都强调企业和居民的信用意识，小银行因为担心信用缺失可能导致损失，其基本上放弃了一些零售业务和网上资产业务。二是社会信用环境不佳加重了社会对小银行信用的怀疑。由于小银行的主要服务对象是小企业，而小企业逃废债务现象时有发生，使得小银行因借贷资产流失导致不良资产逐渐累积，从而形成巨额不良资产，潜伏着巨大的支付能力危机，一旦金融市场出现动荡，社会就首先怀疑小银行的抗风险能力，甚至发生挤兑小银行事件。

4. 经营环境

多数小银行都将自己的服务对象定位于小企业，其目的是推动区域经济发展。由于小银行资金规模较小，不能满足连续提供较大规模融资的需求，只能以小额贷款业务为主，这使得小银行不得不将自己的服务对象定位于小企业。另外由于小银行立足于当地经济，易于与当地人文环境相融合，容易与小银行建立长期的融洽的合作关系。随着优秀小企业的快速发展，其生产和销售范围也会向全国范围内扩散，小银行无法跟随小企业的发展步伐，小企业不得不转向规模庞大的大银行。从这一角度来看，小银行为大型银行提供了优质的客户，但是自己只能停留在支持创业阶段的小企业，无法享受到优秀小企业成长后更高的利润回报。

5. 行业竞争环境

小银行面临的行业竞争环境比较复杂，整体说来，并不乐观。

6. 技术环境

银行的研究与开发等技术能力是其发展的动力与源泉。目前我国小银行的业务品种较为单一，只能从事存贷款业务，无法满足客户的多样化需求；同时，小银行推出的系列产品真正创新的少，在新业务，比如金融衍生工具、财务咨询等方面的研究与开发几乎处于空白。另外，小银行之间缺少信息技术和金融业务的合作，由于单家小银行资金规模小、技术基础较差等方面的原因，单家小银行进行信息技术开发以及金融创新、服务创新，存在信息技术开发效益差、产品创新缺乏规模经济效益等问题。

7. 综合管理环境

我国小银行与大银行相比综合管理能力相对较差。综合管理能力主要体现在其经营效果——盈利性、流动性、安全性三者的平衡上。我国的小银行普遍存在着规模较小、盈利水平较低、风险较大等问题。除此之外，由于历史遗留问题所导致的大量的不良资产，相当一部分资产已经转化为呆账、呆滞贷款，造成资产利润率低下。

8. 人力资源环境

小银行的部分经营管理人员素质和能力不高，经营管理理念落后，特色服务不突出，没有从自身的特色和优势出发准确定位市场和目标客户。另外，小银行的人力资源指标明显低于大中银行的人力资源指标。一般情况下，高素质的金融人才一般倾向于大银行和外资银行，面对大银行和外资银行的威胁，小银行的人事制度和分配制度不利于吸收人才、留住人才，这使得小银行人力资源问题越来越严重。

三、关于小银行发展的几个假说

总结现有文献，有关阐释小银行生存与发展的理论目前还没有形成，关于小银行发展的假说主要有三种。

一是关于银行分层理论和银行动态成长理论对于小银行发展的影响。银行业按规模分为小银行、中银行、大银行，分别对应着小企业、中企业、大企业的融资服务。静态来看，小银行、中银行、大银行是分层并列的，成为银行分层理论；动态来看，银行是按从小银行，到中银行，再到大银行的顺序成长着的，称为银行动态成长理论。分层理论表明银行业中存在中小银行层；动态成长理论说明中小银行是可以发展为大银行的，所以小银行也是可以存在的。

二是金融共生假说。金融共生假说是以生物学中的共生理论为起点，把生物共生理论引入金融共生关系所形成的理论体系。金融共生指银行与企业之间、银行与银行之间、银行与非银行机构之间的共生关系为金融共生体系的核心，包括金融共生单元、金融共生模式和金融共生环境三要素，其中共生单元是指金融机构和厂商；共生模式是指金融共生单元相互作用的方式或相互结合的形式，既反映了金融共生单元之间的作用方式，也反映了作用强度；共生环境是共生单元以外的所有因素的总和。该假说的观点主要有：小银行比大银行更易获取小企业的信息，从这个意义上讲，小银行比大银行更易建立共生关系；小银行与小企业比大银行与小企业的信息获取成本低。在共生动力有限的情况下，小银行与小企业的共生关系比大银行的共生关系更稳定，更易产生金融共生能量——利润。

三是增强金融抗感染力假说。银行业之间存在密切而复杂的债权债务联系，一旦某个银行机构的资产价格发生贬值以至于不能保持正常的流动性头寸，则单个银行或局部的金融困难很快便会因信息不对称演变成全局性的系统动荡。如果能够在股权结构与市场集中度方面有良好设计，防范银行风险传播、保证银行体系的稳健发展是完全可能的。在复式链银行结构下，银行体系的灵活性更大，能有效降低发生金融冲击的概率。

四、小银行的退出机制

总体看来，我国小银行市场退出机制不完善。这种不完善突出表现在小银行退出的相关法律缺失，目前我国已有的市场退出和破产的法律法规主要适用于普通企业的破产，未能体现出商业银行破产的特殊要求，更遑论小银行的退出问题。因此，探讨小银行的退出问题也具有现实意义和理论意义。

（一）我国小银行退出机制的紧迫性

长期以来，在我国对于商业银行的退出机制并不很紧迫，就算一些商业银行经营失败，甚至导致资不抵债、无法偿还到期债务恶化的情况下，出于稳定考虑，一般也会采取其他方式，而不会终止其经营活动。

改革开放以来，我国商业银行经历了比较曲折的转型发展之路，国家采取了很多保护政策和措施，也付出了巨大成本，基本上没有发生商业银行关停倒闭的现象。仅有的、发生于1998年的海南发展银行退市案例也主要是通过政府主导和行政手段解决的，而不是完全的市场行为。尽管没有引起社会动荡和金融市场的恐慌，但是，商业银行作为微观市场主体，优胜劣汰是其必须遵守的基本法则，特别是一些中小银行，完全依靠行政手段来构筑中小银行的退出机制不是长远的理想方案。

可以说，从改革开放以来，特别是近年来中小银行得到发展的同时，商业银行的退出问题一直是银行监管当局关注点之一，并着手进行研究，但是受诸多条件的困扰，至今这个问题仍没有实质性进展。

众所周知，市场经济的规律之一就是自由竞争，而竞争的结果就是优胜劣汰、大浪淘沙。商业银行作为市场经济的微观主体，与普通的工商企业一样，其进入与退出、兴起与衰落、成功与失败都是企业经营的正常现象。2007年美国次贷危机以来，特别是2008年全球金融危机爆发以来，美国商业银行每年少则几十家多则数百家倒闭。这个规律从20世纪以来的历次金融危机同样可以证明。对于"大而不倒"的大型商业银行而言，金融监管的标准显然是与中小银行不同的，对于中小商业银行而言，建立退出机制是我国金融体系中的重要组成部分，是维护和规范经济和金融正常运行的基本条件。同时，也不会引起大的震动和危险。但迄今为止，我国在此方面基本上还是空白，急需填补。因此，探索中小银行的退出机制是重要的课题。

竞争加剧会使越来越多的商业银行退出市场，特别是一些实力和规模都不太强的小银行。银行业是投资回报较高的行业（近几年我国上市商业银行的净资产回报率都在20%以上），是社会资本纷纷追逐的领域，但由于该行业实行特许权经营和严格审批制度，商业银行的机构数量和服务领域相对需求来讲，仍然不足，我国商业银行特别是几家大型商业银行处于相对垄断地位。随着我国银行业对内和对外开放力度加大，未来商业银行准入门槛将降低，条件将放松，特别是类似农村商业银行、村镇银行、社区银行等小银行会大量出现。银行数量的增加会进一步加剧商业银行的竞争程度，当然也就会有更多的商业银行特别是小微银行最终难逃退出市场的命运。

从现实环境分析，最近以来，国内外经济金融形势正在发生复杂而深刻的变化，我国经济逐渐走入下行通道，结构调整、方式转变和产业升级的压力越来越大，经济金融生活中的不稳定、不确定因素增加，这些将进一步加剧商业银行的经营风险，加速历史风险的暴露，使得商业银行经营失败的几率增大。探讨商业银行特别是小银行的退出机制更加具有现实意义。

经营模式的转变使商业银行面临的风险进一步加大。《巴塞尔协议Ⅲ》资本监管新规的实施、利率市场化改革的推进、人民币国际化进程的加快、"金融脱媒"现象加剧等，给我国商业银行的经营管理提出了严峻挑战，从成本和收益两个方向挤压商业银行的盈利空间，简单依靠存贷利差赚取高额利润的"好日子"不再存在。在股东价值最大化和经营模式被迫转变的双重压力下，出于获取更多利润、满足客户多层次需求、规避各种约束条件等动机，商业银行业务创新的积极性会更高，非审慎稳健的行为会增加，风险的管控能力受到削弱，从而使商业银行在某个时期出现难以为继的可能性大大提高，总结金融危机的教训不乏其例。

银行监管标准和执法手段的趋严，也会使更多的小银行面临退出市场的考验。一般工商企业要进行破产重组常常可由债务人和债权人提出，银行业是高风险行业，涉及面很广，如果经营失败，其影响面和破坏性会很大。为了保持银行业的持续健康发展，我国银行监管当局设定了一整套监管指标，并确定了警告阈值，当商业银行的某个或某些指标超过阈值时，银行监管当局可责令其停业整顿或者关门歇业，接受重组甚至进行破产清算。越来越多的现实惨痛教训，加深了人们对银行业脆弱性的进一步认识，要求对其实行更加审慎严格的监管已成为业内共识。可以预见，伴随《巴塞尔协议Ⅲ》的推行，银行监管当局的监管标准会越来越严格，未来对商业银行监管的标准和条件也会越来越高，难以达标的小银行可能会越来越多，小银行直接面临着退出机制的压力。

（二）我国小银行退出机制的特殊性

我国小银行退出机制的特殊性，在于我国小银行所处的社会环境，我国对于银行退出机制缺乏普遍的民众心理基础和社会认可，这有别于西方国家。我国的金融消费者和社会公众甚至包括很多银行从业人员，常常认为银行垮不了，更不会倒闭；即使出现较大问题，也会采取诸如注资、剥离不良资产、政府主导兼并重组等措施进行救助，社会公众对商业银行经营失败的严重后果和自己可能要承担的损失缺乏足够的认识。另一方面，银行是信用经济的产物，其存在和发展正是基于民众强大的信心和良好的预期，如果商业银行关停破产成为常态，将动摇这种信心和预期，特别是在初期阶段，可能难以接受甚至带来恐慌，这样有可能波及整个银行业和金融体系的稳定。

回顾改革开放30多年的发展历程，表面上看我国商业银行发生了翻天覆地的变化，取得了巨大成就，但是这种变化主要还是依靠外部力量，得益于经济持续高速发展、巨额不良资产的剥离和庞大的财政注资。从某种意义上讲，我国的银行业是在政府的呵护下成长起来的，没有经历持续经济衰退和经济金融危机的冲击，还没有经历过系统性、大面积风险事件的洗礼和考验，目前还处于现代商业银行的起步阶段。我国的银行家还缺乏足够的危机意识和应对能力，在此方面的心智还不成熟，几乎没有任何经验可言。

商业银行退出的社会影响面大。我国是全世界储蓄率最高的国家之一，商业银行的负债大部分来源于城乡居民储蓄存款，涉及数以亿计的个人和家庭，这与发达国家商业银行的负债主要来源于机构投资者购买其债券有明显不同，即使一个小银行（比如具有独立法人的农村信用社）涉及储蓄账户也有上千个。如果某个小银行由于经营管理不善破产关闭了，导致到期的存款无法兑付，有可能引起局部的社会不稳定。最为关键的是，小银行的破产风险同样具有较大的扩散性，会导致广大的投资者和存款人对其他银行机构失去信心，而带来连锁反应，出现诸如抛售股票、挤兑存款等现象，局面失控，其破坏作用丝毫不亚于大银行。

虽然是小银行，但其一旦退出，救助成本同样不可忽视。一方面，银行是高负债经营企业，另一方面，小银行的负债程度更高。目前我国小银行的资本充足率大约在8%～10%左右，负债率在90%以上。由于银行的负债率与一般工商企业的负债率不同，商业银行的负债率是基于自有资本与风险加权资产（不是账面资产）的比值，风险加权资产的总量一般是小于资产总量的，如果银行面临崩溃边缘，消息一旦传出，真正风险会进一步放大，依靠其有限的资本金和拨备很难应对风险和损失，常常需要财政和中央银行提供救助。在2008年的金融危机和还未结束的欧债危机中，美国和欧洲的中央银行、政府就动用了数以万亿计的资金，拯救一些大型商业银行，补充流动性。

大银行"大而不倒"问题加大了商业银行退出难度，也在一定程度上

"麻醉"了小银行，一些小银行也心安理得地认为自己也不会倒闭。虽然我国五大国有商业银行已经改造成为了大众持股银行，但是国家仍然处于绝对控股地位，从资产、负债等规模来看，要占整个银行体系的50%以上，盈利要占60%以上，处于相对垄断地位，较容易获取高额利润。国有商业银行实行的是一级法人体制下的授权经营，人员众多，管理幅度大，管理链条长，体制相对僵化，运作效率比较低，机制变革和经营转型非常不容易。更为重要的是，国有商业银行是国民经济和社会发展的主要资金提供者，肩负执行宏观调控政策的重要职责，也是国家税收的重要来源，如果真正出问题，其影响和破坏面非常广，甚至可能导致信用危机和经济危机，引起全社会动荡。

（三）我国小银行退出机制的可行性

第一，要建立小银行发展的约束体系，从金融监管的进入和退出方面建立有效的制约机制。小银行经营失败意味投资者和其他金融消费者可能面临损失和风险，不管采取何种方式进行救助，结果都会付出非正常成本，这是所有利益相关方所不愿意看到的。所以最好的方法是未雨绸缪，防患未然，建立有效的自我约束和监管机制，保持小银行能够得以可持续发展，减少小银行退出现象。这需要从小银行的内控机制和外部金融监管两个方面入手加以解决。特别是银行监管部门要加强对小银行的日常监管，及时预警，督促纠偏。

第二，要建立小银行市场退出的法规体系和对社会公众进行合理的心理预期宣传。要建立对小银行退出的概念、要求、标准、程序等内容，并对问题银行的处置方式、方法等用法规的形式加以明确。鉴于银行破产清算的影响太大，特别是在建立商业银行退出制度的初期，对问题银行要鼓励以兼并、收购等方式进行重组，以减少对社会的负面冲击力，逐步消化包袱。要积极向公众宣传和普及金融知识，培养广大金融消费者的风险意识，让他们逐渐接受中国的商业银行也是有可能破产的观念和现实，理性选择商业银行，理性决策投资行为。

第三，要建立小银行退出的补偿机制，并尽早建立我国的存款保险制度。除了小银行要严格执行资本管理和拨备管理制度、增强自我抵补风险能力外，监管部门要借鉴成熟市场经济国家的做法，尽快建立我国的存款保险制度。要吸取这次金融危机的教训，为了防范商业银行系统性风险，可按照一定的标准，建立商业银行稳定发展基金，主要用于基金参与成员的危机救助。

第四，建立"问题银行"处置的协调机制。实践告诉我们，即使单个小银行出现关停倒闭都会带来重大的不良社会影响和经济损失，所以，有必要从现在开始，建立部门之间的协调机制。可由中央银行（负责维护中国金融稳定的部门）牵头，银行监管部门、保险监管部门、证券监管部门、司法部门等参加的问题银行处置领导小组，协调处理这些银行的破产、重组等相关问题。要加强动态监控，进行压力测试，设计好紧急预案。在商业银行出现需要退出的情况时，能够有计划、有步骤地进行处置，防止事态扩大，尽可能将损失减少到最低程度。

第五，要努力把小银行的风险控制在"萌芽"状态。通过出售现有股权、增发股票等途径，广泛吸收多种所有制成分特别是外资和民营资本参与，使小银行的股权结构多元化。在不同的经营主体之间设立防火墙，防止某一经营主体出现问题时，其风险向其他领域扩散。

第二节　我国小银行的发展分析

一、我国小银行发展的简要回顾

（一）当前小银行的基本情况

改革开放以来，我国的小银行得到了长足发展，已成为整个金融系统的重要组成部分和经济发展过程中重要的融资渠道。目前，小银行除了吸收公众存款、发放各类贷款的常规业务之外，还向其他领域拓展。特别是后起的地方城市商业银行、农村商业银行和城市信用社等，以及具有合作金融性质的农村合作银行和农村信用社等，这些小银行的发展势头良好。

当前，从银行业内部来看，我国小银行的出现与发展对大型商业银行的垄断局面形成了有力的竞争。对此，要辩证地分析。一方面，小银行的拓展客观上促进了银行业竞争，提高了银行业经营效率，又以外部竞争压力形成促进了大银行的变革过程，有利于提高中央银行货币政策的执行能力，增强其有效性；另一方面，银行间过度的竞争，也会滋生一些潜在的风险，对整体金融体系的稳定是不利的。

根据银监会统计，截至 2011 年底，我国银行业金融机构共有法人机构3 800家，从业人员319.8万人。主要包括5家大型商业银行（5家大型商业银行指工商银行、农业银行、建设银行、中国银行、交通银行，以下简称"五大行"），12家股份制商业银行（12家股份制商业银行指民生银行、招商银行、浦发银行、广发银行、中信银行、光大银行、华夏银行、兴业银行、深发展银行、浙商银行、渤海银行、恒丰银行），144 家城市商业银行，212 家农村商业银行，190 家农村合作银行，2 265家农村信用社，3 家政策性银行和 1 家邮政储蓄银行，635 家村镇银行，等等。

从某种程度上看，除了 5 家大型商业银行之外，其余的商业银行都处于中小银行之列。不同类型的商业银行进行公司治理的类型、方式和手段各有区别。

（二）城市商业银行的发展变迁

我国的城市商业银行主要是在城市信用社的基础上改组而来的。城市信用社是我国城市居民集资建立的合作金融组织。其宗旨是通过信贷活动为城市集体企业、个体工商业户以及城市居民提供资金服务。

1979 年 6 月，我国第一家城市信用社在河南驻马店正式成立。随后郑州、武汉、邯郸、长春等城市先后试办了一批集体性质的城市信用社。1986 年 1 月，国务院下发《中华人民共和国银行管理暂行条例》，明确了城市信用社的地位。同年 7 月，中国人民银行下发《城市信用合作社管理暂行规定》，对城市信用社的性质、服务范围、设立条件等作了规定，并规定城市信用社以"独立核算、自主经营、自负盈亏、民主管理"为经营原则，且盈利归集体所有，按股分红。随后，城市信用社迅速发展扩大。1986 年初，全国城市信用社有1 000家左右，到 1988 年底，我国城市信用社已达3 265家。随着城市信用社在全国范围内大规模的建立，为加强管理，1988 年 8 月，中国人民银行颁布《城市信用合作社管理规定》，提高了城市信用社的设立条件，注册资本由10 万元提高到 50 万元。城市信用社的发展缓解了城市集体经济、私营企业和个体工商户普遍存在的"开户难、结算难、借贷难"的问题，有力地促进了地区经济的发展。

随着城市信用社的快速发展，城市信用社发展中诸如体制不完善、经营水平较低、抗风险能力差等问题逐渐暴露，为了规范城市信用社的行为、加强金融监管力度，1993 年国务院颁发了《国务院关于金融体制改革的规定》，提出在城市信用社的基础上试办城市合作银行。1995 年 9 月 7 日，国务院颁布了《国务院关于组建城市合作银行的通知》，要求在符合条件的大中城市分期分批组建股份制性质的城市合作银行。与此同时，北京、上海、哈尔滨、沈阳、青岛、济南、南京等 13 个城市加入组建城市合作银行的试点行列。1998 年，中国人民银行与国家工商行政管理局联合发出通知，要求城市合作银行更名为城市商业银行。

截至 2011 年底，我国已有 144 家城市商业银行。我国象山县绿叶城市信用合作社作为全国最后一家城市信用社于 2012 年 3 月 29 日正式获宁波市银监局批复同意成立宁波东海银行。

（三）农村商业银行和农村合作银行的发展历程

农村商业银行和农村合作银行都是由农村信用社发展演变过来的。现简要回顾一下其发展历程。从新中国成立至今，我国农村信用社的发展历程大体可分为以下五个阶段：

第一阶段：1949—1958 年，是农村信用社的普及和发展时期。我国农村信用社是中央政府决定在我国农村推行三大合作制（生产合作、供销合作、信用合作）的产物。1950 年，中国人民银行和中华全国合作社联合总社提出首先在华北试办信用社（部），当年在河北、山西等省试办组织了信用社 105 个，在供销社内部建立信用部 439 个。到 1957 年底，全国共有农村信用社 88368 个，存款 20.6 亿元，社会股金 3.1 亿元。

第二阶段：1958—1978 年，是农村信用社发展遭到重挫时期。从 1958 年的"大跃进"到"文革"十年期间，在"左"的路线和政策影响下，不仅我国的国民经济受到了严重的损害，也使农村信用社的合作性质不断发生变化。其间农村信用社的体制发生了 3 次变动。第一次是 1958 年中共中央、国务院下发了《关于适应人民公社化的形势 改进农村财政贸易管理体制的决定》，人民银行营业所和信用社合并为信用部，下放给人民公社领导和管理。第二次是 1959 年中央发布了《关于加强农村人民公社信贷管理工作的决定》，中央银行决定把信用部中的原信用社进一步下放到生产大队，更名为信用分部，由大队统一管理。这种做法实际上改变了农村信用社的合作制，成为人民公社所有制。第三次是 1966 年"文化大革命"开始后，一些地方对信用社实行贫下中农直接管理，或由贫代会监督。

第三阶段：1978—1996 年，是农村信用社的恢复和发展时期。1984 年 8 月，国务院批准了中国农业银行《关于改革信用社管理体制的报告》，提出将农村信用社办成真正的农村集体所有制的金融合作组织，决定恢复和加强信用合作社组织上的群众性、管理上的民主性、经营上的灵活性。

第四阶段：1996—2003 年，是农村信用社深化改革时期。1996 年 8 月，国务院颁发《关于农村金融体制改革的决定》，明确农村信用社不再受中国农业银行管理，其业务管理和金融监管分别由县联社和中国人民银行承担，然后按合作制原则加以规范。2000 年，经国务院同意，人民银行在江苏省实行以县为单位统一法人，组建省联社，并在常熟、江阴、张家港三地组建了农村商业银行。同时，全国还试点组建了京、沪、渝、津、宁 5 家省级联社，创建了浙、川、闽、黑、陕 5 个省级协会，组建了 65 家地市级联合社。由此开始了进行股份制探索的阶段。

第五阶段：2003 年至今，是农村信用社的深化改革试点推进时期。2003 年 6 月 27 日国务院印发了《关于深化农村信用社改革试点方案的通知》，确立了新的改革方向：农村信用社以农民、农业和农村经济为发展服务方向；积极探索和分类实施股份制、股份合作制、合作制等各种产权制度，并将试点省扩大至吉林、山东、江西、浙江、陕西、贵州、江苏重庆 8 家，这标志着深化农村信用社改革试点工作进入了全面实施阶段。2004 年 8 月扩大至除西藏、海南以外的 29 个省。在国家的大力支持下，农村信用社摆脱了发展缓慢，连年亏损的局面，迎来了历史上发展最快的时期。截至 2011 年底，我国共有 2265 家农村信用社。

近年来，根据"国务院关于发达地区农村信用社可率先组建股份制商业银行"的精神，经过中国人民银行批准，2001 年初江苏苏南经济发达地区的张家港、常熟市与江阴市农村信用社成为首批组建农村股份制商业银行的试点单位。农村商业银行是在农村信用社联社改制的基础上，实行一级法人、统一核算的股份有限公司形式的地方性商业银行。截至 2011 年底，我国共有 212 家农村商业银行。

我国农村合作银行的发展也可以追溯到农村信用社。2003 年 4 月 8 日，鄞州农村合作银行作为我国第一家农村合作银行在浙江宁波挂牌成立。

2003 年 6 月，国务院印发了《关于深化农村信用社改革试点方案的通知》，以浙江、山东、江西、贵州、吉林、重庆、陕西和江苏 8 省（市）作为农村信用社改革试点，该方案提供了四种可供选择的方案：农村商业银行、农村合作银行、县级联社统一法人、维持原状。农村信用社成为改革试点地区的首选方案。同年 9 月，中国银监会同时颁布了《农村商业银行管理暂行规定》和《农村合作银行管理暂行规定》，在八个试点省中，经济较发达的地区浙江省和江苏省分别采取了不同的模式，其中浙江省全部是农村合作银行模式，江苏省全部是农村商业银行模式，其他省份均选择了农村合作银行模式。2004 年 5 月 24 日，贵州花溪农村信用社成立，这是农村改革试点启动以后的第一家农村合作银行，也是我国的第二家农村合作银行。随着农村信用社改革的进行，新的一批农村合作银行逐渐成立。截至 2011 年底，我国共有农村合作银行 190 家。

（四）村镇银行的发展历程

2005 年以来，随着我国农村金融改革的不断深入，农村商业银行、农村合作银行、村镇银行、农村资金互助社、小额贷款公司等中小银行业金融机构已发展成为支持中小企业和为"三农"服务的主力军，对缓解中小企业及"三农"融资难问题发挥了重要的作用。

2006 年 12 月 20 日，中国银监会发布了《关于调整放宽农村地区银行业金融机构准入政策更好支持社会主义新农村建设的若干意见》，鼓励农村地区成立村镇银行、贷款公司以及农村资金互助组织等新型金融机构，提出将试点设在四川、内蒙古、湖北等 6 省（自治区）的农村地区。中国村镇银行的试点工作从此启动。

2007 年 1 月 22 日，银监会制定了《村镇银行管理暂行规定》，该规定对村镇银行的性质、法律地位、组织形式、设立方式、股东资格、组织机构、业务经营、审慎监管、市场退出等作出了详细的规定，该规定的第二条指出："村镇银行是指经中国银行业监督管理委员会依据有关法律、法规批准，由境内外金融机构、境内非金融机构企业法人、境内自然人出资，在农村地区设立的主要为当地农民、农业和农村经济发展提供金融服务的银行业金融机构。"

2007 年 3 月 1 日，我国首家村镇银行四川仪陇惠民村镇银行在四川省南充市仪陇县金城镇挂牌开业。2007 年 10 月 12 日，银监会决定扩大农村地区银行业金融机构的准入政策试点范围，将试点省份从 6 个省（自治区、直辖市）扩大到全部 31 个省（自治区、直辖市）。村镇银行开始在全国范围内推行。为了鼓励村镇银行的发展，中国银监会在 2010 年印发了《关于加快发展新型农村金融机构有关事宜的通知》，允许银行业金融机构主发起人到西部地区（除省会城市外）和中部老、少、边、穷地区以地（市）为单位组建总分行制的村镇银行；同时允许符合条件的金融机构建立村镇银行管理总部或村镇银行控股公司来推进村镇银行的设立。截至 2011 年底，我国共有村镇银行 635 家。

二、我国小银行的发展定位

小企业作为我国经济的重要组成部分，在促进经济增长、缓解就业压力等方面起到重要的作用。由于小企业具有规模小、易受经营环境的影响、缺乏信用记录、信息不透明等特征，大银行因与小企业信息不对称、贷款风险高而不愿意提供贷款，使得小企业面临严重的"融资困境"。由此，学术界认定"如何促进中小企业发展"的问题核心在于理顺其融资渠道，小企业与小银行的关系——特别是融资关系——进入了人们的视野。

经研究表明，小银行比大银行更倾向于向小企业贷款，无论在小企业贷款占银行总资产比率还是小企业占全部企业贷款的比率上，小银行的指标均高于大银行，由此便产生了在小企业融资上的"小银行优势"假说。"小银行优势"假说主要是源于以下几个方面：一是，小企业的信息不公开，与大企业相比存在着严重的信息不对称问题，大银行为了防止信贷风险的产生，一般倾向于向大企业借款；二是，由于小银行资金规模的限制，大银行与小银行相比可以提供更多的产品和综合性的金融服务，而小银行只能以小额频繁批发业务和零售业务为主，一般大企业更倾向于选择可以提供综合性服务的大银行，显然小银行与大银行争夺大客户时小银行处于明显的弱势地位；三是，在贷款过程中存在着许多交易成本，这些交易成本大部分都属于固定成本，大银行将资金借给小企业存在着规模不经济的效应，因此大银行更倾向于通过将资金借给大企业来分散贷款；四是，小企业其自身抵御经济风险的能力较弱，且易受经济环境的影响，在经济衰退时易受宏观经济的影响使得盈利能力下降，存在着无法还贷的风险，因此大银行容易忽视小企业的贷款需求；五是，与大银行相比，小银行立足于当地经济的发展，主要服务于当地的中小企业，小银行可以通过各种途径获得小企业的软信息，从而易于发展成为以软信息为基础的"关系型"信贷业务。另外，小银行的内部结构简单，信息在传递过程中易于保持完整性，不会因信息失真增加相应的干扰变异度，弱化了信息不对称的问题，易于管理层按照风险和收益的大小来进行合理的决策，从而减少了潜在风险。

综上所述，小银行与小企业之间存在着天然的紧密联系，主要表现在：第一，发展小银行是解决小企业融资困难的根本出路。由于小企业资金规模小、信贷缺失、经营情况受经济环境影响较大等特点，对于贷款问题上，大银行更倾向于选择资金实力雄厚、经营业绩良好的大中型企业，忽视小企业融资的要求。此外，小银行立足于当地发展，与当地小企业有天然的契合性，小银行具有天然的信息优势，有助于降低贷款成本，并可有效监督贷款使用，防止信息不对称而引起的信贷风险。第二，扶持小企业是小银行生存发展的必然选择，也是小银行长远发展的战略选择。与大银行相比，小银行受资产规模的限制，其经营业务范围较窄，只能提供特定的金融服务和金融产品，而大企业一般倾向于选择综合性的大银行，在争夺大客户方面小银行处于劣势地位。

三、我国小银行未来的发展目标及其发展战略

（一）我国小银行的发展目标

党的十六届三中全会通过的《中共中央关于完善社会主义市场经济体制若干问题的决定》为深化金融企业改革给出了明确的思路："鼓励社会资金参与小银行的重组改造。在加强监管和保持资本金充足的前提下，稳步发展各种所有制金融企业。"

银行监管当局也鼓励各类小银行要抓住机遇，加快实施改造和重组。通过资产置换、增资扩股、引进境外战略投资者等手段，综合化解历史风险，增强抗风险能力，提高公司治理水平，完善内部控制机制。

银监会鼓励小银行在整合现有资源的基础上，按照市场规则和自愿原则实施联合重组。通过联合、并购的方式，实现优势互补、资源整合、共同发展，从而突破单个城市的限制，实现跨区域发展。针对当前小银行发展中存在的问题，小银行的发展目标可概括为以下几个方面：提高资产质量，降低不良资产比率；增强资金实力，提高资本充足率；改善股权结构，优化法人治理结构；稳步扩大规模，不断进行金融创新；加强企业文化建设，不断提高管理水平和人员素质；提高盈利能力，有效控制经营风险。

（二）小银行的发展战略

小银行可选择的战略非常多，必须科学分析、正确选择、认真执行才能成功。

一般来说，小银行的发展战略大体可以概括如下：

我们根据目前国内一些小银行的实践，特别是依据其影响区域和职能，重点探讨三种：全方位的发展战略、差异化发展战略和专一职能战略。

1. 全方位的发展战略

"全面发展、做大做强"是一些银行的发展战略，这一般是指规模较大的小银行在坚持原来"服务中小企业、服务市民、服务地方经济"定位的基础上，不断拓展经营地域和市场，不断推动产品创新，争取各类市场准入资格，促进其资产规模的持续扩大，实现成为全国性银行的目标。

在这种全方位的发展战略中，我们通过选取几个典型小银行的数据加以简要分析。主要参考指标有盈利情况，贷款在行业间流动和在地区间流动，主要考察目的是分析小银行的经营稳定情况、其对行业及地区的扶持力度。

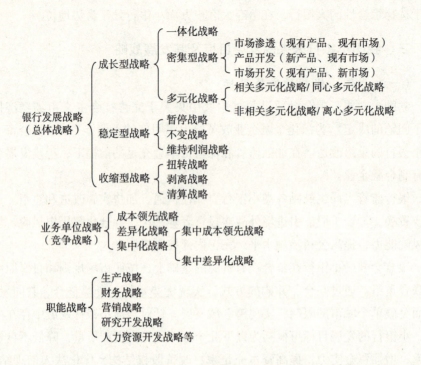

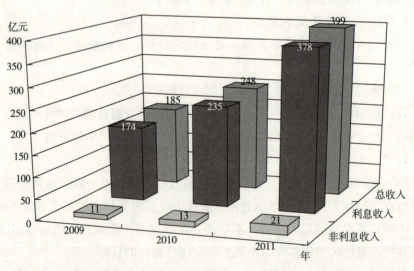

图3-7、图3-8的指标是以北京银行和深圳发展银行（现为平安银行）为例。

资料来源：北京银行年报。

图3-7　北京银行总收入情况

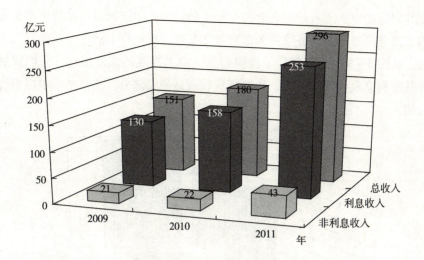

资料来源：深圳发展银行年报。

图3-8　深圳发展银行总收入情况

由图3-7和图3-8可以看出，由于采取全方位的发展战略，上述两个银行的利息收入、非利息收入和总收入都增加了，不过，在这两个银行的总收入中，利息收入占了绝对比重的状况还未改变。在整个金融行业不断改变，竞争不断增加的今天，这种盈利模式需要反思。说明小银行的金融创新仍然需要提高，新金融产品还很少，银行同质化倾向还没有彻底克服。如何改变这种收入不合理的格局是整个小银行亟待解决的问题。

2. 以差异化战略为核心的发展模式

立足现实，实施差异化战略，成为细分市场中的强者。这是小银行发展的第二种模式。差异化和多元化发展将是我国银行业发展的大趋势。目前，我国各类商业银行之间的竞争非常激烈且同质化程度非常高，集中进入发达地区，过度追求大客户和大项目；而在很多偏远地区银行服务又非常薄弱，广大农村和中小企业的金融需求得不到满足。

服务中小企业和居民的特色小银行，也是小银行发展战略中较为成功的模式。这方面的代表性小银行有宁波银行。

这里试对宁波银行加以分析。如图3-9所示，该行在中小企业中确立了"中高端零售客户"的战略。由于中小企业忠诚度较高，贷款金额较大但议价空间较大，宁波银行瞄准了这一市场空间，在大中银行不愿贷款给中小企业之时，积极开展该项业务，争取这一市场份额，中小企业客户当中相当部分是制造业和贸易企业，随着这些企业的不断发展壮大，宁波银行与这些中小企业客户的关系越来越紧密，各项业务都会随之发展，对该行发展中间业务收入大有好处。从图3-8可以看到，宁波银行较之前文提及的北京银行、深圳发展银行等其非利息收入要高一些，当然利息收入是绝大部分，这是整个中国银行业的通病。

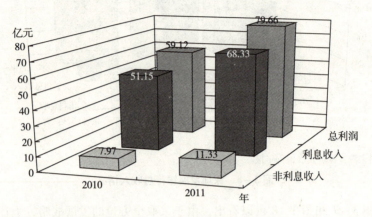

资料来源：宁波银行年报。

图3-9　宁波银行2011年总收入情况

3. 专注某一业务领域，成为细分市场中的强者

这种经营战略可以概括为"不怕千招会，就怕一招精"的发展模式。这种发展战略的基本思想是，小银行要避免与大银行进行全方位的竞争，不搞"小而全"，只搞"专而精"，集中精力发展某一业务领域，成为细分市场中的强者，这也确实不失为一种小银行的发展良策。

一些小银行通过推出"门槛低、效率高"的个性化经营特点，为中小企业提供融资服务，就是这种战略的具体表现。在这方面，南京银行、平安银行和昆仑银行已经开始实施其发展战略。

南京银行在立足于南京城市居民及本地优质中小企业的同时，大力发展资金业务，目前该行在票据业务、债券承销、同业金融业务等方面创建了自己的独特优势。从该行的营业收入构成中发现，其最大特色是资金业务收入占比30%左右。

东营银行滨州分行推行的特色贷款，也是实施此战略的又一案例。该银行积极打造小企业专营中心特色品牌，是小银行服务中小企业的一个成功例子。2009年东营银行滨州分行落地滨州以来，该行本着为中小企业服务的宗旨，已为滨州上百家中小企业提供了资金支持，解决了很多中小企业的贷款难题。为重点支持中小企业发展，东营银行滨州分行专门成立了小企业专营中心，下设滨州、邹平、博兴三个分部。截至 2012 年 6 月 30 日，滨州区域共计为小企业、小商户发放贷款 903 笔，金额 94320 万元，存量贷款 318 笔，金额 23890 万元。

由于中小企业贷款有"短、小、急、频"的特点，即贷款周期短，每次贷款期限大约在 3~6 个月；贷款额度小，一般在 500 万元以下，主要集中在 50 万~100 万元之间；要求放款速度比较急，以及贷款比较频繁。于是，东营银行从细处着手，从客户需求出发，为中小企业早日解决贷款需求出台了一系列便利政策。

小企业专营中心已经成为东营银行服务中小企业的一个特色品牌，即使在贷款额度比较紧张的情况下，也会重点向小企业专营中心倾斜，以保证中小企业有足够的资金保障。它们量身定做特色产品，服务地方特色产业。

突出小银行的服务对象，正确把握小银行的定位是东营银行的战略重点之一，作为全国四大渔场之一的滨州地处北部沿海的无棣、沾化两县，至今仍然还有一批渔民靠出海打捞为生。随着海洋资源的衰退及柴油价格的攀升，渔民资金周转陷入困境，为解决渔民的资金难题，东营银行联合山东省渔业互保协会于 5 月 22 日至 5 月 25 日为沾化、无棣两县渔民发放贷款 450 万元。此项政策惠及 46 户资金短缺渔民，解决了他们的燃眉之急。由于渔民多在外捕捞作业，较难集结，东营银行主动上门服务，指导渔民准备资料，签订各类法律文本，并将银行开到了渔民家门口，为渔民提供了最方便、最快捷的服务。而这些是大银行无暇、无意涉足的服务领域，客观上为小银行的发展提供了空间。

总之，从未来金融市场的竞争来看，我国小银行的发展将面临很多机遇和挑战。

四、小银行的市场定位及客户细分

（一）小银行定位的重要性

在当前商业银行激烈竞争的条件下，没有一家银行能够同时成为所有顾客心目中的最佳银行，也没有一家银行能够提供顾客需要的全部服务。一家银行必须有选择地吸引一部分特定顾客，在顾客心目中确立一个位置。

这为小银行的特色化市场定位奠定了理论基础。金融市场化进程推进的最终结果，是各金融机构在同一起跑线上展开竞争。小银行在与大银行、外资银行以及其他金融机构的竞争中，必须进行准确的市场定位，坚持"有所为，有所不为"的战略，在某一特定市场上确立自己的地位。

（二）小银行的定位战略

随着我国银行业全面对外开放及金融体制改革逐步深入，整个银行业体系正发生着巨大变化。很多小银行原本是银行业的第三梯队，近几年来，通过不断深化改革、开拓创新，取得了很快的发展与进步。尽管如此，在与大银行以及外资银行的激烈竞争中，小银行仍属于一个弱势群体。只有立足于自己的核心竞争力，根据市场需求和自身专业优势，坚持在众多金融机构竞争中的优势，才能寻找适合自身发展的空间。

由于小银行无论实力和规模，抑或是在金融产品和服务的提供上，都和大银行有一定差距，不宜"硬碰硬"地去与大银行和外资银行竞争。小银行适宜采取"求异型为主，跟随型为辅"的定位战略。在这方面，"服务地方经济、服务中小企业、服务城市居民"的发展目标已经体现了小银行的"求异"定位特色。为此，保持中小企业和微小企业金融业务的竞争优势应该始终是小银行各项业务的重点。而密切关注一些新业务的发展，比如艺术品投资和节能减排融资乃至碳金融的动态，适时进入，将使小银行找到新的利润增长点。

总之，小银行需要找准发展方向，提升服务质量，开展错位竞争，走差异化、专业化、精细化、特色化的发展道路。

五、我国小银行发展中存在的问题

（一）小银行市场定位的误区

小银行的市场定位准确与否，直接影响着小银行的生存发展。目前我国小银行市场定位在实践中尚未明确，小银行在各种有利的市场均想涉猎，没有形成特定的市场细分。小银行目前出现的市场份额下降、金融风险提高、社会信用不佳等方面都与市场定位存在缺陷有直接关系。小银行市场定位的误区主要表现在以下几个方面：

第一，小银行与大银行的市场定位趋同。在实践中，小银行没有正确分析其在金融市场中所处的地位，对金融市场的细分不充分，不能集中优势发展大银行的"真空"地段，对潜在的客户较少研究，服务跟不上，盲目、一味地与大银行争客户、抢地盘，在市场定位、产品定位等方面向大银行趋同，逐渐丧失了自己的特色，也失去了发展的良机。

第二，小银行之间的市场定位趋同。同类小银行往往忽略了各自在组建时间的长短、经营规模大小、人员素质高低、地方经济的发达情况及当地金融竞争程度等方面的个体差异，其市场定位往往趋于一致，缺乏自己的经营特色。另外，小银行的经营业务主要体现在传统银行业务上（包括存贷款和结算等），使得各个小银行选择客户的范围极其狭小。小银行在选择贷款客户对象时更倾向于经济实力较强的小企业，这会出现各小银行争夺同样的客户资源，不利于金融资源的优化配置。

第三，各类小银行提供的金融产品和服务上无差异。目前小银行经营的金融业务主要是传统银行业务，即传统的存贷款业务。由于传统存贷业务具有典型的规模经济特征，与小银行相比，大型国有银行拥有巨额的资金支持和庞大的营业网点，在传统的存贷业务的开展上小银行有较大的难度。

（二）小银行的公司治理结构存在缺陷

目前我国小银行都建立了独立的法人资格，形成了"三会一层"的内部治理结构，但这种法人治理结构所要求的产权约束在实践中并未得到充分体现。特别是一些小银行的股权大多掌握在地方政府手中。地方政府为了促进地方经济的发展，往往对当地小银行的某些经济活动进行行政干预，可能导致决策失误、资产流动性较差等后果，不利于资源的有效配置，影响小银行经营业务的进一步扩展。

有关小银行的公司治理机制问题，本书将有专门的篇幅进行论述，这里从略。

（三）经营范围过窄，金融产品和服务创新能力不强

目前我国小银行的金融业务主要着眼于传统存贷款业务，中间业务和服务性业务微乎其微。由于大型国有银行长期以来的发展形成了庞大的营业网点，占据了市场大部分的份额，小银行在传统银行业务上与大型国有银行竞争存在着明显的劣势。

由于我国小银行的产品和服务基本上采取了对大银行的"跟踪策略"，与大银行的产品和服务雷同，没有自己的经营特色。小银行更是较少开发电话银行、信用借记卡、代客户理财设计、对外担保等新的金融产品，高附加值产品缺乏，产品创新和开发能力不足。小银行存在着对服务概念的偏差，特殊服务不突出。虽然我国小银行广泛提出提高服务质量，但只是局限于改进窗口服务、厅堂服务等，以客户为本的经营理念并没有深入到产品、管理、服务、人员等各个方面。

（四）缺乏有效的风险防范和化解机制

与大银行不同，我国小银行主要是依靠自身的经济实力作为信用保障，由于大多数的小银行业务范围过窄，缺乏有力的竞争工具，在金融市场上的竞争明显处于弱势地位，使得小银行不得不转向高风险投资，可能导致形成大量不良资产，使得支付能力、资产机构恶化。

此外，一些由城市信用社转化而来的城市商业银行，这一类的小银行由于承接了城市信用社在经营时期所形成的巨额的不良资产。虽然这些不良资产规模逐年降低，但整体来看这些巨额的不良资产只能通过城市商业银行自身消化或当地政府实施资产置换来解决。由于小银行自身盈利水平较差，很难建立有效的不良资产化解机制，使得不良资产居高不下。

第三节　利率市场化下的小银行核心竞争力分析

一、小银行如何应对利率市场化

（一）从理财产品看利率市场化下的小银行发展

当前，小银行同其他大银行一样，都会在年末面临银行揽储大战升温的情况。这正是利率市场化的具体表现。与此同时，每年年末，各小银行又面临着存贷比考核临近的考验。

目前，各家商业银行揽储大战将持续升温，理财收益将持续走高。2012年与往年不同，2012年6月8日中央银行下调存贷款基准利率0.25个百分点，扩大存贷款利率的上下浮动区间。这对小银行的经营产生了较大影响，因此，小银行在其发展中必须面对利率市场化的影响，提升自己的核心竞争力。

调整后，一年期存款利率为3.25%，一年期贷款利率为6.31%。中央银行降息后，银行理财收益率随之降低，2012年9月至11月中短期理财产品收益率大多维持在3%~4%。2012年11月以来，银行理财产品收益率上涨明显，大多数银行产品预期年化收益率都在4%以上。其中，工商银行在售的116天、125天、121天、360天理财产品都超过了4%，分别为4%、4.1%、4.2%、4.3%；而一些中小银行的收益率则更高一些，例如兴业银行发行的35天、90天、181天和269天理财产品，预期收益分别达到了4.5%、4.25%、4.45%、4.55%。一般每年年底，银行考虑到年末考核及跨年资金的需求，理财产品收益都会比以前有提高，尤其是 3 个月以内的短期产品。

目前，银行的理财产品收益比同期定期存款高出 1% ~ 2%，将吸引有一定资金且希望得到较高收益的客户。此种现象，使我们思考一个问题，小银行如何应对利率市场化的考验。

（二）中央银行下调存贷基准利率和放开浮动区间对小银行的影响

目前按照最高限标准来执行的大部为城市商业银行，广东华兴银行、宁波银行、南京银行、青岛银行等多家银行为吸引存款，在中央银行基准利率基础上浮后一年期存款利率达到 3.575%，比五大行的 3.5% 高出 0.075 个在分点。北京银行虽然没有调整整存整取的存款利率，但是却将活期存款利率上调至基准利率的 1.1 倍，即 0.44%。

分析这种双管齐下的减息政策，说明当前国内经济下行风险的严峻性，政府希望用更有力度的信贷政策来降低企业的融资成本，促使国内经济复苏。随着利率市场化，中央银行减息将更多地呈现出不对称减息。就其实质，这样的不对称减息也是一次重大的利益关系调整。通过不对称的减息，即通过存款利率上浮及贷款利率下浮的区间扩张来缩小银行利差水平，减弱国内银行的政策性获利。

二、利率市场化对小银行的影响

当前利率市场化，将使各类金融机构的存款争夺从暗到明。一些银行开发了很多理财产品，这些理财产品本质上就是通过上浮存款利率吸收存款。存款利率的上浮只不过是将部分收益率相对较低的理财产品资金转换为银行存款，金融机构整体成本并不会明显提高。从长期而言，利率市场化开启，必然会加剧各家银行之间的存款争夺，银行之间的差距也会在这个过程中越拉越大。降息后，贷款利率降了，而存款利率如果不变的话，对银行的息差会有很大影响。但小银行存款少，压力不会这么明显，所以会更愿意以高利率来吸引客户。

利率市场化将导致银行竞争加剧，传统信贷业务发展受阻。利率市场化将直接冲击银行传统业务，减少利差收入。利差缩小，银行业的竞争将更加激烈，促使银行改善管理，提高服务水平。然而此次降息对大型银行更为有利，因为大型银行的存款多，即使小银行把存款利率调高到最高的 3.575% 也比大银行的 3.5% 高不了很多，储户也一般不会因为这么小的差额而转移存款。

首先，扩大利率浮动空间，给予小银行一定的定价权，能够根据自己的实际情况灵活掌握信贷。从表面来看，存款、贷款同步减息维持了名义息差，但扩大利率浮动空间，却让一些银行的定价能力、创新能力和风险控制能力在市场竞争中见真章，从而促使金融部门更有效率地将资金配置到实体经济中有真实需求的部门，如产品有市场却告贷无门的中小企业等。这正是央行以减息助推利率市场化改革的目的所在。

其次，提高存款利率对小银行的影响不能一概定论。一般小银行的客户以中小企业居多，从这个角度来说，中小银行在资金定价方面空间可观。但是，这与地方经济又息息相关。如果该银行所在地区经济发达，民营经济活跃，中小银行在当地的贷款议价能力较强，那么适当地提高存款利率吸收存款，对于该银行的利润影响不大。但是，若当地民营经济不活跃，以大中型国企为主，中小银行在贷款议价中无定价权，那么一味地提高存款利率，显然不利于银行经营。

最后，在中央银行扩大存款利率浮动上限后，小银行会最大限度地利用浮动空间来揽储，这样其竞争优势得以体现，市场上将出现差异化的利率分布，而这将显著考验银行的定价能力。然而，同时出台的降息政策有效缓冲了利率市场化改革带来的冲击，虽然影响深远，但是对处于改革中的银行而言，感受要比没有降息政策来得轻一些，而且在没有给它们带来更大影响的前提下，给了银行适应利率市场化的时间和空间。

三、小银行核心竞争力的构成

在市场经济条件下，任何企业要想在市场竞争中获得优势，必须立足于自己的核心竞争力。因此，对于金融机构而言，其核心竞争力是至关重要的。

本节在探讨小银行的核心竞争力评价指标体系时，结合利率市场化背景，结合小银行的自身实际情况，科学分析小银行的核心竞争能力。

对于小银行的发展而言，小银行的核心竞争力的定位是非常重要的。小银行的核心竞争力的确立关键在于定位和选择方面是否合理、科学和准确。小银行核心竞争力的选取要能较好地反映小银行核心竞争力的本质特征，其次要有利于在实际中提升小银行的核心竞争力，并能据此正确地评价小银行的发展，以利于小银行的发展。

小银行核心竞争力是小银行的核心竞争优势和核心竞争能力，这种持续的核心竞争能力与优势，源于小银行本身所独有的稀缺而又很难模仿的资源与能力，特别是其具有的独特性特征，能够使银行具有自身的特质，以其富有特色的行为方式，持续地吸引顾客，实现银行自身的价值目标，最终体现出小银行的核心竞争力。

（一）小银行的企业文化

小银行的企业文化是小银行在长期的经营实践中，银行上下形成的共同的理念、价值观和行为准则，并转化为整个银行系统的一致行动。企业文化与伦理是银行发展历史的沉积，是小银行管理文化、经营文化与制度文化以及内含在其中的对金融伦理的追求，以及员工外在的伦理行为与伦理品质，这些是长期提炼、提升与总结的结果，竞争对手不能轻易模仿。所以，小银行企业文化是小银行具有持续生命力、吸引力与竞争力的重要源泉，是核心竞争力的源泉之一。小银行企业文化所涉及的内容很丰富，金融伦理是其中的核心内容，价值观、理念等又是其重要组成部分。

（二）小银行的服务营销与盈利能力

小银行的服务营销能力集中体现了核心竞争力，在服务营销中往往倾注了小银行的共同理念、价值观与伦理观，而且其中的许多做法也直接体现了其对伦理精神的遵守与伦理守则的维护，直接体现和反映了企业的精神，具有难模仿性的特征。

小银行的现代服务营销不只是一种服务方式，而且内在地体现了服务与营销中现代科技的含量，以及对客户认识的现代意识，不能把客户简单地理解为被动接受服务的主体，而应该从客户需求的角度来提供不同客户所需求的产品与服务。所以，现代小银行的服务营销是银行理念、价值观、伦理与现代科技手段的集中展示，是银行提供的产品与服务的科技含量、营销技术、营销网络、客户关系管理等的展示，是能否吸引客户、为客户创造价值并实现银行价值的现代管理观念与管理技术的重要体现。这需要根据客户的不同需求，对客户进行适当的分级，根据客户不同需求设计特色产品，推行客户经理制，形成银行的特色服务营销，彰显银行的核心竞争力。

这主要通过小银行的盈利能力、经营管理水平、应变能力等方面来得以体现。

小银行的盈利能力是衡量小银行效率与核心竞争力的重要指标，体现了小银行的管理水平、竞争能力与经营成果。一流的小银行应该有一流的盈利能力。

目前，国内外小银行核心竞争力的差异首先就体现在盈利能力的差距上。小银行的盈利能力一般从小银行获取利润的能力等方面体现出来。

在现实金融活动中，小银行的员工数、内部机构设置、总资产、存款、利息支出、营业费用、股东权益等投入要素总是处于变动当中的。相应地，投资、贷款、资本充足率和流动性指标等产出因素也处于变动之中。两者的比率也就是效率具有动态性特点，与银行经营管理水平息息相关。由于小银行的经营管理水平不尽相同，以最小化投入达到产出的最大化的目标在不同小银行实现的程度也不一样，从而体现出银行技术效率的差异，这种技术效率就是银行投入与产出或成本与收益之间的对比关系。技术效率是一个硬指标，可分解为纯技术效率和规模效率，用数据包络分析（DEA）方法可进行具体的测度。

小银行的应变能力指的是在外部环境发生变化的情况下，比如竞争态势的变化、市场供求关系状况的变化、新技术的开发与应用、消费者偏好等出现新变化情况下，小银行根据这些变化作出判断并迅速采取应对措施的能力。应变能力是小银行适应复杂竞争环境的能力，体现和反映小银行能否在变化了的环境中长期保持持续的竞争优势。面对变化了的外部环境，每个小银行都会作出自己的判断并采取相应的应对措施，如果判断错误或者反应缓慢，就会造成严重损失或被竞争对手超越，从而失去竞争优势与领先地位，核心竞争力也将丧失。而这种应变能力是小银行员工素质的综合体现，是人才素质的体现，具有较大的独特性和难以模仿性，一般从对中央银行调控政策变化的反应、市场变化的反应、运行环境变化的反应等方面来衡量。

（三）人力资源管理

人才资源是第一资源，对于小银行来说也同样如此。人力资源及其管理是小银行可持续发展、获得持续竞争优势的重要保证。小银行领导和员工的综合素质特别是专业的金融知识是小银行能够持续发展的基础，也是小银行是否有创造力与竞争优势的决定性资源，是推动小银行持续发展、获得持续竞争优势、保持持续竞争力的动力之源。

目前，国内小银行也充分认识到了人力资源对银行发展的重要影响和作用，银行员工队伍的学识学历层次不断提升，对员工专业知识、专业技能的要求也不断提高，不断培育和引进学历高、经验丰富、开拓进取精神强的优秀人才，并委以重任。可以说，在人力资源的开发与管理上，小银行形成了一种普遍的认识，有目的、有计划、有组织、有重点地对人力资源进行深入开发与管理，经常对员工进行各种形式的培训、提供接受继续教育的机会和保障，提高员工的专业知识与专业技能，并建立各种形式的激励机制，根据业绩进行考核，促使员工不断自觉地提升自我的知识与技能，为员工的成长与提拔重用设计合理的途径与方式，激发员工的主动性、积极性与创造力，使小银行始终保持旺盛的生机与活力。

（四）小银行的创新能力

小银行要显示出强劲的竞争优势，就要拥有不断持续创新的能力，这种持续创新的能力就体现了小银行的核心竞争力。作为长期发展中的一种积累性知识，小银行一般需要 3～5 年，甚至 5～10 年才能形成核心竞争力。一旦核心竞争力形成，小银行就获得了持续发展的优势。但是，这种核心竞争优势往往随着小银行面临内外环境的改变而改变，从而体现出核心竞争力的动态性。创新机制是小银行核心竞争力的重要形成机制，包括组织创新、制度创新、技术创新、管理创新、业务创新、文化创新等。通过创新，小银行才能始终拥有核心技术、核心产品，拥有先进的管理理念、管理手段与企业文化，始终以符合金融伦理要求的规范与规制来捍卫自身的核心竞争力。这就首先要求银行家们和银行管理层始终要有不断创新的意识和思维，树立建设创新型银行的战略意识和目标。

（五）风险控制能力

目前，国内外许多银行家们对风险管理基本取得了一致的看法，认为银行与风险管理相伴相生。

风险控制和管理是专业性很强的工作，涉及的内容多，包括信用风险、流动性风险、市场风险、资本充足率、核心资产状况等许多内容。其中，对不良贷款率、流动比率、存贷比、资本与核心资本充足率，巴塞尔协议都有明确的规定，国内绝大多数小银行在许多指标上达不到该协议的规定，因此风险管理水平较低，加强风险控制和管理成为小银行的共识。

（六）战略价值性指标

战略管理是 20 世纪 80 年代以来，国际小银行在国际化、自由化、证券化和市场一体化的过程中，应对剧烈外部环境变化的重要手段。战略价值性主要是指小银行的核心竞争力可以给银行自身与客户带来持续增长的价值。

（七）小银行的持续发展能力

小银行的持续发展能力是其核心竞争力的重要体现。

社会美誉度是反映企业道德实力和企业伦理品质的一个基本方面，来自于社会公众关于企业良好社会生态状况的集中反映和描述，体现在媒体形象的公众可信度、文化贡献率、企业的社会影响力三个方面。客户满意度也是体现客户对于小银行行为方式认可的指标，其中就包含着对小银行行为规范与处事能力认同的道德因素。

　　小银行为了实现银行自身价值与客户价值不断采用现代信息技术，改造业务流程，改革管理模式，发挥内部与外部资源整合的优势，不断提高产品、服务的质量与水平，降低成本，提高客户满意度，就可以在激烈的市场竞争中获得持续竞争优势，形成核心竞争力。

　　应该看到，在小银行追求差异化经营、形成自身特色的今天，只有不断地通过业务流程的再造留住和吸引客户，才能保持其核心竞争力。为此，流程再造能力可以从价值链整合、流程再造效率等三级指标体现出来。

（八）客户价值的实现度

　　小银行核心竞争力的战略价值不仅在于能实现银行的自身价值，更为重要的是能够实现客户的价值，以此长期吸引客户并扩大客户群体。客户价值包含两部分：一是客户期望利润的增长，二是客户潜在价值的实现。如果前者不能实现，则留不住客户，当然这种期望的利润应该是符合国家相关法规之内的。如果后者不能实现，则很难吸引新的客户并对客户形成长期的吸引力。客户一旦流失，银行面临的处境将十分艰难，也根本谈不上具有核心竞争力。

（九）组织协调能力

　　组织协调能力是小银行为了提升核心竞争力而进行的组织变更与管理创新的能力。组织协调能力体现在小银行的各级管理层为了营造核心竞争力，根据内外环境的变化而进行的组织结构的调整、管理层次的变更、管理部门与管理职位（岗位）的更新设置及其体系结构的优化，以便更好地协调各级管理层与员工间、银行与顾客间、各职能部门间的利益关系，实现小银行的长期利益、整体利益与客户利益，从而维持并提升小银行的核心竞争力。

　　组织协调涉及银行的组织机构、管理制度、信息传递、企业文化与金融伦理规则取舍等诸多要素，实质上是通过内部结构调整、制度激励、管理创新与环境的营造来促使小银行经营管理各部门、各环节能始终相互协调、统一、配合，使小银行内部的结构优势与管理优势转化为外在的竞争优势，从而不断提升小银行的核心竞争力。

　　由于一个有效率的组织是经济增长的关键，而保持一个有效率的组织需要制度上作出安排和明确产权归属，以便造成一种刺激，将个人的经济努力促使企业收益率接近社会收益率的活动，因此组织协调能力能给一个企业带来高效率。组织协调能力体现在组织结构柔性、组织结构响应速度、组织外向沟通拓展能力、信息传递保真度等三级指标上。其中，组织结构柔性、组织外向沟通拓展能力、信息传递保真度等因素涉及金融伦理，具有强烈道德责任感的员工，其外向沟通能力与信息传递保真度就越高。

总之，小银行的核心竞争力是体现小银行增值程度的一个重要指标，这个指标一般是定性的，因为很难对延展性作出精准的定量评价。而且由于目前中央银行对小银行的监管严格、银行转轨转制的时间短、市场化水平低、创新能力弱等诸多因素影响，小银行的增值活动与程度受到了许多限制。这一指标主要从客户、业务与市场的占有等因素上体现出来。

四、小银行战略重组与核心竞争力

（一）资产重组对小银行核心竞争力的影响

小银行通过资产置换、不良资产剥离等手段可以解决一些问题，但也会导致小银行的核心竞争力发生变化。其中比较显著的就是组建城市联合商业银行。

组建城市联合商业银行是在小银行之间的一种资产重组形式，这种形式发生在小银行之间或小银行或大中银行之间。一般地说，小银行之间结成战略联盟是一种较为紧密的联合形式，成员之间从业务往来、经营战略等方面开展全方位的合作。

（二）市场并购、跨区发展对核心竞争力的影响

在小银行的重组中，一些小银行采取了股份制商业银行的模式，成为继外资银行之后的"奇葩"，发展势头良好。

首先，从存款和利润来看。截至 2011 年底，全国银行类金融机构共获得税后利润 12518.7 亿元，较 2010 年增加 3527.8 亿元，增长率达 39.2%。除政策性银行、外资银行、非银行金融机构等，2011 年底大型商业银行、中型商业银行和小银行的税后利润分别是 6646.6 亿元、2005 亿元和 2306.4 亿元。增长率分别达到 29.0%、47.6% 和 57.8%（见图 3-10）。

由以上数据和分析可见，受益于我国利率政策等，我国银行业整体盈利增长能力强劲，虽然大型商业银行的税后利润占比达 60.7%，但是中小银行的税后利润增速更快，中小银行的税后利润与大型商业银行税后利润逐渐缩小，其占比也在逐渐扩大（见图 3-11）。

其次，从贷款在行业间的流向方面加以分析。

由图 3-11、图 3-12、图 3-13、图 3-14 可以看出，小银行的资金主要贷给了制造业、商业、个人贷款等行业，对其扶持作用也较大，但流向农业、科技教育和卫生等事业的资金明显偏少，有待加强。

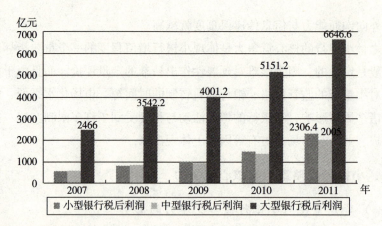

资料来源：银监会 2011 年年报。

图 3 - 10　大、中、小银行税后利润对比

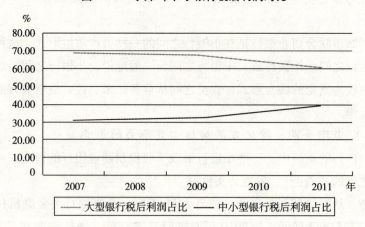

资料来源：银监会 2011 年年报。

图 3 - 11　大、中、小银行的税后利润占比变化

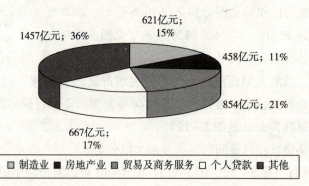

资料来源：北京银行年报。

图 3 - 12　北京银行 2011 年贷款在行业间的流向情况

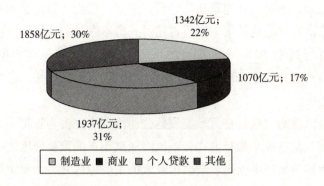

资料来源：深圳发展银行年报。

图 3 - 13　深圳发展银行 2011 年贷款在行业间的流向情况

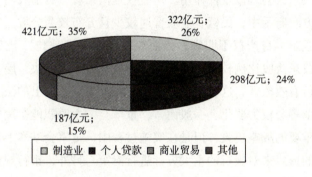

资料来源：宁波银行年报。

图 3 - 14　宁波银行 2011 年贷款在行业间的流向情况

五、小银行的公司治理对核心竞争力的影响

（一）小银行公司治理的重要性

近年来，对于大型银行机构的公司治理各方较为重视，但对于小银行的公司治理则难以提上议事日程，小银行的公司治理普遍不理想。这突出表现在，小银行的各项规章制度不健全，没有形成股东大会、董事会、监事会和高级管理层各司其职、各负其责、相互支持又相互制衡的运行机制。大部分小银行，主要的经营层基本上都由相关部门直接选聘、派出。同时，很多董事会和经营班子或法人代表和经营负责人都是合二为一的，而这样的治理形式显然是违反《公司法》要求的。

这种不健全的公司治理结构，导致小银行在实际经营管理中，以关系定贷款，任人唯亲，不时出现违章违规经营。例如，按现行银监会的有关规定，商业银行对单一客户的贷款集中度不得超过其资本净值的 10%，前 10 家客户的贷款额度不能高于 50%。但实际上，一些小银行对单一客户的贷款都大于 10%，有的甚至达到了 30%，这意味着一个客户出现问题，这个小银行就会面临灭顶之灾。

小银行出现的关联信贷背后实质是公司治理不完善，管理不力。关联企业套取银行贷款是造成小银行潜在金融风险居高不下的重要原因之一，也是单一企业或企业群贷款集中度高、贷款风险大的主要原因之一。要防范上述金融风险，必须从小银行的公司治理方面入手，严格相关规章制度，加强金融监管。

（二）小银行公司治理缺陷的表现形式

第一，股东大会难以发挥作用。从股权结构来看，目前我国小银行的控股权掌握在地方政府手中，民营企业股普遍较少且分布较为分散。国有股权比重较大，这些股东本身产权不明晰，因而存在"所有者缺位"现象。由于民营企业、个人股东持股比例较低，使得这些小股东很难进入决策层，对小银行经营者行为进行有效监督，这就阻碍了小银行建立真正意义上的法人治理结构。

第二，董事会权力弱化。一般而言，董事会的主要职能是决定银行的经营方针、作出重要的战略决策，但是在实施过程中，董事会基本上是采取听取行长工作报告的形式来对银行的重大方针进行对策。另外，银行规章明确董事会可以提名行长，但是实际上都是由地方政府提名，董事会只是流于形式。

第三，监事会监督职能未发挥作用。从目前监事会职能发挥状况来看，目前小银行的监事会可以说形同虚设，并没有真正建立起以监事会为核心的监督机制。实际上银行的高级管理人员受党委、纪检、监察、审计等部门的多重监管，监事会并没有真正履行监督职能。

（三）小银行的公司治理与关联人贷款

从金融监管来讲，由于提高了资本及其充足标准，一些小银行纷纷通过引入民营资本以达到提高资本充足率的目的，但此举同时也导致了小银行股权结构多元化，特别是小银行的经营管理权的变化。最有可能导致小银行未来风险存在的担忧是，一些民营资本入股小银行的动机是套取关联贷款，把这些小银行变成圈钱工具，很多小银行民营股东入股资金的绝大多数是为贷款或者转化为贷款之后，迅速抽逃。因此，对于这种模式的资本充足提高而言，不但不可能提高小银行的稳定，反面极有可能导致此类小银行的经营绩效和案例经营大打折扣。因此，一定要重视小银行在提高资本充足率的同时，所造成的潜在金融风险。

某种程度上看，提高小银行的资本充足率与小银行的安全经营似乎形成了一个悖论，要提高小银行的资本充足率，就需要补充小银行的资本，而要补充资本，就需要一定数量的民营资本进入以提高小银行的资本充足率；而一旦民营资本进入小银行，又会出现因关联股东贷款而造成的大量不良资产，甚至危及这些银行的生存。套用一句俗话来说，小银行补充资本金，似乎是在应验"不补充资本金是等死，补充了资本金又是找死"的谶语。

为此，就必须把重点放在实施严厉的监管措施，严控关联企业贷款。小银行要建立股东大会召集请示权、召集权、知情权、质询权及提案权制度，设立关联贷款控制委员会，对关联贷款审批实行关联股东回避制度，实施措施严控关联企业贷款。

六、小银行应对利率市场化的措施

简单地说，小银行跟随大银行提高存款利率，这种行为是比较理性的选择。因为目前大型商业银行在市场中的号召力比较强，小银行根据其价格参考定价，至少能保证不会存在太大的风险。除此之外，小银行应对利率市场化的措施还可以从以下几个方面入手：

首先，小银行要突出特色，做强自身的传统信贷业务。在传统业务能力升级方面，中小银行将比大型银行面临更大的考验并可能面临明显的挤出效应：一是为争夺市场，大型银行会动用利率决定权提高存款利率、降低贷款利率，存贷款利率出现逆向走势，进一步降低行业整体利差水平（大银行的资金成本更低）；二是中小银行通过机制和产品业务创新形成的服务中小企业的特色化经营优势，将受到价格竞争的直接冲击，经营转型的步伐将更为艰难。

其次，小银行要积极开发新金融服务产品，合理调整信贷资产结构，提升中间业务收入占比。目前，国外先进银行的中间业务收入在营业收入中的占比普遍在40%~60%。有些大型银行甚至更高，如瑞士银行的中间业务盈利占其总利润的60%~70%，美国花旗银行70%的利润来自中间业务。我国银行业的中间业务能力偏弱，其在营业收入中的占比不高，而中小银行的中间业务发展又更显落后。

最后，科技是决定胜负的关键。信贷产品和相关费用合理定价，创新金融服务方式，加快电子化、网络化等多渠道虚拟化客户服务的建设。

总之，利率市场化之后，由于利差的短期缩小，长期依靠传统业务的中小银行将面临较大打击，如何应对利率市场化带来的挑战，其核心在于发挥中小银行服务中小企业的成本优势，回归服务中小企业的本性，走差异化的有特色的发展道路。

第四节　新资本协议对小银行资本发展的影响

一、银行监管标准与银行规模概述

金融监管的核心理念之一，就是要通过信息披露，将能够澄清的澄清，能够说明的说明，只要符合实际，管用有效，市场认同就能够有效地防范金融风险，起到金融监管的作用。

金融市场是个信息市场，信息对称才能定价合理，充分信息披露也才能信息对称。不同类型的银行，由于成立的背景不同、经营管理不同、服务对象不同、行业定位不同、自身规模不同、发展阶段不同，在中小银行治理和股东回报方面，也会有不同的方法，因而，对于其金融监管的方式和标准也应当有所区别。执行不同的监管标准，能够使金融机构根据自己的实际情况来进行最优化选择，同时，也为金融监管当局提供了一套灵活的监管方案。

与此同时，由于银行的中小银行治理不同，特别是由于过高的参与成本、专业化知识的不足和实际经营效果不同等种种原因，一些小银行在中小银行治理方面的现状并不是很理想。

对于银行监管当局而言，应当是坚持"设立底线，留出空间"，也就是说，在金融监管方面规定起码的金融监管标准，这个标准是大银行、中银行和小银行共同遵守的标准，另一方面，银行监管标准还应当根据金融市场千差万别的实际情况，各类银行不同的问题来灵活把握监管标准，这样既能得到适宜的解决空间，又能够为金融创新和各类银行机构探索创新活动提供必要的制度环境。笔者将其称为"有差别的银行监管"。

对那些公司治理好、市场满意、业绩好的小银行应当给予鼓励，银监会对它们现场检查的频率、监管的密度也可以适当放宽。反之，就要加强。此外，银监会甚至可以考虑同证监会协商，在上市方面酌情考虑，这类银行机构在未来上市中可以考虑采取简化审核、取消审核的尝试。

二、银行资本及其监管

（一）银行资本

资本不但是银行未来的发展基础，也是银行在发生非预期损失时可继续运营的保证。巴塞尔委员会经过 20 多年的探索，在巴塞尔协议的前期版本中已经对资本有了充分的认识。概括地说，银行资本监管的目的主要有三个方面：一是持有多少经济资本；二是以什么样的形式持有；三是用它支持银行的哪些业务。因此，在《巴塞尔协议Ⅲ》下有关银行监管资本的框架鲜明地体现了上述思想。

目前，充足的资本和准备金是加强小银行监管的基础和保证的理念，已经得到巴塞尔银行监管委员会（BCBS）13 个成员国的普遍认可。在巴塞尔协议《关于统一国际银行的资本计量和资本标准的协议》中，对资本的规定大体包括两种形式：一是规定银行遵守最低资本要求。二是公布银行在风险管理的稳健做法。这两类标准相互依存、相互支持。它们体现了巴塞尔协议在资本监管方面的安全性和稳健性，所有的这些都成为银行监管体系的基石。

关于银行资本统一的监管定义可以概括如表 3 - 1 所示。

表 3 - 1　　　　　　　　巴塞尔协议下银行资本监管的三个层次（级别）

名称	别名	构成	要求、特点	备注
一级资本	核心资本	普通股	能力最强	
二级资本	附属资本	准股本、混合型资本。长期次级债券	分两类：高级二级资本和低级二级资本	不能超过一级资本的 100%
三级资本	额外附属资本	短期次级债券		1996 年新增

上述有关资本相互的关系，可以用图 3 - 15 加以总结。

这里需要说明的是风险加权资产，它是指所有资产按监管机构所规定的风险权重换算成总的风险敞口。

最低总资本比率和最低一级资本比率是两个概念。

经济资本是银行持有的、用做吸收潜在损失的资本。统一的衡量尺度。

银行资本的损失大体有三类损失：一是预期损失；二是非预期损失；三是压力损失。

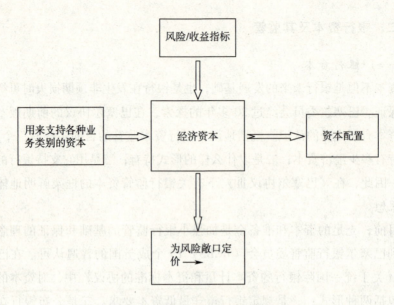

图 3 - 15　经济资本与资本监管的相互关系

表 3 - 2　　　　　世界主要金融机构的资本比率　　　　　单位：%

银行	一级资本比率	总资本比率
荷兰银行	8.1	11.7
ANZ 银行	7.7	11.2
西班牙对外银行	8.5	12.7
法国巴黎银行	9.4	12.9
花旗银行	8.9	12
新加坡发展银行	10.5	15.1
德意志银行	10	13.9
德累斯顿银行	6.6	13.2
JP 摩根大通	8.5	11.8
汇丰集团	8.9	12
苏格兰皇家银行	7.1	11.5
法国兴业银行	8.7	11.7
瑞银集团（瑞士）	11.8	13.3

资料来源：银监会培训中心编译：《银行监管培训教材》（国际版）（内部使用）。

（二）历次巴塞尔协议对银行资本监管的变化

资本充足率是国际小银行监管的重要角色，充足的资本水平被认为是服务于这一目标的中心因素，因此在《巴塞尔协议Ⅱ》中资本金的地位被进一步巩固和明确，成为第一支柱。

《巴塞尔协议Ⅱ》要求资本充足率需达到8%，其中核心资本充足率至少应满足4%的最低要求。在《巴塞尔协议Ⅱ》出台伊始，我国银行的资本充足率基本无法达到其要求。无论是国有四大银行还是其他银行，由于种种历史问题，呆账和坏账相比外资银行偏高，同时资本金不足，风险意识以及监管力度不够强等多方面因素造成了我国小银行的低资本充足率。

《巴塞尔协议Ⅲ》修改了资本定义，强化了资本质量要求，这主要体现在以下三个方面：第一，重新界定了《巴塞尔协议Ⅱ》中的核心资本和附属资本，并区分为核心一级资本（主要包括普通股及留存收益）、其他一级资本和二级资本，取消了专门用于市场风险的三级资本工具。第二，核心资本要求被大大提升，原来的附属资本概念被弱化。第三，《巴塞尔协议Ⅲ》制定了更为严格的、统一的资本扣减项目，所有的资本扣减项全部从核心一级资本中扣除。

三、《巴塞尔协议Ⅲ》与资本监管新规

（一）在资本监管方面的新变化

《巴塞尔协议Ⅲ》是建立在现有协议基础之上的补充，但是与《巴塞尔协议Ⅱ》相比，该协议提高了资本监管标准，扩大了资本监管的风险覆盖面，对银行资本的要求也更加严格。具体来说，围绕银行资本充足率监管指标方面的变化，主要体现在资本充足率、杠杆率、流动性指标等方面。

（二）《巴塞尔协议Ⅲ》资本构成的提高

《巴塞尔协议Ⅲ》资本要求的提高是其重要的特点之一，依照《巴塞尔协议Ⅱ框架完善建议》中对资本监管修订的思想，以及《增强小银行稳健性（征求意见稿）》中对加强资本要求的具体化建议，2010年9月12日，巴塞尔委员会通过了《加强银行体系资本要求的改革方案》。该改革方案核心内容包括资本要求的提高和过渡期的安排两部分。

第一，对于各级资本构成方面，《巴塞尔协议Ⅲ》对于一级资本的定义更加严格化，同时简化了二级资本并取消了三级资本。《巴塞尔协议Ⅲ》建议的资本构成与现行《巴塞尔协议Ⅱ》下的资本构成对比如表3-3所示。

表 3－3　　《巴塞尔协议Ⅲ》与《巴塞尔协议Ⅱ》下的资本构成对比

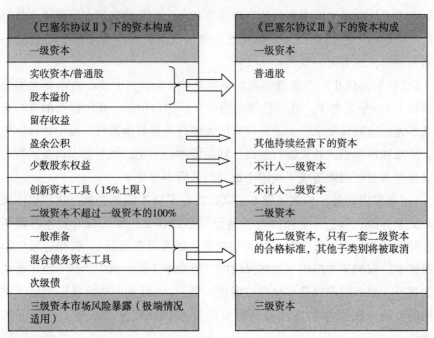

从表 3－3 可以看出，《巴塞尔协议Ⅱ》与《巴塞尔协议Ⅲ》的变化主要有以下几个方面：

一是厘清了一级资本的定义。一级资本定义修改后，其主要形式必须是普通股和留存收益，且普通股必须满足一套合格标准才能被计入一级资本。少数股东权益将不能被计入核心资本的普通股部分。某些创新特征的资本工具，如股利递增机制，会不断腐蚀一级资本的质量，因此被逐步取消。除普通股之外，满足一定标准的资本可计入其他持续经营下的资本。

二是简化了二级资本。简化二级资本，只有一套二级资本的合格标准，其他子类别将被取消。巴塞尔委员会规定了二级资本的最低标准，同时取消了二级资本不能超过一级资本的限制。

三是取消了三级资本。取消三级资本，以保证抵补市场风险的资本质量等同于抵补信用风险和操作风险的资本质量。

第二，对于资本充足率方面，要求银行核心一级资本充足率从现在的 2%分别在 2013 年 1 月 1 日、2014 年 1 月 1 日、2015 年 1 月 1 日提高至 3.5%、4%和 4.5%，同期一级资本要求（包括普通股和其他合格金融工具）将从目前的 4%分别提升至 4.5%、5.5%、6%，总资本最低要求仍为风险加权资产的 8%。

第三，监管口径的改变，过渡期（从 2014 年 1 月 1 日起到 2018 年 1 月 1 日）结束时实现银行资本中对金融机构投资、抵押贷款服务权（Mortage Servicing Rights）和计时差别产生的递延所得税资产（Deferred Tax Assets from Timing Differences）总计超过 15% 的部分都不再计入普通股股本。

为确保全球实施《巴塞尔协议Ⅲ》的一致性，需要对一级资本、附属一级资本、少数股东权益及其他资本、小银行金融和保险机构的资本投资等问题加以明确。

（三）一级资本准则

1. 留存收益包括附加一级资本和二级资本工具的公允价值变动。留存收益和其他储备是一级资本的有效组成部分，而要达到一级资本要求，有效组成部分要受《巴塞尔协议Ⅲ》有关监管指标调整。没有任何监管调整适用于附加一级资本和二级资本工具的公允价值变动。

2. 根据权益法，凡联营及合资公司的盈利有资格列入该公司的一级资本，反映在公司的留存收益及其他储备中，且不排除任何的监管调整。

3. 准则 14 要求普通股明确和单独披露于银行资产负债表中。这项规定是关于该项目的性质，即认为这是单独对银行资产负债表进行披露。性质方面，审计财务报表时资产负债表是作为年度报告发布。巴塞尔委员会要求在实体层面的处理应遵循国内需求。至于频率，银行应遵循半年度或季度的频率对结果进行披露。

（四）附属一级资本准则

1. 准则 3 要求附属一级资本是"不由发行人、有关实体或法律、经济上增强了资格的其他安排来保证覆盖"。一旦银行使用特殊手段向投资者发行资本或者对特殊手段提供支持（如通过促进储备），此类支持将构成放大和破坏准则 3。

2. 准则 4 是关于附属一级资本的。如果一级资本按照这种方式（在第一次缴付后，发行人支付根据利息费用计算预扣所得税，而这些以前是不需支付的）设计，将有利于偿还，正如第一次缴付后，发行者支付的利息就会增加，但是既定的利益不会变，那么向投资者支付的利息也不会改变，这是一个循序渐进的过程。

3. 准则 7 规定了附属一级资本红利/奖金分配的审慎要求。《巴塞尔协议Ⅲ》并没有明确禁止对普通股利或其他一级证券的红利/奖金分配。但是，保留红利的公司不能自行作出任意的决定，银行必须在任何时候取消附属一级资本证券的分配，不能进行银行重组。

4. 准则10说明了附加条例1的观点"无法贡献负债超过资产，如果这样的资产负债表测试形式是国家破产法的一部分，那么将无法对负债超过资产测试作出一定的贡献"。如果破产法不包括资产超过负债测试，那么这种标准是不相关的。负债超过资产并不构成国家破产法是适用于开证行破产测试的一部分原则，这是不相关的。然而，如果一个银行分支机构想在外国司法管辖区内发行证券，但那里的破产法与国内总行的破产法又不相同，那么发行文件就必须具体到与国内母行的破产法一致。

5. 准则14列明的关于附属一级资本的一些要求是以非营利组织为出发点。监管机构要了解衍生工具公司发行的证券及其投资者，衍生工具公司发行的资本工具必须完全符合所有的资格准则，比如衍生工具公司本身就是投资者，抑或是它可以向第三方投资者吸收更多的高质量资本。另外，第60款和第61款允许二级资本存在特定的拨备/贷款损失准备金。毛税额会影响资格规定。

（五）少数股东权益及其他资本

1. 在子公司中部分终止确认附属一、二级资本的原则同样也适用于所有的合并公司形式，包括全额合并和部分合并。因此，部分终止确认原则会影响向第三方提供的附属一级、二级资本。

2. 少数股东权益包括第三方在附属公司中留存收益及拨备中的利润，在巴塞尔协议附录三的例子阐述了一级股东权益应当包括已发行的普通股、留存收益以及S银行的拨备。另外，福利退休基金资产的扣除基准是银行资产负债表上的净资产。

（六）小银行的资本投资

1. 根据《巴塞尔协议Ⅲ》中的阐述，金融机构的定义由各国根据国情而定。巴塞尔框架适用于国际银行、跨境银行、东道国银行等金融机构。《巴塞尔协议Ⅲ》所制定的风险涵盖了整个小银行的风险。在计算独立母国银行实体的资本充足率时，尽管该框架承认金融机构需要有足够的资本，但是它没有规定如何来衡量独立资本，而是留给了各国的监管当局自行裁量。巴塞尔委员会支持采用担保方式或直接向金融机构投资的方式提供资金，这被视为资本的最高金额，且常常被要求提供这样的保证。

2. 扣除标准要求扣除项目应该应用于银行资本中银行自有资本相对应的部分。同时，如果该银行所投资的资本并不能够符合一级普通资本、附属一级资本或二级资本的要求，该资本将会在计算"监管资本"时作为普通股处理。但是，在很多法定情况下，保险公司和其他金融机构的资本准入要求与银行差异巨大，至于这种情况，各国单独制定标准是允许的。这种允许适用于标准不一致或者其他机构采取相对更为激进制度的情况。但是各国单独制定的准则必须在最大程度上与小银行相对应的资本类别保持内容上的尽可能一致。

四、《巴塞尔协议Ⅲ》围绕资本监管方面的完善

《巴塞尔协议Ⅲ》的颁布出台，对于商业银行资本充足率提出了更高的要求。根据这项协议，商业银行的核心资本充足率将由目前的4%上调到6%，同时计提2.5%的防护缓冲资本和不高于2.5%的逆周期准备资本，这样核心资本充足率的要求可达到8.5%~11%。总资本充足率要求仍维持8%不变。

为了与国际规则接轨，同时进一步加强风险管理，银监会也于2012年正式推出了我国关于实施《巴塞尔协议Ⅲ》的相关要求。相比《巴塞尔协议Ⅲ》，我国银监会的要求更为严格（见表3-4）。

表3-4　　2012年我国银监会关于实施《巴塞尔协议Ⅲ》的相关要求

名称	比率（%）	备注（时限）
核心一级资本充足率	>5	2012年起实施2016年达标
一级资本充足率	>6	2012年起实施2016年达标
资本充足率	>8	2012年起实施2016年达标
留存超额资本要求	>2.5	2012年起实施2016年达标
逆周期超额资本	0~2.5	2012年起实施2016年达标
系统重要性银行	>11.5	2012年起实施2016年达标
非系统重要性银行	>10.5	2012年起实施2016年达标
杠杆率	4	2012年起实施2016年达标
贷款拨备率	2.5	2012年起实施2018年达标
拨备覆盖率	150	2012年起实施2018年达标

资料来源：作者根据银监会网站相关资料整理。

可以说，无论从某些要求的比率上还是时限上，该要求比《巴塞尔协议Ⅲ》都要严格。银监会则表示，更为严格的要求是为了抑制信贷高速扩张，降低潜在的信用风险，同时提前达标有助于提升银行的信用评级，增强国际竞争力，并称大多数银行在许多要求上都已经达标。根据目前银监会所提供的截

至 2012 年第三季度的主要监管指标数据来看，绝大多数银行的确都已经基本达到了资本充足率的新要求，但是仍有部分银行存在着资本金的压力，特别是民生银行、深圳发展银行和招商银行。

目前许多银行采取了紧缩银根的政策，加大了吸收存款的力度，同时要求贷款人提前还款。这会造成优质客户的疏离，即有能力还款的贷款者在这之后不再选择贷款，而无力偿还者依旧无法偿还贷款，这对于银行的长期发展是十分不利的，增加了自身的风险。

房地产泡沫在未来，特别是经济下行时期，存在着破裂的可能，因此房地产业的贷款对于我国小银行都具有一定的风险。

近几年来我国地方政府投资基础建设过多，投资难以得到回报，导致地方政府负债严重，某些地方政府开始出现债务违约现象，使得与之挂钩的企业都会产生一连串的支付危机，而银行也难以收回贷款，坏账增加，发生危机的风险也加大。

以上提到的目前我国小银行可能存在的部分问题一旦在未来发生，都有可能直接影响到银行的资本充足率，加大银行的运营风险。因此，虽然目前我国小银行在资本充足率上看似高枕无忧，但实际上潜在风险很大，所以不应仅仅停留于满足在现阶段数据上达标，而应将巴塞尔协议监管风险的理念深入日常运营中，使得资本充足率真正充足到能够保证银行的安全，这就需要另外一大支柱的辅助——监督检查。

2008 年金融危机的爆发本质上反映了已有协议存在的问题，比如资本顺周期、流动性、杠杆率以及宏观审慎等。因此 2010 年 9 月 12 日，巴塞尔银行监管委员会管理层会议在瑞士举行，27 个成员国的中央银行代表就加强小银行监管的改革方案达成一致，诞生了《巴塞尔协议Ⅲ》。《巴塞尔协议Ⅲ》的目标是提高小银行抗击冲击的能力，提高风险管理和治理能力，加强银行的透明度，内容涵盖扩大资本覆盖风险的范围、增强监管资本工具的损失吸收能力、引入杠杆率监管指标、引入流动性监管标准、建立逆周期资本和准备金框架、重新确定最低监管资本要求等诸多方面。

2016 年 1 月 1 日至 2019 年 1 月 1 日期间，银行须逐步设立 2.5% 的资本留存缓冲，使最低普通股资本比例达 7%，核心资本充足率达 8.5%，总资本充足率上升至 10.5%。缓冲资本在危机中可以减少，但是如果缓冲资本接近零，监管机构有权限制银行拍卖、回购股份，有权要求银行减少派息及停止发放红利。

各国根据情况实施占普通股 0～2.5% 的逆周期缓冲资本作为资本留存缓冲的延伸，防止在经济周期中信贷扩张时期银行信贷总额过快增长。不适合作为监管资本的金融工具将在 10 年中逐步从资本中剔除。除了资本要求的提高，监管机构还要对不以风险资产为基础的杠杆率作为资本充足率的补充，进行平行测试，标准为 3%，基于平行期的测试结果，将于 2017 年上半年进行最终调整，可能在 2018 年 1 月 1 日归入新协议的第一支柱部分。对危机中"大而不倒"的系统重要性银行，巴塞尔委员会与金融稳定理事会（FSB）正在研究一项包括可能包括资本附加（Capital Surcharges）、或有资本（Contingent Capital）、自救债务（Bail - inDebt）的综合方案，其本质就是对它们提出更高的资本要求，以确保其在危机中可以有更多的资金来吸收损失，防止倒闭，而不是依靠政府部门的救助渡过危机。该改革方案已于 2010 年 11 月二十国集团（G20）首尔峰会审议通过。

表 3 – 5　　　　　　　　　　监管风险权重和转换系数　　　　　　　单位：%

风险权重	资本计提	包括项目
0	0	现金、黄金；对经合组织和中央银行的债权；以其本币计价，同时所筹集的资金也属于同一种货币的政府和中央银行的债权
10	0.8	
20	1.6	对银行的债权；对经合组织和中央银行的债权；经合组织成员的证券公司
50	4	贷款有完全担保，用被租或借款人占用的住宅进行抵押的贷款适用
100	8	所有不符合较低风险权重要求的其他债权或资产类别

资料来源：银监会培训中心编译：《银行监管培训教材》（国际版）（内部使用）。

五、银行资本监管与风险管理

（一）银行资本与流动性风险

2009 年 7 月，巴塞尔委员会对第二支柱监管审查程序进行了评估，针对银行并表治理和风险管理、表外敞口和证券化活动的风险捕获、风险集中度管理、激励银行改进长期风险收益调整、稳健薪酬做法等方面提出了解决方案。具体情况如表 3 – 6 所示。

表 3 - 6 　　　　《巴塞尔协议Ⅲ》关于第二支柱完善情况的文件

项目	提出的时间	文件名称	具体内容	备注
1. 流动性风险管理	2008 年 9 月	《稳健流动性风险管理和监管原则》	强调监管评估银行流动性风险管理框架及流动性水平的重要性并提出流动性不足时的监管应对之策，以及监管机构在压力情况下加强监管合作以及与中央银行等利益相关方加强合作的重要性	17 项原则
2. 估值做法	2009 年 4 月	《银行金融工具公允价值计量监管评估指引》		
3. 压力测试	2009 年 5 月	《稳健压力测试做法及监管原则》	针对金融危机中暴露的银行压力测试缺陷，对压力测试项目的设计、实施及管理全面提出了系列原则	
4. 公司治理	2010 年 10 月	新的《加强公司治理原则》	着重解决金融危机中暴露的银行公司治理缺陷，并要求各国在遵循此原则及本国法律和监管规定等前提下制定指引或准则，督促银行建立稳健的公司治理战略、政策和程序	
5. 监管联席会议	2010 年 10 月	《监管联席会议良好做法原则》	以促进微观审慎监管的合作协调和通过联席会议的有效运作推进宏观层面的金融稳定。解决母国和东道国监管合作方面面临的困难	

（二）流动性风险管理

　　流动性风险的测量和监管一直是巴塞尔委员会关注的问题，然而从 1997 年 9 月的《有效银行监管的核心原则》对流动性风险管理的初步规定，到 1999 年 10 月的《核心原则评价方法》中提出流动性风险管理的具体标准，再到 2000 年 2 月《银行机构流动性管理稳健做法》，流动性风险监管困难的问题一直没有得到很好的解决。此次金融危机爆发，使流动性风险管理再次成为金融机构和监管者关注的焦点，也迅速进入被快速修订和改进的轨道。

　　2008 年 2 月 21 日，巴塞尔委员会发布了《流动性风险：管理和监管的挑战》。主要内容包括金融市场上影响流动性管理的发展，各国监管体制及其构成，流动性压力下市场情况的第一手资料以及金融危机中暴露出当时流动性监管的问题和可能的解决方案。

随后，巴塞尔委员会在 2008 年发布修订的加强流动性管理、促进全球流动性监管的准则——《稳健的流动性风险管理与监管原则》。该报告对 2000年 2 月颁布的《银行机构流动性管理的稳健做法》进行了重大修订，总结了金融危机后关于流动性风险管理的教训。建议银行建立流动性风险框架从而保证银行在一系列冲击下仍然拥有足够的流动性。《稳健的流动性风险管理与监管原则》提出在银行流动性风险领域需要遵循的 17 条原则，以流动性风险管理和监管基本原则为统领，从流动性风险管理的治理结构、流动性风险的计量和管理、信息披露及监管机构的职责四大方面构建了稳定的流动性风险监管的制度框架。主要内容包括维持与公司业务策略和银行在金融系统中角色相匹配的合理的流动性水平；全面识别、计量各种流动性风险；加强压力测试，强调了在单个机构和整个市场范围内压力因素的测试，以及在紧急时期对融资能力的压力测试；发挥监督者的作用，强调各监督人在加强流动性风险管理中的沟通与协作，并从独立性和透明度两个方面对完善监管机构自身治理结构提出新的标准；定期公开披露银行流动性风险状况和管理方面的定量、定性信息，以强化市场约束。

2009 年 12 月 17 日，巴塞尔委员会发布了提高全球流动性监管，促进小银行稳健发展的《流动性风险计量、标准和监测的国际框架（征求意见稿）》，该框架对《稳健的流动性风险管理与监管原则》进行了进一步的补充和完善，提出了流动性覆盖率（LCR）和净稳定融资比率（NSFR）两个监管指标，用来衡量流动性风险（见表 3 - 7）。

表 3 - 7　　　《巴塞尔协议Ⅲ》框架中对流动性的两个监管指标

巴塞尔委员会国际流动性框架		
流动性覆盖率	$LCR = \dfrac{优质流动性资产储备}{未来\ 30\ 日的资金净流出量} \geq 100\%$	目的是强化短期流动性风险的监控 意在确保单个银行在监管当局设定的流动性严重压力情境下，能够将变现无障碍且优质的资产保持在一个合理的水平 从现金流量表的角度出发 事先确定的压力情景 时间范围：30 天

续表

		目的是强化中长期流动性风险的监控
净稳定融资比率	$NSFR = \dfrac{可用的稳定资金}{业务所需的稳定资金} \geqslant 100\%$	根据银行在一个年度内资产和业务的流动性，设定可接受的最低稳定资金量 从资产负债表的角度出发 事先确定的情景 时间范围：1年

这两个标准分别是用以提高银行应对短期流动性风险的流动性覆盖率的覆盖 30 天流动性需求，和用于反映与融资选择有关结构化问题、解决流动性错配、支持一年内资金稳定流动的净稳定资金比率，是加强流动性风险管理的核心指标。该框架还包括一套帮助监管当局识别和分辨单个银行和银行体系的流动性风险趋势的监测指标。

(三)《巴塞尔协议Ⅲ》与银行的资本监管

1.《巴塞尔协议Ⅲ》中有关资本监管的新变化

资本监管是历次版本的巴塞尔协议始终如一的监管理念和核心所在。从某种程度上讲，巴塞尔协议实质是资本监管的协议。可见，资本监管在巴塞尔协议所占的比重。无论是 1988 年第一版本的资本协议中关于资本充足率的规定，还是由 2001 年提出、2004 年正式发布的第二版本协议中，分母被风险敏感化了的资本充足率新规，抑或本轮金融危机之后颁布的第三版本的协议，对资本充足率的诸多修订，无不彰显了资本监管在银行风险监管中的核心地位。

第三版本关于资本监管的修订，则更是为改进资本监管提供了重要的契机。

尽管历次版本的巴塞尔协议对资本监管格外重视，对资本监管方面的要求也不断升级和强化，但由于存在缺乏全球统一的监管协调、完善和调整标准，监管科目与会计报表科目不匹配等问题导致很多小银行不能充分化解相关风险和信贷损失，也使得资本监管工作受到了局限和制约，加之，在实际工作中遇到的很多问题需要不断完善和改进，这些因素使得巴塞尔协议资本监管还不尽如人意。

为此，第三版的协议要求将核心一级资本（普通股和留存收益）充足率由 2% 提高到 4.5%；核心资本充足率由 4% 提高到 6%；包含附属资本在内的资本充足率维持在 8%。有关第三版的巴塞尔协议中关于资本充足率的规定如表 3 - 8 所示。

表 3 - 8　　　　　《巴塞尔协议Ⅲ》有关资本充足率的最新规定

时间阶段	现行	新协议	变化	最终目标
2013 年 1 月至 2015 年 1 月				核心一级资本充足率: 7.0%
一级资本充足率下限	4%	6%	提高	
核心一级资本充足率下限	2%	4.5%	提高	
总资本充足率要求在 2016 年以前仍为 8%				
2016 年 1 月至 2019 年 1 月				一级资本充足率: 8.5%
资本防护缓冲资金		2.5%	新增	
由各国根据情况自行安排，未明确具体实施安排				总资本充足率: 10.5%
逆周期资本缓冲区间		0 ~ 2.5%	新增	

2. 《巴塞尔协议Ⅲ》对我国商业银行资本影响分析

从短期分析来看，《巴塞尔协议Ⅲ》对我国商业银行影响较小。目前我国银监会已经把核心资本充足率的要求提高到了 7%，中小银行的充足率要求为 10%，大型银行的充足率要求为 11.5%，在一定程度上已经高于《巴塞尔协议Ⅲ》的标准，加上我国小银行资本金中基本都是普通股权益，可以认为我国小银行资本充足程度在全球处于高水平，因此，第三版的巴塞尔协议关于严格资本监管的新规对我国小银行的影响较轻。

从国内商业银行的资本充足率现状来看，截至 2010 年 6 月底，国内大中小各类银行平均资本充足率达到 11.1%，核心资本充足率达到 9%，核心资本占总资本的比例超过 80%。可以看出，我国商业银行目前的资本充足率特别是以普通股为主的核心资本充足率水平，远高于海外同行，在短期内不存在明显的压力。这里试以我国上市银行的资本情况作一比较（见表 3 - 9）。

表 3 - 9　　　　　　　我国上市银行资本充足率指标一览　　　　　单位：%

银行简称	资本充足率	核心资本充足率
工商银行	11.34	9.41
建设银行	11.68	9.20
中国银行	11.73	9.33
农业银行	8.31	6.72
交通银行	12.17	8.94
光大银行	9.36	6.40
招商银行	11.60	8.05

续表

银行简称	资本充足率	核心资本充足率
中信银行	10.95	8.26
深发展	10.41	7.20
浦发银行	10.24	7.01
华夏银行	10.57	6.49
民生银行	10.77	8.32
兴业银行	11.96	9.29
南京银行	11.59	10.53
宁波银行	10.81	9.04
北京银行	12.47	10.75

而我国中型银行较大银行则面临较大的资本压力,从表3-10中两种类型银行比率的对比不难看出。

表3-10　　　　我国大银行与中型银行有关资本充足率方面的比较　　　单位:%

		普通股充足率	一级资本充足率	总资本充足率	杠杆率
大银行	现标准测算结果	9.6	9.1	11.7	
	新标准测算结果	9.6	9.8	11.2	4.8
	变化幅度	0	0.7	-0.5	
中型银行	现标准测算结果	8.2	8.0	10.4	
	新标准测算结果	8.1	8.1	9.7	4.0
	变化幅度	-0.1	0.1	-0.7	

不过,在第三版的巴塞尔协议中对我国商业银行有影响的可能当属新规中逆周期资本2.5%充足率缓冲的要求。目前我国银行核心充足率要求为7%,如果再加提2.5个百分点的逆周期充足率要求,9.5%的要求会对银行资本盈利能力造成明显负面影响。从再融资的角度看,以2010年中报显示,大型和小型银行的核心资本充足率基本达到了8.5%的标准,中型银行普遍不足。而我国推行2.5%的反周期缓冲,对于银行利润分配也会有所限制,未来银行分红率将有所下降,而再融资的间隔时间会明显缩短。

如果从长期来看《巴塞尔协议Ⅲ》对我国小银行的影响,笔者认为,则可能使我国的小银行面临较大的压力。这是由于在今后一段时间,我国将处于工业化、城镇化和消费升级的关键阶段,信贷资产高增长将成为常态。加之,我国资本补充渠道较为单一,资本补充机制的不健全将强化资本约束效应,进而使一些创新业务，诸如表外业务、跨市场业务、衍生品交易扩张等金融创新产品所带来的风险会随着时间的发展而显现。

总之，从长期来看，从资本补充、风险覆盖、资本的覆盖、反周期资本的提取，到对重要金融机构附加资本计提，带给我国商业银行的压力还是大的。第三版巴塞尔协议监管指标的改革，无疑将对小银行的经营模式、盈利结构及核心竞争力的提高产生重大的影响。因此，提前从资本补充、风险覆盖、反周期资本的提取等方面对小银行的风险进行控制是非常必要的。同时，我们也应该因势利导，借助实施《巴塞尔协议 Ⅲ》的契机对我国商业银行的经营模式和盈利结构进行科学调整，并结合我国国情探索出一条具有小银行特点的全面风险管理道路。

第四章　新监管标准下
我国小银行发展战略的建议

我国小银行从外延上来看，主要包括中小城市和农村的城市商业银行、城市信用社、农村信用社、农村商业银行、农村合作银行、村镇银行等农村小型金融机构。对于上海、北京等特大型城市的商业银行，如北京银行资产过万亿元，已经不再是小银行了。与大中型银行相比，它们有自己的特殊性。

第一节　小银行的功能定位

国内商业银行的同质化经营现象非常严重，业务结构、客户结构、收入结构趋同，体制、机制、产品、机构布局、服务手段，甚至企业文化与战略也趋同。由此，我们需要在不同规模银行的功能定位上进行探索。

一、小银行的劣势

（一）小银行的资金成本高

农村信用社、村镇银行等小银行，在老百姓心目中的信用地位没有四大银行高。经过多次挤兑风波后，人们倾向于将资金存在四大银行，除非当地没有国有银行的营业网点，老百姓为了方便只好与小银行打交道。这也是四大银行能够在不少县域城市只吸收存款却不贷款的原因。

小银行的资金来源有限，往往高息揽存，或者向四大银行拆入资金。这必然增加了资金来源的成本。

（二）小银行风险分散能力弱

小银行的客户都集中一个地域内，难以跨区域分散区域性风险。而且，在狭窄的地域内，产业结构往往雷同。这样，区域经济一旦风吹草动，单个小银行的金融风险就演变成了系统性金融风险。每当经济形势发生逆转时，小银行就会倒闭破产一批，国内外皆然。

（三）小银行面对的市场空间较小

小银行基本上是区域性银行，服务于区域经济，如村镇银行服务附近村镇，其市场容量相对较小，风险相对较高。小微企业数量众多，资金需求量相对较小，质量参差不齐。因而，小银行需要从小微企业"沙里淘金"，寻找优质客户。这样，小银行必须有一定的"沙里淘金"的能力。

如果竞争非常激烈的话，小银行失去优质客户，那么，信贷风险等将进一步加大。如果小银行的生存环境十分恶劣，这往往与经济发展状况的恶化有关，那么，小银行的破产、倒闭、被兼并就不可避免。

（四）小银行的治理不够规范

"十二五"规划对深化金融改革和完善现代金融企业制度等方面均提出了明确要求。但是，越往基层，现代治理结构的实施情况越复杂。据某小银行行长反映，小银行不能刻意去追求"三会"。在部分不发达地区，地方政府的支持对银行的发展起着关键作用。许多地方老板都要通过银行董事的身份来接近政府官员，所谓的"分权治衡"的机制是难以起作用的。如果小银行的规模太小，"三会"其实增加了小银行的运营成本。

江西省尽管先后有5家城市商业银行建立起"三会一层"的法人治理结构，农村合作金融机构也完成了首轮产权制度改革，组建农村商业银行、农村合作银行和统一法人联社。但是产权结构单一、所有者缺位和公司治理弱化等问题仍然在不同程度和范围内存在，地方中小银行的进一步发展面临体制机制瓶颈。

银行要健全法人治理结构，需要地方政府、银行机构以及非银行机构共同出资。西安商业银行经过三年努力，成功引进了丰业银行和信达股份公司，改善了股本结构。

通过股东多元化来弱化政府行政干预，以增加银行经营的独立性。这种目标在欠发达的地区也许难以实现，但可以是有益的尝试。

（五）小银行的人才实力相对弱

对于盘踞在农村市场的小银行来说，由于子女教育、薪酬等原因，难以吸引到特别优秀的员工。当然，广州农村商业银行、北京农村商业银行等小银行，由于地处现代大都市，员工收入有竞争力，其他条件尚可，可以吸引到优秀人才，但不是普遍情况。

另外，中型银行往往从大型银行吸引支行行长一级的人才，挖大银行的"墙脚"。大型银行的员工在跳槽时，往往带走了一批优质客户和先进的理念。所以，大中型银行人才的争夺战是比较激烈的。大型银行在人才流失达到一定的规模后，就会想办法提高员工待遇，留住人才：事业留人、情感留人、待遇留人。大银行上市后大幅上调了员工工资，股份制银行从大银行吸引高级人才的成本提高。

小银行从中型银行吸引人才的难度较大，只能提供极少数的高薪岗位。

（六）小银行劳动密集型业务特点

一是客户分布比较分散，一个客户经理能够服务的信贷客户有限。二是客户贷款金额不大，占用的服务时间和银行设施却是一样的，每一笔业务分摊的银行固定成本较高。三是信贷客户的素质不高，特别是农村地区，需要更多的服务时间。

大银行的资金密集型和技术密集型业务特点使规模优势得以发挥。而小银行在一个地域单元内，难以达到一定的规模。即使通过地域扩张来扩大规模，其规模的地域密度相对较小，规模集中的优势仍然难以实现。这种"规模"往往增加管理难度，孕育着巨大的管理风险。

（七）金融 IT 投入巨大

金融 IT 投入属于固定资产投入，数额巨大。同时，员工素质方面的要求也提高了，培训也要常态化。现代银行业务对金融 IT 的依赖，恰恰造就了大银行的竞争优势。其安全性有了保障，便捷性得以体现，随着业务量的提升，平均服务成本迅速降低。

小银行如果发展复杂的业务，则需要复杂的系统。复杂的系统需要更强的硬基础设施和软基础设施，这是小银行的劣势。如果 IT 出现问题，业务开展不了，甚至巨额资金出现问题，那对银行信誉的冲击有可能是致命的。所谓操作性风险在小银行需要特别注意。

二、小银行的优势

（一）小银行服务中小企业的服务成本相对较低

1. 小企业向大银行贷款的成本也高

Meyer[1] 认为，在银行业比较集中和小银行相对匮乏的地区，被迫选择向大银行贷款的中小企业必须付出较高的代价。小企业得不到重视，资金获取时间长，甚至拿不到贷款。对于小企业来说，业主往往承担无限责任的，对资金的

---

① Meyer L. H. , The Present and Future Roles of Banks in Small Business Finance [J]. Journal of Banking and Finance, 1998, (22)：1109－1116.

获取更加紧迫，控制资金的欲望更强。小企业主在贷款时，希望一两天就能拿到。如果拿不到，其心理压力更大。小企业难以从大银行得到优质服务，自身无论是从心理，还是经济利益方面，成本都较高。

2. 小银行扁平结构带来优势

Berger 和 Udell[1] 通过实证研究发现，大银行组织结构更加复杂，对小企业贷款时规模不经济问题就会出现，而具有较少管理层次的中小银行在与中小企业的关系借贷方面更具比较优势。

3. 小银行业务呈现劳动密集型特点，与客户打交道的时间相对充裕

Brickley、Linck 和 Smith[2] 发现小银行的基层经理一般可以得到更好的所有权激励，因此他们会付出较多努力来收集软信息，并以与股东目标基本一致的方式来使用这些信息，从而产生小银行优势。

4. 小银行管理成本低

小银行工资成本、办公成本都要比大银行低。大银行一般在大城市，土地成本、人员工资、招待费等都比较高。同样的员工数量，若由大银行来给小企业提供服务，工资等成本将迅速上升，难以保证单笔业务能获得收益。

5. 在不发达地区，小银行更加靠近客户

大银行在县域一般不开展贷款业务，甚至连存款业务也不开展。正是大银行的战略性收缩，为小银行腾出了生存空间。但是，这个不大的生存空间也限制了小银行的未来成长空间。

（二）小银行有信息优势[3][4][5][6][7]

1. "软信息"理论[8]

我国也有部分学者认为，大银行天生不适合为小企业服务，小银行在对中

① Berger A. N., Udell G. F., Small Business Credit Availability and Relationship Lending: the Importance of Bank Organizational Structure [J]. The Economic Journal, 2002, (112): 32 – 53.

② Brickley J. A., Linck J. S., Smith C. W., Boundaries of the Firm: Evidence From the Banking Industry [J]. Journal of Financial Economics, 2003, (70): 351 – 383.

③ 林毅夫、李永军：《中小金融机构发展与中小企业融资》，载《经济研究》，2001 (1)。
汤捷：《论信息与银行组织结构配置效率对小银行优势的作用》，载《求索》，2006 (8)。

④ 李志赟：《银行结构与中小企业融资》，载《经济研究》，2002 (6)。

⑤ 张捷：《中小企业的关系性借贷与银行组织结构》，载《经济研究》，2002 (6)。

⑥ 储敏伟、王晓雅：《小银行优势：基于成本节省的整合研究》，载《当代财经》，2004。

⑦ 汤捷：《论信息与银行组织结构配置效率对小银行优势的作用》，载《求索》，2006 (8)。

⑧ 梁笛：《银行资产规模与中小企业信贷——大银行和小银行比较优势研究》，载《东南亚研究》，2007 (3)。

小企业提供关系贷款方面具有大银行不可比拟的优势，小银行的优势本质上是一种信息生产成本优势。

从银行贷款的决策信息来看，涉及财务报表型贷款、资产抵押型贷款和信用评分型贷款决策的信息主要是易于编码、量化和传递的"硬信息"。基于这些"硬信息"判断的贷款被称为市场交易型贷款。而关系型贷款的决策信息主要依赖于银行与贷款对象长期接触与合作所积累的"软信息"（如企业主的品行和能力、企业的声誉等）。这些"软信息"主要是难以量化和传递的专有知识。由于关系型贷款不完全依赖中小企业提供合格的财务信息和抵押资产来发放贷款，更符合中小企业现实，在传统的中小企业贷款中被大量使用。

不同银行在处理和使用这两种信息的效率上有相当大的差别。小型组织结构在搜集和处理"软信息"上占优势，大型组织结构在搜集和处理"硬信息"上占优势。大银行从基层到总行信息传递链条长，准确处理"软信息"非常困难。一方面"软信息"很难以书面的形式去表达，因而很难向贷款决策层传递。另一方面，如若把贷款决策权全权委托给基层人员，由于代理链条过长，且难以监控，并不可行。小银行组织结构简单，有些甚至是单店制银行，代理链条短。拥有"软信息"优势的信贷员自己就可以决策，可以有效地避免代理问题。

但是，随着网络使用的普及，银行贷款技术不断进步，大银行凭借 IT 技术和信用评分等技术，将不少"软信息"转化为"硬信息"，从而使小银行一定程度上丧失"软信息"优势。这就意味着，小银行在与大银行的竞争中，自己的传统地盘受到了"装备先进"的大银行的侵蚀，且没有还手之力。借助 IT 技术和信用风险管理技术等，银行改革传统的中小企业信贷流程，增强风险识别和管理能力，并通过合作平台批处理贷款申请，大大降低成本，大银行就可以以更低的利率更低的风险向中小企业发放贷款，处于明显的竞争优势。

2. 小银行可以投入相对更多的人力与客户接触

小银行的信贷经理由于工资成本相对较低，有更多的时间与客户接触，从而更好地了解客户，并增强与客户的关系。部分客户难以从外地获得贷款，本地小银行又处于垄断地位，被迫与小银行合作，从而便于小银行获得准确的信息。尽管小企业会向银行隐藏对自己不利的信息，但是，如果信贷员尽职尽责的话，被发现的概率还是较高的。

3. 关系贷款不是人情贷款

在过去，农村信用社由于发放"人情"贷款，造成大量的呆坏账。2003年前后，中国人民银行被迫买单，以资金援助诱导农村信用社进行体制改革。之前的信贷员没有任何经济责任，现在的信贷员要承担责任，还有一套完整的科学的信贷程序。

在农村信用社治理结构前进一大步后，信贷员要受到总经理的约束，而总经理要受到董事会的约束。这些约束都硬化了，信贷员就难以"渎职"，如果"渎职"，也会受到足够的惩罚。所以农村信用社治理结构改革的思路是成功的，在未来的改革中，要继续完善这种改革措施。

我们认为，只要农村信用社的信贷员能够按规矩办事，农村信用社天地广阔。

（三）服务小企业时，小银行优势的争论

小银行优势是建立在信贷员与中小企业主面对面的"关系"而获取的专有"软信息"能力基础上的。Ongerna 和 Smith[1] 认为，随着电子商务和电子金融的普及，面对面地发展关系成本越来越高，小银行获取"软信息"的成本上升；Petersen 和 Rajan[2] 认为信息技术改变了信息获取的内容和质量，地理距离给获取有用信息带来的阻力越来越小，通过银行业务流程变革，远距离发放贷款变得可行；Carling[3] 通过实证检验发现信息不对称的程度与银行、小企业之间距离不相关。

我们认为，小银行的优势未必能形成核心竞争力。小银行的优势是不稳定的，如果中大型银行向低端垄断市场发起进攻，寻找破解之术，是有可能成功的。银行业务电子化，如 ATM、网上银行等都赋予了大中型银行低成本服务低端客户的能力。随着客户文化水平的提高和农村城市化的推进，小银行最终会与大中型银行在城市展开竞争。

我们认为，由于社会的进步，小银行必须向大中型银行的方向发展。区域垄断给小银行提供的生存空间不是永久性的。小银行如果不谋发展，最终肯定

① Ongerna S., Smith D. C., What Determines the Number of Bank Relationships? Cross – country Evidence [J]. Journal of Financial Intermediation, 2000, 9 (1): 26 – 56.

② Petersen, M. A., Rajan, R. G., Does Distance Still Matter? The Information Revolution in Small Business Lending [J]. Journal of Finance, 2002, (57): 2533 – 2570.

③ Carling K., Lundberg S., Asymmetric Information and Distance: an Empirical Assessment of Geographical Credit Ratioing [J]. Journal of Economics and Business, 2005, (57): 39 – 59.

会被兼并，破产，或者日子越来越难过。所有的小银行都谋发展，将来生存下来的"小银行"，将比今天的小银行大得多。正确的态度是，一方面，做快、做实、做强、做大，稳步提升自己的财务实力和持续发展能力；另一方面应居安思危，充分认识自身在各个方面的不足，未雨绸缪、坚定不移地积极探索可持续的发展模式和经营模式。

尽管从业务角度来说，小银行的业务是不会被消灭的，但是，小银行的股东却会不断发生变化。所以，小银行的竞争，是机构意义上的竞争。与竞争力弱的小银行所对应的股东不断被洗出局，这就是竞争结果。

三、小银行的机会

（一）城市化、工业化、信息化带来成长机会

我国不断加大对中西部地区基础设施的投入，随着高速公路、城市有轨交通等的投入运行，土地价值不断上升，人民财富不断增值。这给小银行带来了机会。

城市化、工业化、信息化等共达百万亿级别的固定资产投入主要由大中型银行承担，小银行则在享受国民财富增值好处的同时，自己的资产负债表不断扩张。

信息化推动传统产业不断升级，增强了小企业的竞争力。以虚拟生产链为纽带，小企业通过联盟，可以达到大企业的规模优势。这些都拓宽了传统小银行的生产空间。

（二）小银行信贷技术的完善

随着国外小额信贷技术的引入，人们越来越相信小额信贷是可以盈利的。美国的富国银行就是以发展零售业务为自己的主要业务，并在此基础上形成了核心竞争力。富国银行的事实证明了零售业务是高利润的业务。对于中国这个资金饥渴的国家来说，巨大的存贷款利差，使许多国内外银行在国内探索盈利模式。

从国外引进的小额信贷技术，能够保证在风险可控的情况下，小银行获得可观的利润。对于本土小银行来说，也要提炼自己的信贷技术。毕竟，小额信贷在当前的国内环境下，还是小银行的主业。如果主业不精，就忙于跑马圈地，地域扩张，业务种类扩张，客户数量扩张，那样做很可能导致小银行管理成本迅速上升，呆坏账率迅速加大。最终，生存都是问题。

（三）可利用的外部资源更多

如通过人才市场吸引人才；通过金融市场拆入资金；资本市场上市，吸引战略投资者等。这些外部环境是几十年前所不可想象的。它为小银行改革创新提供了丰富的资源，提高了改革创新的成功率，降低了失败几率。随着 IT 技术在银行应用研究的日益成熟，小银行也获得了 IT 技术降低成本的机会。如安徽、江苏等农村信用社联社由省级联社统一开发软件，省内互联互通，增强了竞争力。目前，农村信用社可以通过农信银支付向国内其他信用社汇兑。

（四）合法的信贷抵押品越来越多

如随着法律的放松，林权、土地使用权等都可以成为抵押品。一旦国家法律允许，小产权房经过一定手续可以变成大产权房，则抵押品丰富所带来的银行信贷增长空间是十分巨大的。

农村金融最大的瓶颈就是缺少抵押品。巨大的资金需求一旦有了抵押品，就会变成现实。

（五）银行业的竞争交错

1. 小银行向大中银行挑战

现在银行业间的竞争呈现向上竞争的特点，即大企业、发达地区的竞争十分激烈，而小企业、欠发达地区则往往提供了本地小银行垄断发展的机会。

这种高端市场的激烈竞争与低端市场的垄断并存的局面，给小银行提供了"农村包围城市"的想象空间。小银行有自己的根据地，由于信息优势等原因，这种根据地一定程度上是稳固的。所以，部分小银行向大中型银行的市场发起攻势，打破了目前竞争交错的局面，充分赚取潜在的利润。所以，拥有区域垄断地位的小银行，只要风险控制得当，业务发展得当，是可以从小银行发展为中型银行的。这就是机会。

但是，如果小银行向大中型银行市场发起挑战，银监会担心大中型银行会反制小银行的竞争挑战，最终利益互损。

2. 大中银行向小银行挑战

当金融基础设施不完善、信贷市场较为封闭时，发放的贷款主要是关系型贷款。而随着金融基础设施的完善，伴随着信息技术发展，原本关系型贷款现在转变成了市场交易型贷款。关系型贷款的竞争，增加了中小企业可获得的贷款数量，并使得关系型贷款的条件和贷款可获得性也得到改善。

但是，大中银行向小银行挑战时，有自己的领域。如表 4 - 1 所示。

表4-1　　　　　　　大银行和小银行在中小企业信贷中的比较优势

	大银行的市场交易型贷款	小银行的关系型贷款
适用对象	适用于特定的中小企业	适用于绝大部分中小企业
信息获取方式	主要基于企业"硬信息"	主要基于企业"软信息"
贷款成本	贷款利率较低	贷款利率较高
银企合作关系	不固定	保持距离长期稳定
金融基础设施	对金融基础设施具有较高要求	对金融基础设施要求较低

3. 中小企业信贷领域中大银行和小银行的共生

中小微企业所需要的资金数量庞大，是大型银行也难以完全满足的。这个市场容量很大，大家虽然有竞争，但是，谁都无法消灭谁。当然，大银行在中小企业信贷领域的比较优势会越来越大。由于大型企业越来越倾向于直接融资，大银行被迫向中小型企业市场开拓。

中小企业贷款成本高、风险大，大银行更愿意为大型企业服务。小银行的选择余地小，只能尽其所长，做大银行不屑于做的业务，拾遗补缺。这样，在市场竞争这只看不见的手指挥下，不同规模的银行都会去寻找为中小企业服务的最佳方式，与中小微企业共同发展。

四、小银行的挑战

(一) 货币政策从适度宽松转向稳健

国际金融危机充分揭示了商业银行不能完全脱离传统业务。通过业务创新来提高杠杆率，尽管增加了盈利，实际上更加大了风险，对应的风险大于对应的收益，难以可持续发展。

经济发展方式的转变和外部环境的变化，客观要求银行业由规模扩张转入稳健发展。GDP从10%下降到不足8%，小银行业务必然呈现许多新的特点，增加许多新的困难。小银行当前要练好内功，站稳脚跟，迎接挑战。

(二) 新监管标准的实施

新监管标准要求小银行在资产和负债规模扩大时，核心资本数量应同时增加。这意味着，随着小银行业务的发展，小银行要不断追加资本。另外，新的监管标准也对小银行管理层的管理水平提出了新的要求。

在资产规模一定的情况下，要增加利润，只有发展中间业务或表外业务。但这些银行服务是有风险的，其风险与信贷风险是不同的。如果没有专业的风险管理技术，小银行反而可能被拖累。如小银行现在纷纷发行贷记卡，并在贷记卡上捆绑其他业务。这带来了可观的收入。但是，如果信用风险控制技术跟不上的话，贷记卡透支带来的呆坏账则相当麻烦。

（三）利率市场化的推进

利率市场化，一方面存款利率可能上升，另一方面贷款利率的上升则有限。整体来说，利率市场化导致利差呈现缩小的趋势①。

对利率风险的管理，小银行基本没有什么经验。国内的大银行也没有经历过这种风浪。如何对风险定价，如何将风险转移，风险买卖市场如何建立等，都是重大的需要探索的问题。

由于利率市场化涉及资金市场价格的问题，其难度比商品价格市场化要大得多。国家在推进利率市场化时，是谨慎的。国家在推进利率市场化的经验仍然需要积累。我们不认为，现在已经完全具备了利率市场化的条件。但是，推进利率市场化改革的条件比以前好多了。所以，国家在利率市场化改革的道路上又走了一步。接下来，要看这一步有什么样的结果，以总结经验和教训，再接着决定下一步该如何走。如果利率市场化搞不好，实体经济将受到根本性的影响，将可能诱发泡沫经济，或者经济萧条。市场利率一定不能偏离企业的利润率太远。如果利率太高，企业赚不到钱，企业主就会"罢业"，经济就会萧条；如果利率太低，企业赚钱太容易，就容易引发经济泡沫。而市场本身并没有发现均衡利率的能力，市场利率是由货币政策引导的。

利率市场化不仅要求银行的风险管理能力较强，如设立首席经济学家制度，以分析经济政策和经济形势，还要求金融市场发育出细分的风险买卖市场，如保险、信用衍生品、期货市场等，最后，还要求金融监管当局监管水平的提高和合作深度的加大。没有这些条件，利率市场化的后果将是灾难性的。

资本市场、货币市场、实体经济是连动的。过去，货币政策失误，银行的损失通过后续的人为的高利差来弥补。现在，货币政策失误，银行丧失了政策性高利差来积累资本的机会，因为金融机构的利率竞争会导致利差的缩小。

在利率市场化改革逐步推进的情况下，小银行要不断适应新的形势。小银行要具备抵御经济风险的能力，保证哪怕是中央货币政策失误了，也要能够稳健经营，不会破产倒闭。

---

① 樊大志：《中小银行业务转型问题》，载《中国金融》，2010（17）。

（四）金融基础设施等不断完善有可能挤压小银行的生存空间

我国幅员辽阔，区域经济和金融环境多样化，不同地区的信贷市场集中度、金融基础设施、企业信用环境等差别较大。但是，金融基础设施的完善，好比乡村小路升级成了公路，轿车就更容易进来，而畜力交通工具就可能会被淘汰。信用基础设施、个人信息基础设施、企业信息基础设施、交易信息基础设施等信息基础设施的完善，提供了企业或个人的主要交易、资产、债务等方面的信息，从而提升了大银行把握小微信贷风险的能力，就可以提供比小银行更有竞争力的信贷定价，从而挤压小银行的小微信贷业务。

五、小银行的定位

（一）小银行的差异化、特色化定位

小银行需要在市场定位、资产结构、负债结构、客户结构、网点结构和收入结构等方面作出适当调整，以突出差异化、特色化发展道路。

摒弃与大银行类似的经营模式，而要充分发挥组织层级少、决策灵活、信息灵敏、与客户关系贴近等的比较优势，集中资源力求在最有利的领域发展。

（二）小银行的机构布局定位

在机构布局上，小银行要审慎制定机构发展规划，并尽量到目前经济薄弱、金融机构较少，但经济发展前景看好的地方设立分支机构，实现与其他类型银行的地域错位发展。比如说，在经济较为发达的县城或城镇设立分支机构。

除非小银行的实力到了爆发点，向中型银行冲刺，否则，不宜过早与大银行正面激烈竞争。

（三）小银行的市场定位

1. 发展与小微企业的关系贷款

财务报表信息、抵押物信息、信用评分信息和关系所收集的信息是常见的信贷评估所需要的信息。（1）前三类信息是硬信息，具有很强的客观性，易于鉴别真假。大企业和经营时间长的中型企业财务报表规范，实力较强，有自己的抵押物，以及其他公开的有用信息。硬信息的获得成本低，又有利于大银行控制风险，所以大银行愿意提供比小银行成本更低、贷款额度更大、服务水平更高的服务，以增强自己的市场竞争力。（2）关系信息具有很强的主观性，不能从公开途径获得，难以验证真伪，也称为软信息。大量的中小企业信息属于这种类型，没有抵押资产，成立时间短，没有可提供给银行的"硬信息"。

小银行只好自己长时间积累这些信息，以拓展信贷业务。① 说中小银行有优势从事这类贷款，其实也是迫不得已。小银行去抢大中型企业，即使花了很大的代价抢过来了，但由于资本实力不够，银行能力也稍欠缺，最后，大企业还是将账户挪走了。

关系借贷有一定的惯性，或者说借贷双方会"锁定"。企业的大量信息为小银行所专有后，企业可能不再愿意更换关系银行。因为新的小银行在提供服务时，会比较谨慎。新银行担心，借款人是由于信誉不佳或者经营困境才被抛弃的。在投入一定的时间和成本收集和处理关系信息后，才能建立起新的信任。

与企业发展前景有关的信息包括市场、技术、产品、管理、财务等。做好对企业信贷风险的评估，需要综合运用这些信息。因此，中小银行培养相关人才显得至关重要。

2. 加强现有小企业信贷产品的使用

小额信贷有着自己的盈利模式，需要产品、服务、流程相适应。比如，多人联保贷款模式，在客户群体内设立小组，对小组成员实施授信，小组内成员之间互相承担连带担保责任。小银行核定不同区域的小企业贷款余额占比和差异化的户均贷款额度，并确保小企业信贷投放的有效性和及时性。

小企业资金需求"短、小、频、急"，小银行信贷必须调整自己的业务流程，提高风险控制能力，以较好满足小企业的需求，提高顾客满意度。如浙江民泰银行的"看品行、算实账、同商量"的贷款审查九字口诀。其"便民小额贷款"、贷记卡和金融服务"套餐"、"展业贷"等特色鲜明的贷款产品，业务流程简捷高效，担保方式灵活多样，较好地拓展了小企业信贷市场。

在地区经济不产生系统性信用风险的情况下，小额信贷技术可以保证小企业信贷的盈利。因此，要积极研发各种新产品，为小企业提供更多、更适合的金融服务。同时，加强产品推广，提高审批效率，下放审批权限，提高贷款质量，加强贷后管理。

3. 不同性质的小银行要有不同的业务特点

小银行应定位为中小企业的主办银行、市民金融服务的"百货公司"。农村合作金融机构要积极推动农业产业化发展，村镇银行等新型农村金融机构要发挥拾遗补缺作用，服务县域"三农"和中小企业。

---

① 解传喜：《关系导向与我国中小银行战略转型》，载《生产力研究》，2005（1）。

由于银行的利润来源于企业所创造的价值。如果把价值比做阳光的话，大中小银行争夺"阳光照射"的最佳位置是不同的。大银行"根深叶茂"，草根的村镇银行则拾遗补缺，甚至"喜阴植物"也可以生存。小银行的定位是与植物群落的生存原理是一样的。

第二节　小银行的地域扩张与规模扩张

本节分别从地域扩张和规模扩张两个维度来论述。

一、小银行的地域扩张

对美国社区银行的研究发现，产权明晰、自负盈亏的小银行在适宜的经营环境和有效监管制度下，其经营业绩和稳健性好于不少大银行。另外，小银行如把有限的资金集中于地区内特定行业的小企业和当地居民，也能获得规模经济的好处。

（一）地域多元化倾向于提高中小银行资产的风险水平①

1. 不支持小银行地域扩张的论据

同一地域的合并不利于分散小银行的风险，同一地域经营并不见得形成风险。Berger（1998）比较研究了"大并购"（并购资产 10 亿美元以上）和"小并购"（并购资产 1 亿美元以下）的比较研究发现，在同一地域发生的小银行合并对分散风险的积极影响并非那么重要。圣路易斯联储银行的 Meyer 等（2001）的研究也说明，小型农业银行在遭受所在区域的经济冲击（县级水平）后，并不一定形成风险。

Berger 等（2001）通过对 7000 家银行的研究得出结论，全国性银行兼并地方小银行成本可能极高，因为规模不经济。这意味着小银行的发展有着自己的特殊性，大银行兼并小银行并讨不到什么好处。Meyer 等（2001）的研究表明，所有分支机构在同一社区的银行扩张至其外围时，并不会带来更多的地域分散化好处。

小银行的规模扩张比地域扩张更重要，地域集中更有利于小银行的利润。康奈尔大学的 Whalen（2001）发现，所有分支机构在同一社区的小银行比在

① 邱兆祥，范香梅：《中小银行地域多元化问题研究述评》，载《经济学动态》，2009（6）。

多个社区的小银行经营利润更高。Emmons 等（2004）对美国 7137 家银行的研究发现，地域扩张不如银行规模扩大重要。

2. 支持小银行地域扩张的论据

美国小银行破产率与设立分支行的关系：州内设立分支行，破产率相对较高；跨州设立分支行，则破产率相对较低。Amos（1992）在研究 1982—1988 年银行破产率时发现，州所在分支行条例和银行破产率之间统计上不显著。Loueks（1994）纠正了 Amos 论文中的一些计量问题，发现银行破产概率和允许州内设分支行正相关，与州内限制设分行负相关。Cebula（1994）延长了 Amos 研究数据的时间（1982—1992 年），发现银行破产概率与有限设立分支行负相关，与禁止跨州设立分行正相关。

（二）地域多元化对中小银行关系型业务的发展不利

1. 关系型业务是小银行的优势

关系型业务的信贷产品具有异质性。Bot（2000）认为，关系银行业务具有三个特征：银行拥有专有信息；银行长期为借款者提供服务，并收集信息；信息是隐秘的，不是显性文字等表达的。异质性主要表现为：银行与客户一对一地开展业务；本地机构有信贷决策；工作人员有见机行事的能力和权限；银行的所有权结构相对集中，利于迅速决策；服务对象主要是小企业、农业客户和零售消费者等。

大量研究证明，小银行开展关系银行业务比大银行有优势。Berger 等（2002）发现，小银行更适合于权力下放，代理委托链条短，这有助于信贷人员获取软信息。Briekley 等（2003）发现，得克萨斯州的小银行所有权比大银行更集中，这种集中性激发了股东参与银行管理的积极性，减轻委托代理问题。

2. 地域多元化削弱了小银行的关系型业务的优势

Emmoris 等（2004）发现，社区银行的收益主要来自于银行规模的增加，而不是银行地域上的扩张。De Yong（2001）研究发现，致力于地域多元化的兼并活动创造的价值很少。De Young（2004）等比较了大小银行在竞争力与贷款技术方面的优劣，提出小银行发展战略应以关系型业务为主，并认为，组织结构合理、运作良好的那些小银行，能在未来持续生存与发展。Bongini 等（2007）发现，小银行贷款份额快速增长，关系贷款发挥了重要作用，同时发现，那些独立运作的地方性小银行要比那些附属于大银行集团的小银行效益要好。Keeton 等（2003）发现，在过去 10 年中，社区银行整体保持着良好的盈利能力；除极少数银行外，社区银行独立运作，盈利良好，且不断吸引新的进入者。

地域多元化可能使委托代理问题突出，削弱中小银行发放关系型贷款的优势。德国学者 Hauswakl 等（2002）论证了关系型贷款将随信息距离或搜集借款人特定信息成本的提高而缩减；Berger 等（1998）认为社区银行的地域性和社区性，使其可近距离接触信息不透明的小企业，拥有开展关系型贷款业务的优势。

二、小银行的规模扩张

衡量银行规模的因素主要包括总资产、净资产、分支机构数量、员工数量及构成、经营地区和业务范围等。资产规模因素决定了银行的可持续发展能力和风险抵御能力，分支机构数量、经营地区和业务范围决定了银行的业务扩展能力，员工因素能反映出银行的人才储备情况。

（一）小银行规模扩张的原因分析[①]

1. 小银行业务与盈利模式单一，要增加盈利只能不断扩张信贷资产。最近 5 年，城市商业银行的利差收入平均占到了总收入的 73% 以上，北京银行等城市商业银行的佼佼者利差收入占比均高达 90%。

2. 小银行服务大中型客户的利润并不丰厚，必须通过增加客户数量与业务量来增加利润基数。

3. 小银行绩效考核注重规模。内部绩效考核偏重于资产规模，片面强调"存款论英雄"、"规模排座次"。中小银行对分支机构的考核，以账面利润和不良资产率为主，不考虑资本成本问题。

4. 小银行服务中型企业必须做大规模。小银行现有的优质客户多为中型企业，要获得并维持这些客户资源，银行必须有相应的匹配规模。银行只好追求存款规模，以便获取更多的放贷资金。

5. 政府制度层面对小银行的政策限制迫使小银行做大规模。在证券资金清算、基金托管、期货保证金等大宗批发业务方面，多数中小银行几乎无法进入；基本账户制度、主办银行制度的有关规定给中小商业银行带来许多不利因素；信贷资产业务、外汇业务受到诸多限制。

---

① 朱建武：《中小银行规模扩张的动因与行为逻辑分析》，载《财经理论与实践（双月刊）》，2007（7）。

（二）规模扩张的消极影响①

小银行注重规模的绩效考核方法已经不太适合《巴塞尔协议Ⅲ》的精神：由于《巴塞尔协议Ⅲ》施加了资本约束，小银行的存款或贷款规模面临上限。小银行要扩大信贷规模，不仅要扩大存款规模，更要增加资本金。可是，小银行补充资本谈何容易。

1. 小银行强求扩张规模将积累颠覆性的风险

小银行的风险总体水平并不是很高，但相对于个体而言，其风险管理能力相对薄弱。信用风险、法律风险、操作风险的集中爆发，直接导致小银行资不抵债。某城市伪造金融票证案给急速扩张中的小银行敲响了警钟，超越自身业务能力的扩张可能是致命的：某单位持伪造"存款证书"，诈骗银行资金达十几亿元。

不少城市商业银行只能在某个地区领先，如果强求规模扩张，不但积累风险，而且利润可能下降。一旦经济形势变化，就会陷入经营困境。

城市商业银行是为当地主导产业和主要企业提供金融服务的骨干，若要长久保持这种优势，需要加强对风险的识别和预防能力，警惕地方政府融资平台风险，并防止信贷资产集中于过剩产能或高污染的行业。

2. 小银行开发和改进差异化产品具有很大发展空间

中国银行业的同质化随着竞争的加剧更加明显，银行在业务产品的设计上跟风。小银行由于产品开发人员不足，或为了节约产品开发成本，往往效仿其他银行业务产品。

小银行与大型银行相比，组织体系较为灵活，业务转型也更快捷，中小银行可以根据自身条件向中间业务和新兴金融业务发力，并充分利用电子化金融服务，在个性化服务和综合性经营上下工夫，在新的金融环境下找到更加恰当和稳定可持续的发展新路径。

中小商业银行要制定好发展战略，不应盲目追求规模大小、速度和排名，要有取有舍，要走差异化、特色化、精细化的发展道路，追求稳健的资本和资产回报率，提升客户满意度（中国银监会，2010）。

---

① 孙嵩：《中国中小银行可持续发展策略：规模领先还是特色制胜》，载《金融论坛》，2011（4）。

第三节　小银行发展的差异化战略

随着《巴塞尔协议Ⅲ》的实施，小银行发展的差异化战略提上了日程。

一、现有小银行的特色产品

（一）根据资产规模对上市银行进行的分类

根据资产规模，我们将上市银行进行如下分类：

第一类，东部发达地区的城市商业银行，资产在 3000 亿元左右，宁波银行（3400 亿元）和南京银行（3300 亿元）。

第二类，北京、深圳等地的城市商业银行，资产规模在 1 万亿元以上，北京银行（1.1 万亿元）、华夏银行（1.4 万亿元）、平安银行（1.48 万亿元）。

第三类，20 世纪 90 年代就开始发展的城市商业银行浦发银行（3.1 万亿元），以及全国股份制银行，民生银行（2.8 万亿元）、光大（2.2 万亿元）、兴业银行（3.0 万亿元）、中信银行（2.9 万亿元），交通银行（5.2 万亿元），大多资产在 3 万亿元左右。

第四类是四大银行，资产规模皆在 10 万亿元以上，工商银行 17.4 万亿元、农业银行 13.1 万亿元、建设银行 13.3 万亿元、中国银行 12.7 万亿元。

我们认为，资产规模显然与跨地域经营直接相关。第一类银行大多在本地和本省经营，第二类银行一般在全国重点城市布局，第三类银行一般在全国主要城市布局，第四类银行布局到县。

所以，我国银行主要是通过规模扩张和地域扩张来实现自己的成长，如北京银行、华夏银行的成功扩张，以便发展成为中型银行，而中型银行也要通过地域扩张和规模扩张发展成为大型银行。

但是，今天的小银行成长模式将与十年前的民生、招商等银行成长模式不同。由于监管、体制、人才等众多原因，当时的小银行在经济快速发展的大背景下，不断从四大银行手里抢占新的市场份额，从而壮大为中型银行。而过去的大型银行已经发展成为特大型银行，过去的中型银行已经发展为大型银行。今天，大中型银行数量已经大大增加，小银行的扩张必然面临过去的银行扩张所没有见过的激烈竞争，大多将被局限于本地范围。问题是部分小银行没有实力，不顾能力不足的现状，盲目扩张，管理跟不上，短期绩效不明显，资产质量长期风险大。一旦经济风向转变，这些在航道上仓促赶路的小船就可能颠覆。

因而，今天小银行的成长模式更多地强调：通过立足地方经济，走差异化、特色化发展道路[1]。

（二）宁波银行、南京银行的业务特色

我们将宁波银行和南京银行作为小银行的代表。

1. 宁波银行

宁波银行虽由地方商业银行发展而来，但其公司银行业务、零售公司业务和个人银行业务都得到了客户的广泛认可。（1）在公司银行业务方面，"商盈100"现金管理品牌集合了"商盈在线"、"商盈有方"、"商盈理财"三大特色子品牌。（2）"商盈在线"公司网银业务着力打造服务客户的电子新渠道。（3）零售公司业务服务于小企业。"透易融"等信用类产品在批量开发客户方面不断取得突破。随着互助融、小额贷等新产品的上市，市场对宁波银行的小企业金融服务能力更为认可。

2. 南京银行

南京银行将小企业分为不同的类型，有区别地提出解决方案。（1）在质押信贷、银行担保等方面有所创新。重点推行"国内有追索权保理业务"、"动产质押授信业务"和"知识产权质押贷款业务"。（2）对小企业融资需求的全覆盖。创新型的金融产品，如"金梅花'易'路同行·小企业成长伴侣"的小企业金融产品体系（包括创易贷、商易贷、融易贷、智易贷、金易聚等），做到了对小企业融资需求的全覆盖。（3）小企业贷款审批提速。从巴黎银行请来流程改造专家，对小企业业务流程进行诊断，形成了前台、后台分离的操作模式和持续的流程优化方案，并向客户作出"1、2、3、5"的特色承诺，具体承诺内容为："客户准入1个工作日完成；合作2年以上的优质客户还后再贷2个工作日审批完毕；普通客户存量业务还后再贷，平均3个工作日审批完毕；新准入客户首笔授信业务从发起到资金到账平均5个工作日内审批完毕。"

二、小银行的市场定位

（一）市场定位的概念与类型

市场定位是指企业针对潜在顾客的心理进行营销设计，创立产品、品牌或

---

[1] 何德旭、王朝阳：《银行必须有明确的市场定位——浙江民泰商业银行的启示》，载《银行家》，2012（5）。

企业在目标客户心目中的某种形象或某种个性特征，保留深刻的印象和独特的位置，从而取得竞争优势。简而言之就是在客户心目中树立独特的形象。

我们以招商银行的大学生信用卡为例来说明市场定位：2005年前，招商银行针对大学生群体，从目标群体的人口、心理特征出发，准确地喊出了"就是不一Young"的品牌口号，在校园的营销掀起了一阵旋风。

1. 产品定位

产品定位侧重于成本、便捷性、风险性、满足顾客需求的程度等方面。企业根据市场定位，调整或建立企业产品结构体系、产品创新、产品卖点，以适应目标市场内目标消费群体需求。

"Young卡"色彩鲜艳、缤纷、时尚。据招商银行解释：朝气蓬勃的色彩象征着大学生有着年轻的心，轻盈明快而又五彩缤纷；大胆而明快的"Young"字样，则仿佛是以卡面作为青春的画卷，随性涂鸦的杰作，把青春的风采挥洒得淋漓尽致；卡片上金色的葵花，则是招商银行的象征——客户是太阳，招商银行就是随着太阳转动的向日葵，葵花代表的是招商银行"因您而变"的承诺。

"Young卡"的产品差异化还表现在：一卡双币，大大方便了海外留学或是旅游的学生；每月免费取现一次，打破了信用卡取现手续费高昂的常规，保证了大学生对日常现金消费的需求；承诺用户在毕业时出具权威信用报告，作为大学生就业时的有利筹码；积分永久有效、免息分期付款等招商银行的一贯特色同样成为产品差异化的有效手段。

对于小银行来说，产品应定位于中间业务和零售业务。商业银行零售业务是指对家庭、非营利机构和中小企业提供的金融产品或服务，主要包括零售存款业务、零售小额贷款、透支便利、制定投资策略与组合、进行税务安排及保险服务等。零售业务具有零星分散、种类繁多、服务要求高等特点。我国城市商业银行应立足于处理广泛的现金业务和储蓄账户业务，其业务范围主要包括个人储蓄及支票账户、信用卡业务、个人（消费）信贷业务、个人代理业务、私人股资及理财服务，能广泛使用于ATM、POS上的借记卡，可在一定程度上透支的贷记卡，以及可提供一定额度存款免税的"免税账户"等。

2. 企业定位[①]

企业定位是企业对其主要经营区域、主要客户群体及核心业务或产品的认

---

① 朱静：《我国城市商业银行的市场定位及发展战略》，载《企业经济》，2010（1）。

定或确定，是企业根据自身特点，扬长避短地选择、确定经营区域（Area）、客户（Custom）和产品（Product）最佳组合单元的系统步骤和方法，以达到企业资源的最优配置和最佳利用的战略。企业定位是定位理论在企业形象定位和品牌塑造中的重要运用。

城市商业银行在企业定位时，一是面向市政工程，金融产品与地方经济发展相衔接，与市政项目相匹配，灵活、高效地为政府排忧解难；二是面向市属企业，积极主动地与相关部门合作设立中小企业融资担保基金、新技术产业风险担保基金，为中小企业提供担保服务，有效解决中小企业融资难的问题。

3. 竞争定位

竞争定位确定企业相对于竞争者的市场位置。突出本企业产品与竞争产品的不同特点，通过评估选择，确定本企业最有利的竞争优势，并加以开发的过程。竞争定位需要在市场接受度和企业本身条件匹配的基础上进行。

如城市商业银行应努力创新资产证券化、资产转让业务等资产负债表外业务，积极拓展以证券投资基金、企业年金、信托资产托管等高附加值的资产托管业务，并为发展基金管理、投资银行，参与设立货币市场基金等新兴业务创造条件，从而实现基本盈利模式从存贷利差占绝对优势转向存贷利差和中间业务并重的轨道上来。

4. 消费者定位

消费者定位确定企业的目标顾客群。企业对企业产品的潜在消费群体进行定位，根据消费群体的不同属性，例如年龄、地区、性别、教育水平、家庭组成等，确定核心消费群体。如2000年，招商银行全程赞助了历时两个多月的"中国大学生电脑节"，在广州、武汉、沈阳、北京等8个城市的45所高校举办了现场展示，以及9场行长专题演讲会[1]，发行了大学生用卡。招商银行于2005年10月在全国范围内发行了国内首张学生双币信用卡——"Young 卡"。该卡上市不足10天已经在全国12个信用卡重点营销城市的部分高校收到3万余份办卡申请，并且仅在10月份就成功发卡8万张，这在信用卡市场掀起不小的波澜[2]。

这些定位是相互关联的。

---

[1] 马蔚华：《网络银行服务——传统银行业的历史变革》，载《中国金融》，2000（6）。

[2] 刘佳、周文琦：《差异化链及其应用分析——以招商银行大学生信用卡推广活动为例》，载《商场现代化》，2005（12）（上）。

（二）银行业市场定位的形式

市场定位不同，必然在产品、服务、人员、形象等方面以差异化的形式表现出来。

1. 产品差异化战略

银行从产品质量、产品款式等角度寻求差别，以树立产品特征形成产品差异化。早期的招商银行，通过领先于同行的金融电子化能力设计"一卡通"等产品为自己争取了不少优质客户。尽管后来该产品被同行模仿和复制，但是，产品差异化提升了银行形象，短期内迅速增强竞争优势。

2. 服务差异化战略

银行向目标市场提供与竞争者不同的优质服务，如工商银行为优质小企业的服务能力是比较强的，能够在价格、产品性质方面为客户提供较为满意的服务。

3. 人员差异化战略

银行通过聘用和培训比竞争者更加优秀的人。部分股份制银行员工的收入明显高于四大银行，从而振奋员工的士气，并利于吸引优秀人才。

4. 形象差异化战略

银行在产品核心部分与竞争者雷同的情况下采用。

（三）市场定位策略形成三部曲

1. 需求定位

确定客户独特的市场需求，这是市场定位的外在因素。

当采用人口因素这一标准进行市场细分时，主要考虑年龄、性别、家庭生命周期、收入、职业、受教育程度等因素。消费者的年龄和受教育程度对价格的容忍程度有负面的影响。青年消费者有着求新、好奇、透支消费、追求名牌、注重自我等比较个性化、先导性的消费习惯，年龄较大的消费者则注重商品的实用性。男性消费者的价格容忍程度高于女性消费者，女性消费者对价格较为敏感。

2. 差异化定位

在确认市场定位的外部因素后，银行要将这些需求转化为相应的产品或服务。（1）功效定位，（2）产品形象定位，（3）属性定位，（4）利益定位，（5）质量、价格定位，（6）服务定位。

城市商业银行应定位为地方经济的重要支柱、中小企业的主办银行、市民金融服务的"百货公司"；农村合作金融机构，在满足农村基本金融服务的同时积极推动农业产业化发展；村镇银行等新型农村金融机构按"小额、分散"原则发挥拾遗补缺作用，服务县域"三农"和中小企业。

3. 竞争定位

差异化定位的产品或服务要通过竞争定位来实现。（1）避强定位。银行应力图避免与市场内实力最强或较强的对手直接发生竞争，将自己的产品定位于另一市场区域（细分市场、地理市场区域），使自己的产品在某些特征或属性上与最强或较强对手有比较显著的区别。（2）迎头定位。银行依据自身实力，为占据最佳市场位置，不惜与市场上占支配地位的、实力最强或较强的竞争对手正面发生竞争，而使自己的金融产品进入与对手相同的市场位置。（3）缝隙定位。银行寻找新的尚未被占领但有潜在需求的位置，以填补市场空缺，生产市场上没有的、具有特色的产品。如不少小银行参与或主导设立村镇银行，占领部分农村空白市场。

表 4 - 2　　　　　　　　　不同市场定位策略考虑的因素比较表

考虑因素	无差异性市场策略	集中性市场策略	差异性市场策略
产品特性	同质性	异质性	异质性
市场需求	差异性小	差异性大	差异性大
市场竞争者	少	多	多
企业实力	强	弱	强

《市场营销学（精品完整版）》，http://wenku.baidu.com/view/3e45fe8acc22bcd126ff0cb1.html。

小银行要摒弃多功能、全方位、重规模的经营模式，充分发挥组织层级少、决策灵活、信息灵敏、服务地域和对象明确、与客户关系贴近的比较优势，集中资源致力于在最有利的领域发展。以"求异型"为主、"跟随型"为辅，选择恰当的目标市场，避免业务经营重点与其他银行雷同。在机构布局上，到经济薄弱、金融机构较少的地市、县域设立分支机构，实现与其他类型银行的地域错位发展。

三、小银行的差异化战略

（一）差异化战略中的竞争战略

主要竞争战略：（1）高质量竞争战略；（2）低成本竞争战略；（3）差异优势竞争战略；（4）集中优势竞争战略。

我们认为基本的竞争策略是高质量竞争或低价格竞争。如图 4 - 1 所示：

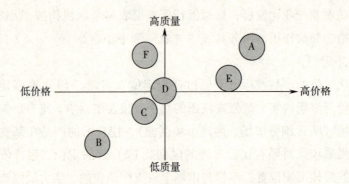

图4-1　质量竞争与价格竞争的关系图

1. 高质量可以采用高价格，也可采用低价格。典型的金融创新产品先在高端用户群中使用，在取得一定的效益和经验后，再向大众用户推广，从而占领市场，挤压竞争对手。

2. 低质量只能采用低价格。除非有垄断保证，否则，那是很危险的市场冒险。

如图4-1：A点是高质量高价格，F点是高质量低价格，B点是低质量低价格，这些点一定程度上可以经受市场竞争考验；E点是低质量高价格，需要垄断等条件；C、D是中等质量中等价格，可以是市场细分中的子市场。

我国银行业目前还处于垄断占优势的阶段，同时，资金需求旺盛，基本上是卖方市场。一旦我国银行业在国际国内形势的塑造下，变成了买方市场，那么，竞争将更加激烈。现在的同质竞争的局面可能被打破，品牌差异将凸显。

（二）差异化战略中的品牌定位

市场可以分为高、中、低档三个部分；根据市场的人口密度又可以分为都市、市郊和乡村；根据年龄可分为青年、中年和老年市场等；社会地位较高的购买者从产品中可以体现个人品位，处于社会底层的购买者则更注重的是它的价值。这些细分市场为品牌差异化提供了重要基础。

品牌定位是为了实现品牌差异，而品牌差异需要带来的不仅仅是产品功能性利益，更多的应是产品的精神性利益。银行品牌定位是以产品定位为基础，通过整合运用各种营销手段塑造品牌形象的过程。花旗、汇丰、渣打等跨国银行综合运用广告、公关、新闻、促销等多种战术，在全球各地进行整合营销传播活动，使其"五湖四海为一家"的整体形象深入人心。

综合品牌战略和产品品牌战略。综合品牌战略是用一个形象去替代所有形象。产品品牌战略则是根据不同目标市场使用不同的品牌。多品牌战略有助于最大限度地占有市场，根据规律，当单一品牌市场占有率到达一定高度后，要再提高就非常难，但如果另立品牌，获得一定的市场占有率就相对容易，这是单个品牌无法达到的。

金融品牌在产品、服务、标识、理念和管理等方面均在客户、员工、股东的心目中形成了令人印象深刻的企业形象，在听觉、视觉和语言表述等方面具备高度的一致性。基于"70/30 原则"，即品牌的 70% 严格保持一致，其余 30% 根据不同市场客户的欣赏品位、需求特征和文化差异，对品牌的建设和管理策略进行及时调整，在保持品牌稳定性的同时兼顾灵活性①。

（三）差异化战略中的定价

1. 定价的因素

定价与质量一起体现了品牌特征。由于金融主要体现的服务是无形的，与普通有形的商品是有区别的。不同的品牌会有不同的价格策略。

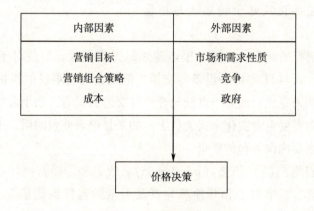

图 4 - 2　价格决策影响因素图

价格决策的影响因素。（1）公司的营销目标：生存、目标投资收益率、市场占有率、产品质量的领先地位或阻止新的竞争。目标投资收益率包括长期利润、最大当期利润、固定利润。追求市场占有率则最低价扩大销售。追求产品的高价格，则高价格、高质量。企图阻止新的竞争者，则低价销售。（2）成本，是制定销售价格的下限。（3）市场和需求，是制定价格的上限。（4）竞争者和竞争环境。企业定价必须考虑竞争者的成本、价格以及对公司

---

① 庞加兰、白燕：《国外商业银行的品牌战略》，载《经营与管理》，2009（2）。

本身价格变动可能作出的反应。竞争环境主要是指公司所处的价格竞争环境不同，其可能对价格的控制程度也不同：市场控制价格；公司控制价格；政府控制价格。（5）政府对价格的干预。

其他营销组合因素。（1）产品，产品有独特性价格可高。（2）销售渠道不仅考虑消费者愿意支付的价格，还要考虑中间商的利益。（3）促销，促销费用是价格构成的重要因素。

2. 定价方法

（1）以需求为导向的定价方法。这时，往往采用高价策略。如小额信贷的定价就较高，但能满足小企业的需求，市场需求旺盛。

（2）竞争导向定价法。随行就市定价法、针对性定价法、追随定价法。当小银行与大银行竞争优质客户时，以成本价，甚至以低于成本的价格成交，以便获得服务该客户的其他收益。要从其他银行挖来贷款大户或存款大户，也必须提供有竞争力的报价和服务。

（3）成本导向定价法。

（四）差异化战略中的渠道与销售

1. 渠道

随着小银行的产业化发展，渠道越来越得到重视。即使对于 ATM、手机银行等渠道，人与 IT 等电子设备打交道，但是，背后艰巨的维护工作需要有战斗力的团队来完成。而对于直接与客户打交道的渠道，如小银行在信用卡的销售渠道，则需要企业文化来武装员工。如果是渠道外包的话，千万不能只图价格便宜，而要确保外包的质量。

渠道的职能：（1）信息（Information）。收集和传播营销环境中有关潜在和现行的顾客、竞争对手和其他参与者及力量的营销调研信息。（2）促销（Promotion）活动的开展。对于储蓄所这个银行销售渠道来说，进行储蓄抽奖等促销活动，能够在短期内提升存款。（3）交易谈判（Negotiation）。（4）承担风险（Risk taking）：在执行渠道任务的过程中需要承担有关风险，如包销银行发行的贷款证券化产品。（5）服务和建议功能。渠道向银行反馈客户的意见，以便改进。

2. 银行信贷合作渠道

部分小银行将资金拆借给小额信贷机构、典当行、担保机构等，这些非银行金融机构无形中承担了销售渠道的作用。此外，手机银行、网络银行、电话银行等是常见的现代银行营销渠道，对于降低服务成本，增加银行收益，分流柜台业务量起着重要的作用。

小银行也可以成为其他金融机构的渠道，获取相应收入。如果大银行与小银行合作，小银行也可以成为大银行的贷款销售渠道；如果与保险公司合作，也可以成为保险公司销售保险产品的渠道；如果与证券公司等合作，也可以成为相应的渠道。

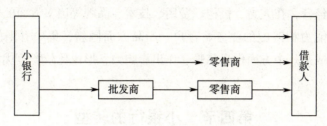

图 4 - 3　银行信贷渠道

3. 银行的营销之一：营销 12P 理论

银行不允许做广告，那么，银行如何开展自己的营销活动呢？

（1）产品（Product）、价格（Price）、渠道（Place）、促销（Promotion）。促销活动如储蓄抽奖短期内提升了银行储蓄余额，因为在节日的气氛下意外中奖，对普通百姓有一定的吸引力。

（2）服务业增加了 2P。People、process。也就是银行作为服务行业，要改善服务过程，培训本行员工，以提高服务质量和效率，方便顾客。

（3）70 年代增加了 6P（Probing 调研探测、Partitioning 市场分割、Prioritizing 重点优先、Positioning 市场定位、Package 产品包装、Personal performance 个人行为）。

（4）80 年代增加了 2P（political power/public relation）。银行要搞好与政府和相关主要官员的关系。

这些理论对于指导银行的营销活动具有重要意义。

4. 银行的营销二：90 年代的营销 4C 理论

（1）consumer。招商银行的"向日葵"，树立的"随需而变"的理念，本质上是以客户为中心，视客户为上帝。

（2）cost。营销活动要节约营销成本，不能不顾成本地扩大或维持市场占有率。小银行在拉存款时，常给回扣或礼品；如果这个成本太高，"亏本赔吆喝"，就不可取了。

（3）convenience。对于银行来说，为客户提供方便实际上提升了产品附加值。电子银行、ATM 实际上减少了客户排队和出门的时间，给客户带来了价值。

（4）communication。沟通，非常重要。客户经理或者商务智能都可以发现客户的潜在或现实的需求，从而推动产品设计与销售。银行高管拜访高端客户也是常见的。

差异化经营，在人力、机构、费用、技术、品牌等诸多方面的资源配置向与自身服务能力相匹配的业务、客户、产品方面倾斜，集中有限的人财物资源，在某个或某几个方面作出品牌、作出影响力，形成比较竞争优势。

第四节　小银行的转型

一、小银行转型案例

小银行转型就是探求更加科学的发展模式，在不断优化业务结构、客户结构、收入结构、区域结构的基础上，追求规模与效益、速度与质量的相协调，流动性、安全性、效益性的相统一。

小银行转型需要由业务转型、产品转型、市场转型、战略转型、人力资源转型、企业文化转型、IT 转型、品牌转型等构成，从大的方面来说，一要练好内功，包括业务、人才、IT、企业文化等，二要开拓市场，包括产品、客户、营销、促销、渠道等，三要整合内外积极因素，如品牌管理。

要更好地理解小银行转型，必须借鉴国内外小银行转型的成功案例。

（一）德国邮政银行转型[①]

银行在涉足新领域时，一般有两种模式，一是通过并购其他银行，二是另起炉灶，自行建立新的部门。

1994 年 2 月，依据《邮政改革法 II》，德国邮政银行向股份制公司转变，确立"以零售业务为中心，以创新和科技为突破口"的发展战略。德国邮政银行只做自身擅长的业务，对于不擅长的领域，则以并购该领域的优秀者的方式进入。德国邮政银行主要利润来源是住房信贷和分期付款贷款。2004 年 6 月德国邮政银行股票在法兰克福上市。现在邮政银行的主要业务是零售银行业

---

① 李文浩：《德国邮政银行转型历程和成功经验》，载《武汉金融》，2008（4）。

务，约占业务总量的90%。

德国邮政银行积极进取，不断进行业务创新。2006年世界杯期间，德国邮政银行推出了与世界杯足球竞猜挂钩的新产品，效果不错。另外，德国邮政银行成立了2500人规模的流动业务组。客户通过热线电话，可以约流动业务组人员上门服务，商定双方认为最理想的金融产品。

德国邮政银行在零售业务领域稳步发展，逐渐从1995年的德国排名100名之外，发展成为稳居德国前20名的大银行，员工总数22000人，分支机构达9000个，客户数量1450万，资产总量1939亿欧元，成为德国最大的零售业务和住房信贷银行。

（二）兴业银行2005年转型计划内容简介①

兴业银行2004年末的总资产约4000亿元，算中小型银行了。

加快业务转型。零售业务包括信用卡、理财、消费信贷、按揭贷款、代理销售保险证券，以及私人银行业务等。机构业务包括项目融资、银团贷款、贸易融资、资产证券化、财务顾问、承销发行债券等。从资金业务上来说，包括衍生产品工具的交易，以及资产管理、托管、现金管理等业务。

加强风险管理。量化市场风险、操作风险、信用风险等风险，并以风险调整资本收益率，提高风险管理的水平、经济资本分析水平和绩效考核的水平。

加强绩效管理，建立起风险调整之后的以资本收益为核心的价值管理体系，引进经济增加值和平衡记分卡等先进管理工具。

改革薪酬制度。按岗位的价值和对银行的实际贡献决定分配。岗位的价值包括技术或者管理的难易，风险的高低，以及该种人才在市场上的稀缺度。以需定岗，以岗定薪，岗变薪变。

提高信息系统对银行战略的支持能力。

（三）招商银行2005年的转型计划内容简介②

招商银行转型可概括为"大力发展资本节约型业务，提高非利差收入"。主要手段是结构调整，加大对中间业务发展的组织推动力度，深化分配与考核制度的改革。（1）重视中间业务。包括国际业务、POS、信用卡、财富管理，以及基金托管、企业年金和投资银行。"财富账户"则是一个多币种存款账户

---

① 曾平、王小章：《脱胎换骨地推动经营的转型——访兴业银行行长李仁杰》，载《今日中国》，2005（10）。

② 吴满鑫：《招商银行的战略转型》，载《新财经》，2005（6）。

和投资账户合一的综合管理平台。（2）资产结构调整。逐步降低信贷资产比重；降低一般性贷款比重，提高票据贴现的比重；降低对公贷款比重，提升个人贷款比重。（3）负债结构调整。逐步提高储蓄存款占比，适当增加主动负债。（4）收入结构调整，提高对私业务收入的比例和非利差收入的比例。（5）客户结构调整。实现从优质大客户为主向优质大中客户并重转变；在零售客户方面，大力拓展金葵花高端客户群和金卡中端客户群。

（四）兴业银行转型案例①

1988 年 8 月，福建兴业银行诞生。但是，福建兴业银行当时仅限于福建省内经营。后来，兴业银行一直要突破这个限制。1996 年设立上海分行，1998，设立兴业银行深圳分行。2003 年 3 月 3 日，"福建兴业银行"正式更名为"兴业银行"。2003 年 12 月，兴业银行引入战略投资者 27 亿元资本金，三家境外战略投资者，香港恒生银行、国际金融公司（IFC）、新加坡政府直接投资有限公司，共认购兴业银行发行的 99 亿新股，在总股份中占 24.98%。

兴业银行要求三家外资方在下列方面提供帮助：公司治理、IT 建设和中小企业贷款的技术问题。兴业银行与外方在零售业务、风险管理、管理会计、审计业务和管理线等方面进行了深入交流，提升了自己的核心业务能力。可以说，引入战略投资者后，兴业银行开始强化资本约束，摒弃一味通过规模扩张实现业务增长的发展模式，强调有限资本对资产风险的覆盖，并在经营视野、市场定位、观念（包括用人机制）等方面发生了全方位的变化。

兴业银行将传统存贷业务与增值服务并重。首先，大力发展零售业务，加强市场细分，明确资源投入重点。其次，推进组织再造，提升专业服务能力，改革考核方式，优化资源配置。最后，深化信息技术应用，为战略转型服务。由于资本市场，包括债券市场的发展，企业的议价能力在不断地提高，仍然以机构业务为主的盈利模式必须转变。

兴业银行成功收购佛山银行。首先对对方资产状况进行准确的评估和判断，拿出 4 亿元作为处置不良资产的代价，其他不良资产由政府负责处置，从而降低了并购风险。其次，用兴业银行的优秀文化对佛山银行进行整合。最后是 IT 的整合，两个 IT 系统成功进行合并。

兴业银行上市后，通过 IPO、配股、增发可转债等方式补充资本，解决资产不断膨胀所需要的资本补充问题。

---

① 陶燕燕：《李仁杰解读兴业银行》，载《银行家》，2005（8）。

二、小银行转型的大背景

(一)"十一五"时期小银行发展存在不少问题

小银行市场定位不清晰、不准确,业务经营同质化,盲目与大中型银行抢大项目和大企业,甚至向政府融资平台融资。信用风险及风险集中度不断上升,基层机构内控管理薄弱导致的操作风险频发,各类违规不断。激励周期较短导致经营浮躁,管理者关注长期风险不够,风险隐患不断聚集。一些城市商业银行异地分支机构扩张过快,管理跟不上,对总行的风险管理、成本控制、信息支撑以及人才储备等带来严峻挑战。如果不重视这些问题,可能带来地方银行系统的严重灾难。[①]

(二)"十二五"对小银行提出了新需求

"十二五"期间,我国经济金融发展将迎来一个新的时期,地方中小银行在赢得发展新机遇的同时,也面临着许多新的挑战和考验。

一是货币政策逐步回归常态,各种货币政策工具的频繁使用加大了银行经营的不确定性。"拼网络、拼价格、拼关系、拼费用"的粗放式发展道路在不断变化的宏观环境下,可能无所适从。

二是利率市场化趋势愈益明朗,冲击着银行原有经营管理和发展模式。地方中小银行科学预测、准确把握利率走势,健全利率风险管理机制,大力推进产品、业务与服务创新,形成核心竞争能力。

三是客户需求层次不断提高,客观要求银行增强创新发展与核心竞争能力。在引进、消化同业创新经验的基础上进行再创新,实现创新产品和服务在本行的成功"嫁接"。先行先试,开展与保险、证券等多种形式的合作,大力发展代理、理财、银行卡等业务,不断拓宽中间业务收入来源,提升中间业务收入在各项业务收入中的占比。特别是利用总部和地缘优势分析目标客户群体金融需求,立足社区、立足"三农"、立足中小企业进行金融产品、信用工具和结算渠道创新,大力开发新兴金融业务。开展"银园合作"、"信用共同体"等一些各具特色、行之有效的新型产品和服务模式。

四是随着《巴塞尔协议Ⅲ》的实施和新监管框架摆上日程,在资本补充、流动性管理等方面对银行风险抵御能力提出了更高要求。

五是金融产品价格对银行经营的杠杆作用将越来越明显,银行业的竞争必

---

① 曾向阳:《地方中小银行的转型路径》,载《中国金融》,2011(14)。

将更加激烈。由于中小银行议价能力与国有银行和股份制银行相比处于明显劣势，可能导致传统业务利差收窄、经营收入减少，经营压力随之加大。

"十二五"规划的实施，客观上要求建立与经济结构、产业结构、客户需求结构相适应的、分层次的、充分竞争的银行体系。

三、新监管标准下小银行转型的基本方向

（一）新监管标准的新要求

《巴塞尔协议Ⅲ》的实施带来了相关监管指标的变化，银监会也提出了新的监管框架。银监会从资本要求、杠杆率、拨备率、流动性等方面厘定了最新的监管标准。新的资本充足率监管标准对核心一级资本、一级资本和总资本等三个最低资本要求更高，并要求所有银行都设置超额资本以抵御经济周期波动。动态拨备与贷款的比例原则上不低于2.5%，贷款损失准备金占不良贷款的比例原则上不低于150%，两者哪个高就按哪个执行。

小银行需要完善资本补充机制，优化资产期限配置，强化流动性风险管理。我国商业银行过度依赖于存贷利差的盈利模式是不可持续的，必须加快业务结构调整，实现收入结构多元化。

（二）优化信贷资源配置

小银行的信贷投放一般考虑国家和当地的产业政策指引，但是，要注意融资平台、房地产等领域的信贷风险，切实做好风险防范。日照银行打造物流银行，在物流行业集中配置大量信贷资源。日照港的年吞吐量超过两亿吨，在全国大港当中名列第八位。日照银行发挥港口优势，服务于物流中小企业，把金融资本和物流资本融合起来，效果很好。

（三）企业客户小微化

在不同的行政区域，不同的经济区域和产业区域，中小企业的概念界定是不同的。不管怎样界定，小银行都面临着中型银行在小企业金融服务方面的竞争。华夏银行提出全力打造"中小企业金融服务商"的战略转型目标，民生银行提出要打造民营企业的银行、小微企业的银行和高端客户的银行的战略目标。这些股份制银行都认为："小企业金融服务"将会成为中国银行业的"大未来"。

与此相反，部分小银行盲目"傍大款、垒大户"。但是，小银行欲长久维

持与大客户的关系，付出的代价更大①。银行与客户可以看做是一种"门当户对的婚姻"关系。大企业处于强势地位，如果"离婚"的话，成本相对较小；而中小银行与大企业的"婚姻关系"破裂的话，往往会带来难以承受的损失。

包商银行从 2004 年开始实施市场战略转型，明确了以小企业为核心客户的市场定位。之后，包商银行进行了产品的转型、业务渠道的转型以及服务理念的转型，以及培训转型和 IT 系统的转型。

台州银行以"简单、方便、快捷"作为品牌，品牌标语出现所有的银行LOGO 上，包括名片。台州银行主要以小企业为服务对象，不良贷款率在0.3%。250 亿元的贷款，坏账只有 7000 万元，占 0.25%。小企业信贷利润非常丰厚，台州银行连续五年的总资产收益率都超过 2%。

北京银行的"小巨人"服务品牌值得小银行借鉴。该产品根据中小企业的生命周期，为不同发展阶段的企业提供差异化的产品组合服务，满足中小企业融资"小、快、灵"（金额小、需求快、借贷方式灵活）的要求。

（四）收入结构多元化

小银行赖以生存的基础是存贷款业务。但在服务方面，要向财富管理转型。因为未来的中产阶级将是庞大的人群，小银行在当地有较多的客户基础和客户资源，在财富管理和教育等方面有较大的发展空间。小银行要对中小企业提供理财、财务并购、重组、基金、保险、租赁等方面的一揽子综合解决方案，提升服务能力。

（五）服务手段电子化

在服务手段电子化方面，小银行不宜单打独斗。我国各省农村信用社联社开发出来的 IT 系统供全省使用，德国的小银行信息化机制也类似。

德国中小银行共同出资组建代表中小银行利益的合作集团。该集团为中小银行提供技术和网络支持，统一建立业务平台、开发业务系统、研发金融产品。通过这种合作安排，各家中小商业银行仍具备独立法人资格，其管理层次少，决策链条短，保证了决策机制灵活高效。

（六）加强全面风险管理体系建设

提高利率风险等的管理能力。中国银行业由国家确定利率，没有实现利率市场化。在利率市场化的推进过程中，利率风险凸显，中国银行业将重新洗牌。尽管小银行风险防范很重要，但也要"戒"片面地追求低风险。因为小

---

① 高自强、张明贵：《中小银行经营转型的趋势》，载《中国金融》，2011（4）。

银行干的就是小企业贷款风险高的活儿，风险被消极地"防"住了，但收益没有了也是不行的。

（七）平衡规模扩张、地域扩张与效益的关系

一些规模较大、业绩较好、竞争力较强的城市商业银行往往通过在异地设立分支机构、参股、控股或兼并其他城市商业银行等方式迅速做大做强，比如北京银行、华夏银行等。但城市商业银行要平衡规模与质量，适度跨区域经营，要进行跨区域扩张效果评估，防止盲目"跑马圈地"导致风险失控。因为小银行从一个区域性银行走向全国，会在人才、IT 支持、管理等一系列问题上遇到瓶颈，须认真克服，练好内功。沧州银行扩张时非常缺乏领导人才，想建一家支行，找不到行长，再就是缺科技人才。

第五节　小银行的并购与上市

国外的大银行都是从小银行一步一步成功的并购成长起来的，比如花旗银行一开始也是小银行。所以，小银行的并购与上市是小银行成长为大银行的一条重要路径。

一、小银行并购与上市的理论分析

对于城市信用社和农村信用社等小银行，地方政府倾向于通过行政及市场的力量，将它们合并成一个中型银行。有时候，合并前的小银行还保持法人地位，类似于收购；有时候，合并前的小银行的法人地位消失，即吸收合并。

实现跨区域经营是部分小银行的重要发展战略，追求规模效应[1]。小银行通过联合重组，发展成为区域性商业银行，如：以省会城市商业银行为龙头，吸收地方城市商业银行及信用社组建，如徽商银行、晋商银行；由二线城市的城市商业银行及信用社合并组建，如江苏银行、长安银行；由各县的农村信用社联社重组成的省农村信用社联社。商业银行面临着倒"U"形平均成本函数，经营规模过大或过小都不经济。当一家小银行扩大规模时，其平均成本会下降，但到一定程度时，单位平均成本会逐渐上升。银行只有处于"适度规模"的经营状态，管理费用才会降低，盈利才会增大，业务开发与服务手段才

---

① 王潇：《中小银行差异化经营的国际经验及启示》，载《中国金融》，2010（18）。

能完善，防范和分散金融风险的能力才会提高。

通过引入战略投资者，完善公司治理结构。城市商业银行公司治理上存在的政府过度干预和内部人控制等问题，很大程度上是源于地方政府"一股独大"的股权结构。因此，通过引入战略投资者，完善城市商业银行的所有权结构，形成有一定刚性约束的资本运营机制，防止董事和高级管理人员的任命出现行政化倾向，有利于减轻行政干预的副作用。

迎接国内外"巨无霸"银行的生死竞争。发达国家银行全能化、大型化的发展动摇了大中小银行分级体系协同发展的基础，中小银行倒闭数量日增。随着银行网络化、电子化经营的发展，以及银行表外业务的激烈竞争，发达国家将更注重"金融航空母舰"的发展，其卓越的理财服务等能力使小银行的发展空间将越来越小[1]。2000年，发达国家中小银行占市场份额的20%，但前景并不明朗。在2000年前的15年内，美国银行数从15000家左右下降到8984家，这消失的近7000家银行多数是地方中小银行。中小银行由于规模小，缺少分支机构，很容易受到经济衰退的影响，其竞争力很难抵制大银行"巨无霸式"的扩张。

二、小银行并购与上市实务

（一）A股IPO发行审核制度

发行审核制度的核心内容是股票发行决定权的归属，国际上有两种类型：（1）政府主导型的核准制。要求发行人在发行证券过程中，要公开披露有关信息，而且必须符合一系列实质条件。（2）市场主导型的注册制。要求发行人在股票发行前必须按照法定程序向监管部门提交有关信息，申请注册，并对信息的完整、准确、真实性负责。这种制度强调市场对股票发行的决定权。

我国证券市场发行审核制度经过了额度制（1993—2000年）、核准（通道）制（2001—2004年）、保荐制（2004年至今）的演变。额度制对发行规模和发行企业数量进行双重控制。每年由证券主管部门下达公开发行股票的数量总规模，并在此限额内，各地方和各部委切分额度，再由地方或部委预选企业，上报中国证监会。股票发行核准制取消计划额度管理办法，取消省政府、

---

① 程惠霞、杜奎峰：《全球银行业购并浪潮下中小银行的走向分析》，载《国际金融研究》，2000（5）。

部委推荐，由主承销商推荐发行公司，发行审核委员会审核发行申请文件，中国证监会核准公司的发行上市申请。由主承销商培育、选择、推荐企业，发行规模由企业自主决定。另外，公司提出发行申请前，由主承销商进行辅导。用友软件是中国资本市场核准制下第一家上市公司。先后共有 200 多家企业上市筹资 2000 多亿元。

保荐制进一步加强了市场参与主体的功能及对应的责、权、利。保荐制主要由保荐人与保荐代表人两部分组成。保荐人负责发行人的辅导和上市推荐，核实公司改选申请文件的真实、准确和完整，协助发行人建立信息披露制度。保荐人还须承担公司上市后的持续督导责任，同时，还将责任落实到个人，即保荐代表人。一家公司总裁的发行申请必须由两个保荐代表人负责推荐。

国际上股票发行审核包括"完全信息披露主义"和"实质性审核主义"两种模式。我国是两种模式的结合。但是，目前，我国越来越转向强制信息披露与合规性审核，并发挥发审委的独立审核功能。而注册制则强调完全信息披露，将风险判断留给市场，不再进行实质性审核。保荐制未来的发展方向就是注册制。

（二）A 股 IPO 的申报审核

1. IPO 发行总流程

小银行 IPO 过程是一个耗时耗力的过程，一般花费要几千万元。第一阶段是内部决策及发行准备阶段，通常需要保荐人的参与。改制和重组等基本工作完成之后，保荐人开始辅导公司进行上市准备。第二阶段是申报审核阶段，第三阶段是发行上市阶段。

申报审核阶段包括完成发行准备工作、证监会申报与受理、取得发行批文、发审会审核、证监会审核与反馈。

2. 申报审核阶段的总体程序

全套申报材料包括说明书，还包括财务资料、法律文件、募股项目有关资料、中介机构意见。招股说明书是申报材料的核心文件，全面披露发行人的各方面情况，有严格的披露要求，内容必须真实、完整、客观。它既是法律文件，也是招股推介的重要材料，撰写时还应兼顾发行需求，充分展示股份公司的投资亮点。财务资料包括审计、评估、验资、税收、各类专项报告等。法律文件包括各类协议、承诺、合同、证明、政府批文、公司治理等。中介机构意见包括保荐机构的保荐书和律师的意见书等。

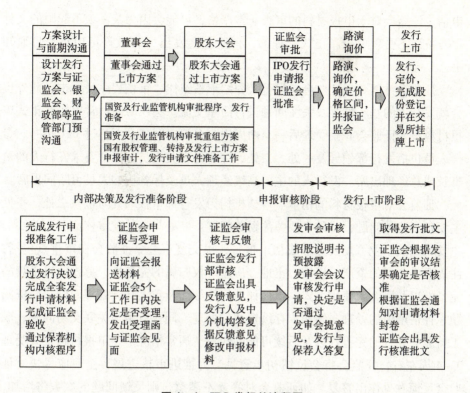

图 4 – 4　IPO 发行总流程图

证监局辅导验收。辅导对象有发行人的董事、监事和高级经理人员、持有5%以上股份的股东和实际控股人，辅导内容包括与上市相关的法规知识、证券市场知识和财务知识。辅导目的是确保对象全面掌握发行上市、规范运作等方面有关法律法规和规则，知悉信息披露和履行承诺等方面的责任与义务。辅导完成后，需由发行人所在地的派出机构进行辅导验收。

保荐机构内核。保荐机构有专门的内核部门，在申报证监会前，对发行上市的项目执行过程以及最终申请文件进行内部核查。保荐机构内核小组以内核会议的形式对项目进行审议，并以股票方式决定是否同意推荐。内核小组成员包括保荐机构的风险控制、资本市场、研究、内核等多部门人员，并包括外聘律师以及会计师，具有高度的独立性。通过保荐机构内核是向证监会申报的必要前提。

正式申报，A 股正式申报是启动 A 股发行的常规程序。申报材料报送证监会时，证监会有专人负责审查申报材料在内容和形式上的规范、齐备性。只有在发行人正式申报文件齐备并符合其要求的情况下，才会正式受理 A 股发行申请。证监会对于申报材料的审查非常严格，可能会因为某一项不起眼的文件不齐备而不受理申报。正式受理的，证监会会发出《行政许可申请受理通知书》。

证监会见面会。证监会向发行人介绍审核纪律、审核程序及要求，此外也会就发行人的基本情况及关注问题进行简单交流。会议时间通常安排在正式申报材料报入证监会并获受理后一至两周内，会议时间通常不超过 1 个小时。参会人员包括发行部领导及一处、二处、综合处有关人员，通常要求发行人的董事长或总经理出席。发行人的主要高级经理人员及保荐机构人员可陪同出席。

证监会对申报材料的初审。审核机构为发行部审核一处与审核二处，一处主要负责法律问题，二处主要关注财务问题。一处与二处就审核情况、关注的主要问题及企业答复要点形成初审报告，提交复审会。证监会初审重点包括：注入股份公司的资产、资质、土地、房屋产权归属的完备性；募投项目手续的完备性以及资金后使用方式；审计评估问题如涉及重大会计处理原则、验资问题、评估增值的处理与转回；存续资产的处理、同业竞争与关联交易问题；职工持股会处理的完善性以及后续可能的纠纷。通常情况下，申报材料正式受理3~4 周左右，证监会将会反馈初步意见。为推进审核进展，企业应尽快对证监会反馈意见作出答复。如证监会对答复不满意，则反馈问题的次数将增加，审核时间拉长；如果存在严重问题，则审核材料会被退回。

发审会审核。企业及中介机构按照要求落实反馈意见，需进行预披露，预披露文件将公布在中国证监会网站，提供投资者监督。相关保荐机构应当在收到通知后 5 个工作日内提交相关材料。7 名发审委委员采用记名投票方式，5人投赞成票通过，赞成票不足 5 票未获通过，发审委员不得投弃权票。发审委员会由中国证监会的专业人员和中国证监会外的有关专家组成，由中国证监会聘任。会议流程包括会议通知、发审会议和公告三个阶段。发审会召开前 5日，证监会将会议通知、发行申请材料、初审报告送达参会的发审委委员。证监会网站公布发审委会议审核的发行人名单、会议时间、发行人承诺函和参会发审委委员名单。发审会的主要流程：预审员向发审委委员介绍审核情况，并就有关问题提供说明；委员就预审报告中提请委员关注的问题和发现的其他问题逐一发表意见；发行人代表和保荐人代表到会接受询问；发审委委员就预审报告、申报材料提问；发行人代表回答；召集人总结审核意见；休会，发审委委员商议表决；公布结果。

取得发行批文。发审会结束后，发行人通常会取得发审会出具的审核意见，保荐人及企业必须对发审会的审核意见尽快作出答复。证监会将审核答复情况，并决定是否允许进入封卷程序。此后，证监会核发准许发行 A 股的批文。发行批文的给予时间是监管机构调节发行节奏的重要手段。

（三）小银行上市过程

1. 我国发行定价制度的演进

1996 年 12 月前，核定股票发行价格是市盈率的 15 倍，计算依据是盈利预测中的每股收益。该项方法的缺点是盈利预测是一个主观数据，随意性大。

1997 年 1 月至 1998 年 3 月。新股发行以过去三年已实现每股收益的算术平均值为依据，核定市盈率 15 倍。该项方法的缺点是未体现上市公司的成长性对定价的影响。

1998 年 3 月至 1999 年 3 月，新股发行价格以预测的发行当年加权平均每股收益为依据。方法与 1996 年 12 月前又相同。

1999 年 3 月至 2001 年 6 月，在股票发行数量受行政严格控制的情况下，提出新股发行的市场化定价模式，要求发行人与主承销商共同提供定价分析报告，作为核准发行价格的重要依据，监管部门不再规定具体的发行市盈率。这种方法缺点是"单边化定价模式"导致很多股票的发行市盈率高达 40 倍以上，但上市后并未表现出很高的业绩成长性。

2001 年 7 月至 2004 年 9 月，新股发行体制从审批制向审核制转变，恢复了核定新股发行市盈率的办法，不鼓励发行人做盈利预测，以发行前一年的每股收益为依据，市盈率不超过 20 倍。纠正了"单边市场化定价"的缺陷，但也造成了部分发行人操纵发行价格。

2005 年 1 月至 2012 年 5 月，实行询价制。由保荐机构提供估值报告，向取得资格的机构投资者进行初步询价，确定发行价格区间，再通过累计投标询价确定最终发行价格。

2012 年 5 月至今，可以以向询价对象询价的方式，也可以通过发行人与主承销商自主协商直接定价的方式。发行人应当在发行公告中说明本次发行股票的定价方式。

2. 发行上市阶段的总体程序

获得发行批文到股权登记和挂牌上市共经过 8 个环节。

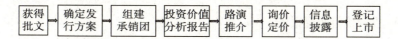

3. 发行上市阶段的主要工作

发行方案的制订其实在取得发行批文前即已开始设计，内容包括发行规模、发行结构、回拨机制、定价程序等。发行方案在发审会通过后需发行人与证监会沟通。

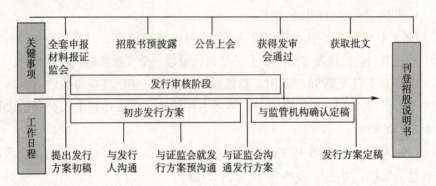

图4-5　发行方案相关工作时间安排

4. 组建承销团

根据监管规定，向不特定对象发行的证券面值超过 5000 万元时的项目，需要组建承销团。主承销商由资本市场部牵头完成，具体成员名单与发行人协商。承销团包括主承销商、副主承销商和分销商。一个发行项目从前期准备、股票推介、发行执行过程一直到上市报批登记等所有相关环节皆由主承销商完成，副主承销商和分销商在发行中的实质性作用有限。

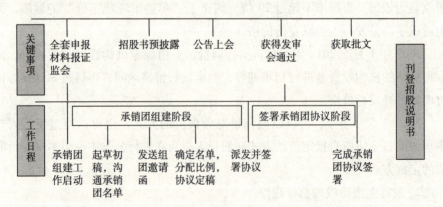

图4-6　承销团组建相关工作时间安排

5. 投资价值研究报告

研究报告的目标为公司在行业中定位，提出领先的价值评估，突出公司亮点、发掘投资价值，促使需求最优化，并提高销售人员对公司的认识。投资价值分析报告是法定要求提供给询价对象的资料，也是必须向监管机构报备的文件，由主承销商的研究人员负责提供。投资价值分析报告在初步询价阶段发给全体询价对象，是询价对象进行报价的重要依据，需要发行人与主承销商研究员保持沟通。

研究报告的主要内容有：行业分析与前瞻；投资故事；盈利预测；公司估值。

6. 路演

路演分为三个阶段：分析师预路演、管理层预路演、正式路演与网上路演。分析师预路演是了解投资者反馈，确定价格区间的重要依据。该阶段派发投资价值分析报告，制定合理的预路演推介方案，覆盖主要的询价机构。分析师进行预路演推介方案，了解投资者的反馈。形式包括一对一、一对多、电话会议等。管理层预路演是确定合理价格区间的关键时期。管理层向询价对象推介公司投资价值，回答投资者问题。形式包括一对一、一对多、午餐会等。正式路演争取尽可能多的机构投资者参与申购。网上路演是散户投资者与公司高管对话的唯一途径。成功的网上路演有利于上市定位和公司形象，有助于最大限度地完善发行人与投资者的关系。

（四）小银行上市中的询价定价和信息披露

1. 小银行上市中的询价定价

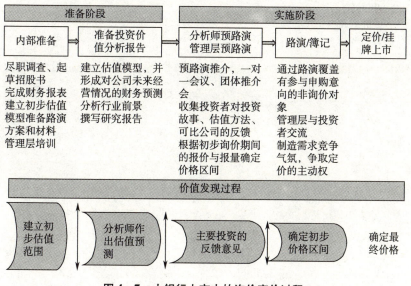

图 4 – 7　小银行上市中的询价定价过程

2. 信息披露

A 股发行阶段相关公告主要由主承销商资本市场部撰写，经发行人与监管机构确认后，同时在交易所网站发布并在主要报纸刊登。主承销商及发行人的相关人员在公告刊登前要去报社校稿。

需要披露的内容较多。（1）落实证监会的反馈意见后，需要在中国证监会网站预披露招股说明书，公告招股意向书及其摘要，公告本次发行的董事会决议、股东会决议，公告发行保荐书、发行保荐工作报告。（2）T-5，公告律师工作报告、法律意见书、补充法律意见书，公告审计报告、内部控制鉴证报告、非经常损益专项报告，公告公司章程，公告证监会核准批复，A 股初步询价及推介公告。（3）T-2，A 股网上路演公告，公告招股说明书及其摘要。（4）T，发行公告，投资风险特别公告。（5）T+3，网上定价发行申购情况及中签率公告，网下配售结果公告。（6）T+4，网上定价发行摇号中签结果公告。（7）T+10 左右，刊登上市公告书。

第五章　国内外小银行
业务创新与发展战略

按业务复杂程度和对网点依赖程度，银行业务可分为传统业务和复杂业务。按照其资产负债表的构成，银行业务主要分为三类：负债业务、资产业务、中间业务。负债业务是商业银行形成资金来源的业务，是商业银行中间业务和资产的重要基础。商业银行负债业务主要由存款业务、借款业务构成。资产业务是商业银行运用资金的业务，包括贷款业务、证券投资业务、现金资产业务。中间业务是指不构成商业银行表内资产、表内负债，形成银行非利息收入的业务，包括交易业务、清算业务、支付结算业务、银行卡业务、代理业务、托管业务、担保业务、承诺业务、理财业务、电子银行业务、国际业务。

第一节　国内外小银行手机银行业务创新与发展战略

一、手机银行业务发展的三个阶段

手机银行是指客户利用手机这个平台，任何时间、任何地点，进行账户查询、交易、缴费等操作，为客户提供简便、易用、快捷的金融服务。建立在手机电脑化基础上的手机银行将给金融业带来颠覆性的革命。

手机银行的发展经过三个阶段。一是短信手机银行（2000—2003 年）。21世纪初，工商银行、中国银行、建设银行、招商银行分别与中国移动、中国联通合作，陆续推出了基于短信方式的手机银行。客户向银行发送指定格式的短信，使用账户查询、缴费等简单的金融服务。短信方式虽然提供了查账、转账等功能，但是，界面太小，操作起来不方便，保密性、安全性也有漏洞。操作起来需要逐条短信与银行主机应答，且操作者必须知道发送何种短信来启动与银行主机的对话。这些条件对于普通手机持有人来说，太苛刻了。这是短信手机银行难以普遍推开的重要原因。二是 WAP 手机银行（2004—2009 年），适用于 2G 技术。这一时期移动互联网门户蓬勃发展，CNN、新浪等一系列传统互联网信息服务商纷纷推出手机网站，银行业随之研发了基于 WAP 技术标准的手机银行产品，与短信相比，WAP 手机银行具有图形化操作界面和加密机制，产品功能相对丰富，客户体验也更加流畅。WAP 手机银行仍然受到手机操作不够方便，操作界面较小等的限制。三是客户端手机银行（2009 年至今），3G 技术。智能手机的研发和普及引领全球手机银行进入了一个崭新的应用时代。Iphone 手机和苹果应用商店的问世彻底颠覆了人们对手机的认识。美国银行、富国银行等著名的金融同业迅速响应"手机 PC 化"潮流，相继在苹果商店部署了针对 Iphone 手机的金融应用。这些客户端手机银行不仅提供金融服务，更融合了"多点触控"、"重力感应"、"位置服务"等先进的终端特点，为客户带来随时、随地、随身、焕然一新的金融体验①。手机银行上网收取流量费，则是制约用户使用手机银行的重要因素。此外，手机操作系统和硬件多种多样，且快速更新，这也制约了小银行手机银行的开发能力和对客户的服务能力。

手机技术仍然在快速革新中，一旦手机主流技术与平台实现了标准化，那么手机银行全面普及的时代就来临了。那时，伴随着手机电子商务，这个世界的生活方式将会发生巨大的变化。目前，还很难预测具体结果。但是，手机银行与手机电子商务前途无量则是商界的共识。

二、手机银行的业务

"3G 时代银行随身带"。如果：无线通信免费，且网速、信号强度等可以媲美宽带；手机终端界面较大，成本较低；手机操作系统稳定，安全防毒；手机内存和外存较大。则 3G 手机及其业务就得到了解放。

鉴于手机银行技术的快速更新，我们着眼于未来的先进技术，进行描述②。

一是"金融助手"，无须登录，即可轻松查阅最新、最实用的金融资讯，包括存贷款利率、基金净值、外汇实时汇率、黄金市场行情、理财产品净值等

---

① 熊俊、陆军：《国内和欧美手机银行业务发展的实践与创新》，载《金融论坛》，2011（3）。
② 汤运筹：《手机银行业务发展中的问题及对策研究》，载《银企信用》，2011（11）。

金融资讯以及按揭贷款计算器、外汇兑换计算器等多种理财工具，以及营业网点地图、自动柜员机（ATM）地址、24 小时自助银行地址等。招商银行的 iPhone 手机版银行已经具备了这些功能。

二是查询、缴费、贷款、信用卡业务，包括账户查询、余额查询、账户明细、交易明细、转账汇款、银行代收的水电费、电话费等。

三是购物业务，客户将手机信息与银行系统绑定后，通过手机银行平台购买商品。招商银行的"掌上生活"，用户不但可从手机上购买电影票，更可在手机上预订影院座位；并设有"特惠快讯"、"特惠商户"、"手机商城"等栏目，使用户可以查询吃喝玩乐等最劲爆资讯，成就最时尚的掌上生活。

四是投资理财业务，包括购买理财产品、基金及银证转账、结售汇、炒股、炒汇等。工商银行的手机贵金属，交通银行的手机取现等特色产品得到市场的广泛认可。

五是手机小额支付业务。中国移动相继在北京、上海、杭州、广州等地试点，其手机支付技术方案是采用 2.4G 赫兹的 RFIDSIM 卡技术，用户只需更换 SIM 卡即可使用，无须银联介入。2010 年 3 月，中国移动入股浦发银行，为大规模开展手机支付做准备。与此同时，2011 年，中国银联基于 NFC 技术开发新一代手机支付系统，该系统相继在广东、山东、福建等 24 个省市推广，并计划进一步扩展试点范围。同年，中国工商银行推出了国内首张移动支付双币信用卡①。

三、手机银行的技术演进

工商银行和招商银行的手机银行②都是采用 STK 方式或 SMS 方式实现的；建设银行的手机银行基于 BREW 方式实现；服务于 CDMA 手机，交通银行和北京商业银行开通了 WAP 方式的手机银行。另外也实现一点接入、多家支付。如中国银联旗下的在线支付，就集合了几十家银行的网络银行，在网上为网民提供非常便捷的进入服务。伴随着技术升级，手机银行的功能也不断升级。人手一部手机，直接把银行装在了口袋里面。自从有了智能手机和平板电脑，消费者想甩掉钱包，银行也在想方设法取代那张银行卡片。银行新战场已经摆在

---

① 饶鹏：《手机银行发展现状比较及启示》，载《金融与经济》，2012（02）。

② 李壮、孙英隽、陈妍：《我国手机银行发展的模式选择与对策分析》，载《经济问题探索》，2011（9）。

眼前，在这场战役中，手机银行是小银行"超车"大中型银行的利器，还是大中型银行"宰杀"小银行的利器，现在，还难以下定论。不管怎么说，网点相对较少的中小银行和外资银行借助手机银行，可以弥补自己网点乃至ATM数量少的劣势，却是不争的事实。

（一）电话银行

电话银行是指使用计算机电话集成技术，利用电话自助语音和人工服务方式为客户提供账户信息查询、转账汇款、缴费支付、投资理财、业务咨询等金融服务的电子银行业务。电话银行在我国基本普及。手机也可以享受电话银行服务，如只要拿起手机拨打96528，就可以得到宁波银行为客户提供的一揽子金融服务。

电话银行的缺点就是安全性一般，电话老占线，语音播报速度慢，功能也比网上银行简单。

（二）短信息模式（Short Message Service SMS）

目前，所有银行都开通了这类业务。短信息模式实现方式比较原始，用户要记忆和输入一大串字符，虽然交易记录会留在手机和通信运营商的服务器里，但是安全级别仍然较低，抵御风险的能力偏弱，而且功能有限，只能开通诸如变更通知、简单查询、手机缴费和部分小额支付功能，交互性也比较差。

（三）STK模式

STK是英文SIM Tool Kit的缩写，又称"用户识别应用发展工具"，是在GSM手机使用的大容量SIM卡中开发的应用菜单。STK卡是SIM卡的升级版，比后者拥有更大的存储量，可以存储更多的信息。同时，STK卡内含一个微处理器（CPU），具有一定的数据处理和运算能力。STK卡配备了STK软件，依托移动无线网络，客户可以通过操作手机智能菜单，以短信息作为传输手段，将需要办理的信息查询和转账支付业务等传递给银行，银行再将业务处理结果实时传递给用户。因此，通过这种模式处理银行业务，需要用户将手机的SIM卡更换成STK卡。STK是用一种小型编程语言开发的增值业务命令，允许基于智能卡的用户身份识别模块运行自己的应用软件。早在2000年，中国建设银行就与中国移动合作推出了STK手机银行，提供账户查询等基本服务。

STK模式作为首先应用于手机银行中的技术，安全性有了较大的提高，其完善的身份认证机制可以有效保障交易安全。同时，该模式将银行业务菜单写入特制的STK卡，操作简便，易于被用户接受。但是，STK模式也有不少缺陷。由于STK卡容量有限，只有32K，因此一般情况下在一张卡里只能写入一家银行的应用程序，而且不能更改。另外，STK 卡的安全性虽然有了较大的提高，但交易记录会在网络运营商的服务器里留下痕迹，从而存在潜在的安全隐患。

（四）"手机钱包"

"手机钱包"有两种实现方式，一种是通过手机话费支付，另一种是通过内置于手机中的芯片在通信运营商提供的专门 POS 机上进行刷卡消费。

前者实际上就是用户将现金以手机话费的方式交付给通信运营商，通信运营商再与相关商家合作，根据客户的指令支付水费、电费，购买彩票，进行个人捐款等。这种方式并没有普及。

后者是采用了一种近距离无线通讯技术 NFC（Near Field Communication），在手机中内置具备 NFC 功能的感应器，将手机变成一个免触碰卡。这样手机就具备了信用卡和提款卡的功能，购物时只需将手机在终端机上一晃，就可以进行货款结算。"手机钱包"常常是指这种手机，是日本手机银行领域的主流支付方式。在我国，这种支付方式主要应用在公交、地铁、便利店和超市等领域，普及率远低于预期。究其原因，一是因为我国消费者的消费习惯难以在短期内改变；二是加盟商家过少，尚未形成完整的产业链；三是主导方通信运营商和银行不够重视，定位不清；四是安全性还有待提高。

（五）USSD 模式

USSD（Unstructured Supplementary Service Data），即非结构化补充数据业务，是一种基于 GSM 网络的新型交互式数据业务。USSD 消息通过 7 号信令（SS7）通道传输，可与各种应用业务保持对话。USSD 可将现有的 GSM 网络作为一个透明载体，通信运营商通过 USSD 自行制定符合本地用户需求的相关业务。这样，USSD 便可方便地为手机用户提供数据业务，而增加新的业务对原有系统几乎没有什么影响，这就保持了原有系统的稳定性。因此，USSD 技术可为客户提供如移动银行、金融股票交易、收发电子邮件、网上订票等种类繁多的增值业务。

基于 USSD 技术的手机银行在 2001 年就已出现。该模式的优势在于：首先，用户不需要像 STK 技术那样换卡，因为 USSD 技术适用于大多数型号的 GSM 手机；其次，USSD 技术可以实现交互式对话，实时在线，一笔交易仅需一次接入。

USSD 技术支持文字菜单信息的使用，使用的是运营商的语音信道，因此基于该模式的手机银行业务使用方便、价格低廉，但同时也具有一定的局限性，一是对于不同类型的手机，其显示的界面差异较大；二是从银行端到手机端的下行信息，无法实现端到端的加密，而且运营商的信道稳定性较差，在语音业务繁忙时段，常常出现网络繁忙甚至断线的情况。另外，各地运营商对该业务的支持情况不一，受网络支持的限制，无法实现全网互联，仅在部分地区试点，未能全国普及。

（六）K-Java 模式

K-Java 是专门用于嵌入式设备的 Java 应用程序，是 Java 技术在小型无线终端设备上的延伸，在 J2ME 平台上开发。K-Java 模式是针对手机资源受限设备的 Java 平台解决方案，采用 1024 位的 RSA 认证加密技术和 128 位的三重DES 加解密技术，安全性相对较高，其图形化界面使得操作非常简单。另外，与 USSD 模式一样，K-Java 模式也可以实现实时在线和交互式对话。以中国移动无线 Java 服务平台为例，用户只要使用支持 J2ME 功能的手机终端，就能通过该平台方便地处理各种银行业务，中国移动负责提供透明通道，并保证响应时间和实时通信。

但是 K-Java 模式也存在一定的局限性，一是现有安全保护机制未能与PKI 安全体系对接，二是由于各设备制造商对 J2ME 的支持不一致，不同型号的手机无法做到统一显示，需要对不同型号的手机和终端进行针对性的开发。

（七）BREW 模式

BREW 即无线二进制运行环境（Binary Runtime Environment for Wireless），是高通公司 2001 年推出的基于 CDMA 网络"无线互联网发射平台"上增值业务开发平台的基本平台。BREW 位于芯片软件系统层和应用软件层之间，提供通用的中间件，可以直接集成在芯片上，不必通过中间代码就可以直接执行命令，在整个系统中仅需占用约 150K 的存储空间。BREW 类似一个开放的 PC操作系统，正如可以在 Windows 中添加、删除程序一样，BREW 用户可以通过手机下载各种软件实现手机的个性化。BREW 支持各种加密算法，开发商只需直接通过 API 接口就可以调用对称加密算法 RC4、非对称算法 RSA、SSL 算法、HASH 函数等基本函数，不用再次开发，因此，如果有一个厂商使用BREW 设计了一款应用软件，所有装载该芯片的手机都可以使用。2004 年，中国建设银行与中国联通合作推出了基于 BREW 的手机银行，用户可以通过下载客户端软件在手机上办理查询、转账、外汇买卖等银行业务。

BREW 提供了一个高效、低成本、可扩展的应用程序执行环境，它的优缺点同 K-Java 类似，如实时在线、交互式对话、交易速度快、界面表达能力强等，但在安全性和终端表现的一致性上 BREW 要优于 K‑Java 方式。另外，BREW 是高通公司的专利技术，仅应用于 CDMA 手机，开放性不如 K‑Java，软件升级也不方便。

（八）WAP 模式

WAP（Wireless Application Protocol），即无线应用协议，是开发移动网络应用的一系列规范的组合，可将 Internet 的丰富信息及其他先进的电话业务引入手机等无线终端中。WAP 是移动 Internet 的通行标准，是一项全球性的网络通信协议。由于无线网络系统和固定网络系统不完全一样，加上移动终端的屏幕和键盘普遍都很小，所以 WAP 不适合采用 HTML（超文本标识语言），而需采用专门的 WML（无线标记语言），它提供了一个通用平台，将 Internet 网上的 HTML 语言的信息转换成用 WML 描述的信息，然后显示在移动终端的显示屏上。

2005 年，中国建设银行与中国联通合作推出 WAP 手机银行，开通该业务的客户可以通过手机内嵌的 WAP 浏览器访问银行网站，在线办理查询、缴费、转账、理财等银行业务。WAP 手机银行采用国际公认的工业标准和开放技术平台，优势非常明显：首先，银行需要投入的软件开发很少，仅需在网上银行的基础上开发 WML 版本即可；其次，用户无须下载客户端，可实时交易等。但是，由于消费者对涉及资金的交易安全性要求很高，所以部分客户对于 WAP 手机银行是否突破了技术安全瓶颈仍持怀疑态度。

手机银行的发展在很大程度上依赖电子信息技术和通信技术的发展。这几种模式各有优缺点，它们都是为了满足消费者的某些需求而出现的，问世时都获得了一定的发展。但是，由于技术的进步，新的、功能更强大的、更能满足消费者需求的发展模式就会出现，从而替代过时的技术，成为市场新的生力军。

手机银行技术复杂，这限制了小银行开发手机银行的能力。如果没有地方政府的支持，没有一定的技术联盟支持，小银行很难在手机银行业务创新上保持领先地位。所以，手机银行对于小银行来说，更多地意味着危机。

四、小银行手机银行业务发展的主要问题

我们认为，随着手机、电信、银行等行业的激烈竞争，标准化问题越来越突出。譬如，手机界面、技术指标等最终会有一个全行业的标准化。也就是说，手机行业最终会洗牌，剩下几家大公司，出现垄断竞争的局面[1]。这种局

---

[1] 汤运筹：《手机银行业务发展中的问题及对策研究》，载《银企信用》，2011（11）。

面的出现还需要时间。

（一）手机机型、网速、收费与技术标准等问题

1. 手机终端生产厂商生产的新机型层出不穷，技术指标多样化，导致手机银行软件需要解决与不同手机机型的适配性问题。

2. 无线网速慢与收费问题

由于无线信号不稳定，覆盖不全面，导致手机银行登录慢、响应速度慢，加上界面小，内存小所导致的页面操作复杂，功能少，以及收费高等问题，根本制约了手机银行的普及。由于现在的网上资源往往较大，客户一不小心往往被无辜收取了较大金额的费用，使普通客户对流量充满警惕。

3. 手机银行技术标准缺乏

各家银行的手机银行业务范围不同，且彼此不能兼容，无法实现银行之间的转账操作和资源共享。手机银行在接口以及用户界面标准方面的不同，造成一家银行一个接口、一家银行一个用户界面，给用户带来不便。

（二）用户体验、利益分配、产业链、监管等问题

1. 用户体验差

手机网络不稳定，速度忽快忽慢，操作较复杂；信用卡、网上银行、手机短信诈骗等案件频发，使客户谨慎甚至拒绝手机银行操作。用户以高学历、高收入的年轻人为主，忽视农村和边远地区的用户。

2. 利益分配不均，手机订餐、订票、订座、订货等产业链不完善

手机银行业务涉及银行、移动运营商和系统集成商三个环节，要实现跨行业务，就需重新分配各方既得利益，有赖于监管部门制定出一个业内通用的分成比例。受刷卡费率较低以及利润分成混乱等因素制约，利润率太低，导致手机银行业务参与各方动力不足。欧洲电信运营商与餐厅、电影院、航空公司等第三方建立合作关系，实现了手机网上订餐、订票、订座等多种服务，在日本使用 DoCoMo3G 手机的用户，用手机就可以轻松购买商品。我国的手机银行业务由于受技术、流程、合作伙伴、产品、服务质量等方面的制约，针对实物产品的购买支付活动还非常少。

（三）手机银行安全的责任认定、损失补偿、保障机制等问题

1. 手机银行本身的技术基础不够牢固

手机银行是计算机软件、数据库、数据存储及网络等多项技术，任何环节的缺失都会给这项业务带来灾难性的后果。

2. 手机银行越来越成为犯罪目标

一份调查报告显示，2010 年新增"钓鱼网站"175 万个，比 2009 年增长 11 倍。继中国银行钓鱼网站系列短信诈骗案后，骗子们转而投向新生的手机银行业务，部分客户在骗子的恐吓和欺骗下信以为真，把口令卡的内容转述给对方，款被转走。

五、小银行手机银行业务发展的建议

手机银行降低了小银行业务扩张建立新网点的成本和处理小额交易的成本，便利了低收入人群和偏远地区人们获取金融服务。同时，由于手机上网具有传统服务所缺乏的移动性、互动性、全天候性和便捷性的特点。小银行与大中型商业银行争夺手机银行未来市场既然是迫不得已的选择①，就要主动而为之。

（一）组织与实施方面

1. 小银行的手机银行业务的优势在于应用，而不是开发

由于小银行的规模劣势，过高的技术研发投入，不利于小银行。小银行的手机银行开发必然使"巧"劲，或者精心选择外包伙伴，或者形成联盟，或者股权整合，"抱团取暖"。加强与运营商、设备提供商、软件服务提供商、第三方支付平台等移动支付产业链上下游企业的合作。一旦技术成熟，小银行的手机银行应用就可以发挥人力成本低的优势，与人力成本高的大中型银行比拼，以低成本取胜。大中型银行以质取胜，服务于中高端客户。这种市场错位以及市场交叉，将影响到未来小银行的命运。

小银行可以应用中型银行较为成熟的软件，如应用招商银行的软件，或者国外成熟的应用软件。由于手机银行软件是建立在银行核心软件系统的基础上的，小银行借鉴其他银行的手机银行软件存在着核心软件不匹配的矛盾。

2. 政府等在手机银行标准、产业链、监管、利益分配、安全责任认定等方面要打破部门条块限制

如果政府不作为，手机银行的应用各自为战，最终损害了行业的健康发展，并造成大量的不必要的低水平的重复建设。由于手机银行牵涉金融监管部门、工信部、商务部、工商管理等众多部门，如果各相关部门不能通力协作，小问题会带来大麻烦。

---

① 华坚：《手机银行：未来银行业的竞争焦点之一》，载《上海金融》，2001（4）。

（二）抓住手机银行技术发展的主流

1. 大力发展客户端手机银行，顺应通信技术发展潮流

客户端智能手机已经普及，Iphone 和 Android 系统已成主流。在此技术条件下，以软件下载的方式，把银行的业务植入手机，让其成为用户手机中的一种应用模块，这一方式将是各大手机银行争相抢夺的市场。

2. 充分挖掘手机定位新特性，提供新的有价值的服务

基于空间的位置服务（Location Based Service，LBS）是移动互联网独有的业务特征，它与金融业务的深度结合为客户创造了价值。LBS 包含两层含义：一是确定移动设备或用户所在的地理方位；二是提供与位置相关的信息服务。客户登录手机银行，查找方圆 1 公里内排队等待人数最少的银行网点，办理完相关业务，继续用手机预约一家距离最近、折扣最大的信用卡特约餐厅。围绕 LBS 的三个核心问题"你在哪里（空间信息）"、"和谁在一起（社会信息）"、"附近有什么资源（资源信息）"将为手机银行业务发展带来贴心的服务体验。[①]

（三）全面推动解决手机机型、网速、收费等问题[②]

1. 提高手机网速的稳定质量与速度，减少流量费。

2. 提供方便、快捷的手机银行界面

人机界面外观一目了然、赏心悦目，使用方式直观、简便、灵活，符合绝大部分客户的使用习惯。对客户操作的响应速度要足够迅速，对操作错误或返回错误信息应提供合适的后续操作，防止程序崩溃。

3. 产品功能创新，挖掘不同用户群的特色需求

与运营商合作，开发符合用户需求的手机银行业务产品。如交通银行"e 动交行"品牌继推出手机银行无卡取款服务后，首创手机银行无卡消费新功能；又如继中国移动入股浦发银行后，上海世博会成为手机银行业务进一步发展的标志性事件，在上海世博会上，手机银行第一次大规模地集中应用，把 RFID 技术与移动 SIM 卡相结合的"手机门票"是世博历史上的首创。

（四）安全方面

1. 多种简便措施的创新有利于账户安全

手机银行的安全性措施有多种：工商银行要求客户办理开通手机银行业务时，预留一个信息作为暗号。这个信息只有客户自己知道，钓鱼网站等是不知

---

① 熊俊、陆军：《国内和欧美手机银行业务发展的实践与创新》，载《金融论坛》，2011（3）。
② 汤运筹：《手机银行业务发展中的问题及对策研究》，载《银企信用》，2011（11）。

道的。这样，当客户登录手机银行后，在网页上出现的预留信息如果不对，则说明客户登录了假网站，应立即退出；交通银行则设有客户身份验证、操作超时保护和密码错误次数累计限制机制，身份验证以 U 盾、动态密码等方式进行；招商银行则采用了图形验证码机制，防止黑客等利用黑客软件恶意试探客户交易密码，且限定密码错误次数，如果密码错误次数过多则自动锁定账户以保证用户安全。[①]

2. 数据的加密、解密与鉴定

无线传输的基础结构如 GSM 的加密技术较为简单，比较容易被解密。这意味着传输层安全机制对于机密和敏感信息，如个人身份号码和密码的保护，往往是不够的。因而，端对端的应用层加密对于传输敏感信息来说必不可少。加密、解密和相关的鉴定处理也应当由专用的设备和程序来保证。

3. 身份鉴别

银行通过绑定手机号等方式在一定程度上保护用户的资金安全。为了保证加密和身份鉴定通讯过程中的数据完整，当手机通信线路传输特性突变或通讯过程被阻断发生时，系统应当重新进行身份鉴定。对于客户确认机制，由于这些信息对于手机银行和客户来说往往是非常重要的，因此用户要定期变动这些个人信息[②]。

第二节　国内外小银行投资银行业务创新与发展战略

一、小银行的投资银行业务概述

1. 小银行开展投资银行业务符合法律

在我国目前分业经营体制下，商业银行除了不能开展交易所市场的证券承销、经纪和交易业务之外，仍然可开展大多数投资银行业务，包括银行间市场承销经纪与交易、重组并购、财务顾问、结构化融资与银团贷款、资产证券化、资产管理、衍生品交易等。此外，随着金融创新和综合化经营改革的推进，股权直接投资等新兴业务也有望成为银行可涉猎的投资银行业务。

---

① 熊国红、戴俊敏：《对手机银行的认识与安全问题的思考》，载《武汉金融》，2011（1）。

② 张纪：《手机银行风险分析与安全策略》，载《上海金融》，2006（2）。

2. 小银行投资银行业务的概念

最狭义的投资银行业务仅仅是指证券发行承销和证券交易业务；较狭义的投资银行业务还包括企业兼并收购及企业融资相关的业务，这些是投资银行的传统业务。较广义的投资银行业务是指与资本市场服务相关的所有业务①。小银行由于不具备大银行集团的全能银行能力，因而能够从事的投行业务是有限的。

投资银行业务使银企关系由传统的主从关系转变为相互依存关系，从单纯的信贷关系转变为银行参与企业的发展。投行业务基本包括3种类型：第一种是信贷资源派生型，包括银团贷款、债务重组、财务顾问、融资顾问、企业信息服务、信贷资产转让；第二种是担保撬动型，包括结构化融资、企业资产证券化、并购、企业债等业务，对这些业务的担保可以由担保协议、担保函、备用贷款等形式提供；第三种是客户资源拉动型，包括短期融资券、中期票据、私募股权融资等业务。

小银行可以开展的投资银行业务有银团贷款、债务重组、信贷资产转让、担保函、资产证券化、短期融资券、中期票据等。

3. 小银行发展投行业务是优质客户和小银行自身的需要②

小银行发展投行业务是优质客户的需要。公司类优质客户由过去的贷款业务向投资业务转变；公司、个人负债业务向理财业务转变；个人客户存款、贷款业务转向综合私人银行转变。随着金融"脱媒"现象日趋严重，单一的贷款已不能满足客户需求，优质客户需要银行帮助解决融资渠道、现金管理、发债担保、银团贷款、兼并重组、利率和汇率掉期规避风险、财务顾问等综合服务。在融资渠道上，客户还要求银行通过债券、股权投资、短期融资券等成本更低的方式解决流动资金问题。这些都需要银行提供"一揽子金融服务方案"③。

银行传统业务同质化现象非常严重，低水平的规模扩张不断累积金融风险。在《巴塞尔协议Ⅲ》通过持续的资本补充来限制小银行盲目扩张的背景下，小银行需要发展非信贷业务来增加收入，而投行业务就属于这类范畴。

---

① 芮玉巧、胡庆春：《上市银行中间业务分项对比分析》，载《商业银行经营管理》，2012（1）。

② 王中、卞英丹：《商业银行增强投行业务核心竞争力的对策研究》，载《金融论坛》，2009（9）。

③ 黄鹏：《基于供求视角的河南农村金融服务充分性研究》，载《金融理论与实践》，2008（5）。

二、小银行的投资银行业务类型

小银行应通过进行组织创新、业务创新、人才发展、战略联盟等多种方式，迅速弥补劣势，建立有效的投行业务发展模式[1]。

（一）与贷款等债券融资业务相关的投资银行业务[2]

这些业务可以降低企业的融资成本，满足企业的融资需求。又由于银行企业关系更加紧密，在"金融脱媒"的世界大趋势下，这又增加了银行的非信贷收入。

1. 短期融资融券。

2. 发债担保

发债担保是银行为企业发行企业债券的到期本息兑付提供连带责任担保，可以降低企业融资成本。常州高新技术产业开发区发展（集团）总公司发行10亿元企业债，江苏交通产业集团发行18亿元企业债，需要银行提供担保。

3. 资产证券化

2006年，南通天生港发电有限公司资产证券化项目的方案设计、托管银行、监管银行都由银行承担了。

4. 保函业务

企业发行企业债和可转债必须有担保的条件下方可发行，担保方必须承诺对所发行的债券到期兑付提供无条件的不可撤销的连带责任担保，而担保方可由商业银行担当。

5. 其他债权业务，如中期票据、国际债券等。

（二）项目融资与银团贷款

1. 项目融资

小银行的项目融资主要用于地方建设急需的工程项目。这些项目资金量大、投资风险大、现金流量稳定，如天然气、煤炭、石油等自然资源的开发，以及运输、电力、农林、电子、公用事业等大型工程建设项目。

商业银行可以与项目有关的政府机关、金融机构、投资者及项目发起人等密切联系，协调律师、会计师、工程师等一起进行项目可行性研究，协助项目

---

[1]　王中、卞英丹：《商业银行增强投行业务核心竞争力的对策研究》，载《金融论坛》，2009（9）。

[2]　杨满沧：《对河南省金融业发展投资银行业务的思考》，载《金融理论与实践》，2008（2）。

发起人完成项目的研究、组织和评估，设计项目结构和融资方案，协助项目有关方进行项目协议和融资协议的谈判，起草有关法律文件等。最后通过发行债券、基金、股票或拆借、拍卖、抵押贷款等形式组织项目投资所需的资金融通。

2. 银团贷款与结构化融资

银团贷款是项目融资的重要形式，具有传统的单边贷款所无法比拟的优点，它能够分散风险、增强银行系统的合作、满足监管要求。结构化融资通过引入信托、理财、基金等产品，为大中型竞争性优质客户提供多样化的融资方案。结构化融资，平安银行有一定特色①。

（三）财务顾问

1. 重组与并购业务

银行是企业的主要债权人，有条件主持设计资产重组、债务重组、股权重组等一揽子重要方案。如"江苏大学新校区建设融资及债务重组银团贷款"采取"以空间换时间"的理念，捆绑老校区校产处置收益，将存量贷款与新增贷款相结合，采用银团方式，成功解决江苏大学高负债建设的融资难题。2007年12月23日，在江苏省人民政府和银监会强力推动下，江苏省内19家金融机构共同参与的申达集团60亿元债务重组银团贷款正式签约。该项目由江苏分行担任财务顾问，统一方案设计，遵循资源重新整合、给时间化风险的原则，坚持整体重组、同进同退、不废债、不欠息的原则，取得了成功。

2. 基础类财务顾问

财务顾问可以分为企业财务顾问和政府财务顾问两个方面。其中的企业财务顾问主要为客户的资本运作、资产管理、债务管理等活动提供一揽子解决方案，在企业并购和重组中发挥较大作用。根据客户对融资方式、期限、成本等因素的要求，银行可以为企业量身订制个性化融资方案，帮助企业降低融资成本，既获取了投行业务收入，又带动了贷款、结算等传统商业银行业务的发展。

3. 管理层收购（MBO）②

管理层为了防止企业被他人控股，避免创业团队被挤出企业核心决策层的

---

① 潘小明、李杰：《股份制银行投行业务的市场机会和管理模式》，载《金融论坛》，2011（3）。
② 张倩：《我国中小股份制商业银行开展投资银行业务的发展策略》，载《特区经济》，2006（12）。

悲惨局面，通过贷款收购上市公司的股份，保持控股甚至绝对控股地位，从而放心地为了企业的长远利益而奋斗。

4. 杠杆融资

商业银行通过提供信贷资金，满足企业股份制改造、上市、再融资、收购、兼并等资本经营活动短期内对资金的大量需求。杠杆融资业务主要服务于四类客户：一是已经获得上市批准的企业，提供担保贷款，以及募股资金的收款、结算服务；二是具有再融资资格的上市公司，证券公司作为承销商，商业银行参与再融资方案的设计和项目的推荐，提供有足额担保的"过桥贷款"和再融资资金收款业务；三是具有某种极高价值权益的企业，如收费权、特许经营权等；四是被收购的企业具有较高的价值，配合证券公司帮助借壳或买壳企业选择壳资源，共同策划具体的运作方案，提供资金和信息方面的支持。

5. 其他

利用商业银行头寸管理能力，为企业日常生产经营提供现金和流动性管理。当宏观经济环境等因素发生变化，某些公司、企业遇到困难时，商业银行主动向有关公司、企业出谋划策，提出应变措施，诸如重新制定发展战略、重建财务制度、出售转让子公司等，化解这些公司、企业在突变事件中带来的压力与困难。

（四）财富管理方面①

产品包括现金管理、资产管理、金融衍生品交易、代客理财等。商业银行可以为目标客户提供基于传统的支付结算业务之上的财富管理业务，通过专业化的资金管理、外汇交易服务、头寸管理、风险管理、财务管理、投资组合设计等多种服务，解决客户全方位的金融需求。

小银行发展投资银行业务需要精英团队，还需要相应的 IT 设施能支持绩效评估，相应的企业文化积极面对收入差距。小银行的规模也有大有小，大一点的小银行主导当地金融事务，小一点的小银行则以参与为主。财务顾问、重组并购、银团贷款与结构化融资、资产证券化等是主要的业务形式。

小银行发展投行业务做"品牌"功课。花旗银行的公司银行业务，汇丰银行的私人银行业务，摩根士丹利的公司收购、兼并业务，瑞银的上市公司辅导和保荐业务，安联和苏黎世银行的保险业务的品牌等，都是响当当的品牌。

---

① 常罡：《对我国商业银行经营投行业务的几点探讨》，载《河南金融管理干部学院学报》，2009（2）。

三、小银行发展投资银行业务的模式

银行开展投资银行业务的模式主要有①：

1. 投资银行部模式

银行内部设立业投资银行部，非独立法人。这种通过全能银行经营投资银行业务的发展模式在欧洲大陆比较盛行。德意志银行、中国工商银行等都是这种模式。

2. 金融控股集团模式

金融控股集团拥有银行、证券、保险等分业经营的法人金融机构，集团内的其他金融机构从事投行业务。花旗集团、中信集团、光大集团、平安集团等都是此模式。

3. 银行旗下的全资投资银行机构

中银国际控股有限公司（简称 中银国际）是中国银行股份有限公司旗下的全资附属投资银行机构。中银控股作为总部，对外负责与中国银行总行对接，对内对各子公司实行垂直管理。

4. 事业部附属模式②

浦发银行2005年参照花旗模式进行了全面的组织结构调整，在整合对公业务的基础上成立了专门的投资银行部，主要业务内容包括中长期项目贷款、银团贷款、财务顾问和房产资产证券化等。

模式1比较适合小银行。模式2与模式3比较适合大银行，因为既有专业分工又有协作。模式4比较适合民生、浦发等股份制银行。

但是投资银行部需要保持一定的独立性。要建立这样的一种机制：权力与责任、业务开拓与防范风险相统一，激励与约束匹配，决策层、管理层、经营层、支持保障层、监督控制层各司其职，资金流、信息流、人才流统一、高效、协调运转③。

四、小银行发展投资银行业务的劣势与优势

纵观世界经济发展史，成功的企业背后都站着自己的投资银行。美国的投行业发展得最好，高盛、美林等在中国赚取上万亿元的利润。品牌和智慧，在

---

① 郭琳雪：《我国商业银行开展投行业务的理论依据和模型选择》，载《上海金融》，2010（8）。
② 关健、赵翠兰：《挖掘投行业务的潜能》，载《银行家》，2006（9）。
③ 农业银行山东分行课题组：《农业银行发展投资银行业务策略》，载《农村金融研究》，2007（7）。

这个行业起着重要作用。

1. 投资银行业务的层次性

投行业务分为三个层次：一是一级市场的发行承销和二级市场的经纪自营，这是其本源性、传统型的业务，在这里投资银行的角色是证券承销商和经纪商；银行可以做企业债券，ABS 等，但不能承销股票。二是企业的兼并、收购、资产重组、资产证券化等，这是其创新性、核心型业务，在这里投资银行是金融工程师、资本运营专家。这些业务银行都可以做。三是风险管理、直接投资、产融结合等，这是其引申型、深层次的业务，在这里投资银行是企业的合伙人、命运共同体。这些业务不是银行的长处。

所以，对于投行业务，银行可以做得很好的有两个层次，即债券承销与经纪，以及兼并、收购、资产重组、资产证券化等。这些业务与银行传统业务关系密切，地方处于主导地位的小银行也可以做得好。

2. 小银行发展投资银行业务的劣势

其一，小银行风险控制能力不强。由于全能银行部门间联系紧密、相关性强，一个部门的风险如果控制不力，容易使风险在内部跨部门传递、造成风险扩大，形成整个银行的系统性风险。其二，投资银行部可能带来小银行内部的文化冲突。投资银行是艺术，在人力资源、激励、风险控制、业务结构方面都有自己的特点，与传统的银行业务相冲突。一个企业内部，两种不同的文化难免产生冲突，不太可能整合。其三，小银行可能没有资格从事相应的投行业务，如银行间债券市场从事交易需要相应的资质。其四，小银行如果不能主导投行业务，只是一味参与的话，难免会被边缘化，无法形成竞争力。

3. 小银行发展投资银行的优势

小银行具有地域优势，如果小银行与证券公司、大银行等积极合作，以及从战略、制度、组织、激励、业务和文化等方面推动容纳投资银行业务的变革，小银行在投资银行业务方面的微弱优势得以保存。

由于市域经济、县域经济的快速发展，小微客户的资产规模也在不断壮大。目前，我国资本市场管控较严。但是，资本市场改革的取向是在金融安全有保证的情况下，尽可能地减少政策、法规性约束。条件合适的小银行要面向未来，未雨绸缪，做好发展投资银行业务的各项准备。

小银行拥有自己的客户，在资本市场政策逐渐放松的预期下，小银行如果能够与大银行、证券、保险、基金等建立有效的合作机制，小银行可以在投资银行庞大的市场份额里获得属于自己的一小份。发展投资银行业务，小银行必须坚持"内控先行",并逐步建立起以专业人才为根本,以风险防控制度为基础,以高新科技手段为支撑,集中统一、多层次交叉型的风险管理架构。练好内功,迎接机遇和挑战。

五、小银行发展投资银行业务的对策①

（一）小银行要找准自己的位置

投行类业务大概有三大类。第一类是基础类投行业务,包括企业的理财咨询,企业的资信服务业务。小银行可以主导。第二类是品牌业务,是我们主要开展的一些品牌业务,大多会涉及融资支持的问题,比如说结构化融资的顾问、投资顾问、重组并购、银团贷款安排、间接银团与资产证券化业务等。小银行尽量参与,一般不太容易主导。第三类是牌照类投行业务,准备上市的企业,或经过培育可以上市的企业,上市或发债。

由于小银行的实力有限,第一类业务是重点,第二类业务可以参与。"合作共赢"应该成为小银行开展投行业务的基本共识。全面推进系统建设、后台支持、品牌保持、团队建设、人员培训等工作,稳步发展企业理财咨询和企业资信服务等基础类投行业务,开拓重组并购、银团承销安排与管理、结构化融资、间接银团与资产证券化等品牌类投行业务②

（二）建立风险隔离防火墙

对财务顾问业务的关联风险要制定相应的风险隔离制度,在投资银行业务和商业银行业务之间构筑受理和审批相分离、融资方案设计和贷款审查相分离的防火墙。首先是信息隔离。财务顾问等投资银行业务信息,只能是贷款评估审查过程中众多的信息来源之一,绝不能作为银行贷款评估、审查的依据。其次是人员隔离。对于涉及贷款的投资银行业务,贷款必须由信贷评估部门、信贷管理部门或各级信贷政策委员会严格按照信贷政策独立进行评估、审查、审批,投资银行部门不参与贷款决策。对银团贷款业务,投资银行部门仅限于对融资结构、融资期限、费率等提出初审意见,不参与对贷款自身可行性的审查。

（三）建立投行业务平台

小银行要以组织创新、业务创新、人才发展、战略联盟等多种方式,搭建投行业务创新平台:(1)企业短期融资券承销平台。发行企业短期融资券是企

---

① 袁宏泉:《商业银行发展投行业务的思考》,载《银行家》,2007 (3)。

② 柯丹:《投行业务稳健中崛起——访中国工商银行投资银行部总经理李勇博士》,载《银行家》,2005 (2)。

业进行低成本直接融资的重要手段。通过该平台可以带动其他业务，如财务顾问、贷款、并购、企业结算等。(2) 银团贷款平台。小银行可以参与大中型银行的银团贷款。(3) 资产管理业务平台。通过基金公司为富裕个人客户提供的各类理财服务，包括货币市场基金、股票投资、债券投资、票据投资、委托贷款等业务。(4) 并购业务平台，提供财务顾问服务或并购贷款。(5) 房地产金融平台。通过发展房地产开发贷款，为房地产行业进行专业化的、全方位的金融服务。(6) 股权投资平台。通过投资参股产业投资基金和风险投资公司，间接将资金进行股权投资，获得更多收益。(7) 与非银行金融机构合作平台。与信托公司、保险公司、证券公司等合作，借助其他金融机构的渠道和交易资格使客户能够间接参与各类金融市场的交易，以满足客户对综合性投行业务的需求。

(四) 全面协调投行业务与传统商业银行业务

最近几年来，由于证券市场低迷，银行开展投行业务的势头好于证券公司。银行间市场、产权交易市场作为商业银行开展投行业务的主要市场，其市场规模扩张不亚于交易所市场。银行间市场的产品创新和开放均有领先之势。交易所市场投行业务包括股权类（股票、可转债发行与交易）、债权类（债券、企业资产证券化）以及股权债权综合类（上市公司并购重组及财务顾问），银行间市场投行业务包括企业债券和金融债的发行与交易，截至 2009 年已经推出包括金融债、短期融资券、中期票据、中小企业集合债券以及信贷资产证券化等品种，同时正在酝酿推出 REITs 等新品种。

由于投资银行业务无论是在组织机构、管理制度、风险控制，还是在人力资源、激励机制、企业文化等诸多方面都具有鲜明的行业特点，与现有的商业银行体制存在相当大的差异。小银行要建立具有投行竞争力特点的薪酬体系和激励机制，投资银行特点的风险管理制度，在规范发展的同时有效地控制风险。只有全面协调好这两类不同的金融业务，小银行才能在享受投行收益的同时，不至于承担了过多的风险。

第三节　国内外小银行中间业务创新与发展战略

一、小银行中间业务发展现状

(一) 小银行中间业务的分类

按照《商业银行中间业务暂行规定》的定义，广义的商业银行中间业务，是指不构成商业银行表内资产、表内负债，形成银行非利息收入的业务。包括金融服务类业务（信托与咨询业务、支付结算类业务、银行卡业务、代理类中间业务和进出口业务）和表外业务（承诺类业务、担保业务、投资银行业务和金融衍生业务），即银行为客户提供各项金融服务收取手续费和佣金的业务。

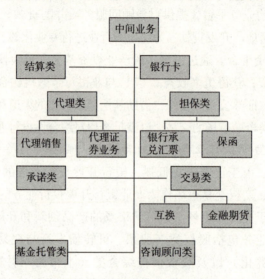

图 5-1 中间业务种类及关系图

中间业务在部门架构上几乎涵盖了银行的所有业务部门，由于具有独特的资本需求少、风险低、盈利高、服务性强等特点，短短的十多年时间里，中间业务获得了空前的发展，由最初的代收、代付业务发展到涵盖结算、信托、租赁、代理融通、咨询、银行卡等全方位业务领域，品种多达 260 多个，产品级次也不断提升。同时，中间业务产品的成功营销为银行带来了可观的收入，尤其在信贷规模受到限制、利息差收窄的情况下，银行中间业务的发展空间更为广阔①。

（二）宁波银行业和南京银行中间业务分析

我们以上市公司宁波银行和南京银行为例②。

两家银行的资产负债规模相近，利息收入相近，中间业务收入也相近。其中，宁波银行的银行卡收入比南京银行高出 2 亿元，而南京银行的代理收入比宁波银行高出 1.5 亿元，这说明两家银行各有自己的优势。

---

① 胡珊、徐思谨：《农村信用社加快中间业务发展》，载《金融与经济》，2008（12）。
② 芮玉巧、胡庆春：《上市银行中间业务分项对比分析》，载《商业银行经营管理》，2012（1）。

根据表5-1，2011年，宁波银行和南京银行的中间业务收入均比2010年增长约50%，债券承销、资产托管等业务也开始起步，与PE的业务合作逐步开展。其推出的同业代付、资产池理财、跨境贸易人民币结算等19款新产品，带动了传统资产负债业务，增加了中间业务收入。

表5-1　　　　　宁波银行与南京银行的中间业务收入构成　　　　单位：千元

宁波银行	2011年	2010年	2009年	南京银行	2011年	2010年	2009年
结算类业务	119 566	101 897	73 309	结算类业务	109 637	93 896	51 173
银行卡业务	276 719	227 341	226 419	银行卡业务	17 526	6 011	6 193
代理类业务	115 090	73 155	70 389	代理类业务	263 162	194 941	130 574
担保类业务	88 734	33 256	23 274	债券承销	38 985	35 496	—
承诺类业务	50 950	42 094	28 487	信用承诺	94 268	31 282	—
交易类业务	15 418	22 016	35 681	托管及受托业务	6 627	6 609	504
咨询类业务	175 526	89 501	53 496	顾问及咨询	208 906	114 582	131 191
其他	7 593	7 883	10 064	其他	30 408	25 931	35 362
以上合计	849 596	597 143	521 119	以上合计	769 519	508 748	354 997
利息收入	14 554 602	9 071 827	5 382 437	利息收入	13 002 404	7 622 545	4 948 113

资料来源：根据上市银行年报计算。

1. 结算与清算业务保持较快的增速，但增速下降。2011年，宁波银行结算与清算业务收入增加了17%，而2010年，宁波银行的结算与清算业务收入比2009年增加了39%。2011年，南京银行的结算与清算业务收入比2010年增加了17%；但是，2010年比2009年增加了84%。

2. 代理业务继续向上发展。2011年，宁波银行代理业务收入比2010年增长了57%，南京银行增长了60%。代付发行与兑付金融债券，代理买卖外汇，代理保险，代理销售理财产品，代理集合信托产品，代发工资、代收水电费等业务规模持续扩大。

3. 银行卡业务。2011年，宁波银行比2010年增长了20%。2010年，南京银行的银行卡业务收入仅有600万元，不到宁波银行的3%。银行通过银行卡办理存取款、转账、缴费等业务，如ATM跨行或异地取现要收费，异地或跨行汇款也是收费的。详细地说，银行业务收入包括利息收入、消费手续费收入、预借现金手续费收入、贷款手续费收入、年费收入、迟缴费收入、超限费收入、挂失费收入、补卡费收入、其他收入、资金收益、查询手续费收入、网银转出手续费收入、ATM转出手续费收入、柜台转出手续费收入、分期付款手续费收入等。

以信用卡为例。根据估算，分期付款手续费在总收益中占比约为30%，来源于卡户分期的大额消费分期、账单分期以及外币分期；其次是消费手续费收入，占比50%，主要指刷卡商户扣率的分润，其中发卡行、收单行及银联按7:2:1比例分成；迟缴费收入占20%。从商户收单来源上看，本行卡交易收入占30%，银联卡交易收入占50%。

4. 咨询顾问业务收入分析。2011年，宁波银行的咨询业务收入占中间业务收入的比例约为20%。2011年比2010年增加近100%，2010年比2009年增加67%。2011年，南京银行的咨询收入比2009年增加39%，2010年比2009年增加14%。

我们再来看一下贷款利息，2011年宁波银行比2010年增加了60%，南京银行增加了75%；2010年比2009年，宁波银行增加了70%，南京银行增加了60%。我们可以看出，宁波银行的咨询业务收入增速快于贷款速度。其他的中间业务收入增速都小于贷款利息收入的增速。

这说明，小银行的主要收入来源还是贷款。即使像宁波银行和南京银行这样优秀的小银行，中间业务的发展也面临着战线比较长，短期内难以显著增收的局限性。

二、小银行发展中间业务的必要性

随着IT技术和经济的发展，小银行的生存条件改善了，但竞争却更加激烈了。小银行面对着《巴塞尔协议Ⅲ》、利率市场化、金融脱媒等的挑战，必须未雨绸缪。

首先，中间业务是银行竞争差异化的重要内容。我国银行业同质化严重，新业务的开拓和新业务品种的开发逐渐成为竞争的焦点。中间业务收入在总收入中的占比，一定程度上反映了银行的经营水平。[①]

其次，在小银行中推行《巴塞尔协议Ⅲ》，小银行必须节约资本，提高资本利润率。[②]

最后，在利率市场化逐步推进的背景下，利差将会经常波动甚至进一步收窄，这无疑将使以存贷利差为主要收入的商业银行面临更大的利率风险。因

---

① 徐清华、姚胜军：《农村合作银行如何拓展中间业务》，载《现代金融》，2007（7）。
② 张雳、成巧云：《基于"碳金融"视角的商业银行中间业务创新研究》，载《中国金融》，2011（17）。

此，小银行大力创新发展中间业务，积极改革收入结构，是利率市场化改革的需要。[①]

中间业务可以及时、灵活地满足客户的需求，在"金融脱媒"的大背景下，抓住了客户就抓住了未来。[②]

三、小银行发展中间业务存在的问题

小银行的中间业务收入主要集中在咨询、代理、银行卡、结算四大类，规模偏小，约占利息总收入的6%左右。小银行发展中间业务存在的问题可以归纳为：

（一）新品种开发困难，产生可观的收入更难

近些年来，商业银行在结算、汇兑、代理等传统中间业务的基础上，陆续推出了诸如信用卡、担保、承兑、信用证、咨询等一系列新兴中间业务。但是，大多数商业银行中间业务仍主要局限在结算性服务（结算、信用卡等）、咨询性服务（财务顾问等）、代理业务上，管理性服务（保管、代管等）和表外业务（担保、承诺、衍生工具交易等）开展得较少，品种结构发展不平衡。

但是，这种不平衡的改变，需要花相当大的力气，进行根本的改变。这对处于快速发展轨道上的小银行来说，难度可想而知。

现在的银行对IT系统严重依赖，而且，新的中间业务系统要建立在原有的核心系统之上，需要流程、激励、绩效等多方面的因素配合。我们知道中国工商银行、中国农业银行等都有几千人的IT研发与数据中心等规模，产品的研发速度快。而对于小银行来说，要保证IT运转的正常都需要付出巨大努力。中间业务的实现又牵涉到众多关系方，安全性都面临挑战。中间业务是知识密集型业务，具有集人才、技术、机构、网络、信息、资金和信誉于一体的特征，精通法律、金融、计算机等方面的复合型人才相对缺乏。

（二）法律与政策环境欠佳[③]

《商业银行中间业务暂行规定》、《金融机构衍生产品交易业务管理暂行办法》等存在诸多不完善的地方，不能适应经济快速发展的需要。中间业务所牵涉的主体关系、法律关系、业务流程等往往较为复杂，而金融监管目前也管制严格，小银行创新的动能和能力皆不足。

---

① 张雳、成巧云：《基于"碳金融"视角的商业银行中间业务创新研究》，载《中国金融》，2011（17）。

② 徐清华、姚胜军：《农村合作银行如何拓展中间业务》，载《现代金融》，2007（7）。

③ 杨淑娟、刘明显：《我国商业银行中间业务的金融创新》，载《经济导刊》，2011（7）。

西方国家的中间业务法律法规覆盖程度和范围要远远好于我国。我国商业银行中间业务的业务纠纷和涉案案件的年均增长比率为 11.3%，这些案件的处理中，有 65% 的个案因缺少法律依据而处于暂时搁置的状态。

四、小银行发展中间业务的对策建议

小银行必须根据自身的特点，来发展中间业务。

1. 成功建设自己的核心业务系统，或者通过合作来获得先进的业务平台[①]

如果说信贷、存款等基本业务交易量大，软件开发相对简单的话，中间业务系统则复杂得多，流程、技术都比较复杂。中信银行早期力求开发出有竞争力的核心系统，不惜花重金从国外引进。

如果小银行自己无法开发先进的核心系统，也可以使用其他银行先进的核心系统，或者外包，以解决 IT 瓶颈问题。现代银行业务，离开 IT 寸步难行。

2. 建立中间业务的开发、升级、维护机制[②]

将财会、公司业务部、个金部、国际业务部、投行部等部门的专业人才整合到研发团队中来，从需求的提出，软件测试，需要一整套办法。中间业务软件开发、升级与维护方面要向中国工商银行学习。

3. 推进相关法律法规的完善，监管部门努力创造宽松环境[③]

在法律不完善的情况下，建立相应基金，以应对部分法律风险。

我国对中间业务创新的监管比较严格，需要创新的品种要么需要审批，要么需要备案，审批程序复杂、周期长；涉及不同监管主体时，不同监管主体之间的协调也存在不少问题。这样的监管环境对我国商业银行的创新有明显的阻碍作用[④]。

监管部门在银行中间业务创新方面不能管得太死，要在把握风险的前提下进行监管。从理论上讲，中间业务发展的空间巨大，包括保函、商业票据承兑与贴现、代客外汇买卖、代理发行债券、银行承兑汇票、信用证、循环包销便利、贷款承诺、远期交易等表外业务。新会计准则在表外业务的计量及披露方

---

① 张霁、成巧云：《基于"碳金融"视角的商业银行中间业务创新研究》，载《中国金融》，2011（17）。

② 中国人民银行孝感市中心支行课题组：《对孝感市商业银行中间业务状况的调查与发展思考》，载《武汉金融》，2006（5）。

③ 胡珊、徐思谨：《农村信用社应加快中间业务发展》，载《金融与经济》，2008（12）。

④ 唐菁菁、孙灵刚：《中美商业银行中间业务的创新机制研究》，载《南方金融》，2012（1）。

面有了很大的改进。新会计准则规定，金融资产与金融负债分类的主要依据是其相关的风险和回报是否实质上发生转移，除少数业务没有纳入表内计算以外，承诺贷款及衍生金融工具都被纳入表内，使得商业银行表外业务的确认更加统一，更具有可比性①。

4. 建立相应的机制，以具体拓展业务

外部合作机制。以银保合作型中间业务为例，合作模式有协议代理、战略联盟、合资公司、金融集团等模式②。

内部机制。中国工商银行在 2002 年成立了中间业务委员会，由三位行领导担任主任和副主任，由投资银行部牵头组织管理全行中间业务的创新，并设有中间业务处，制定了专门的中间业务考核办法。中国银行成立了业务发展委员会，统筹整个集团业务的创新与发展，并设有专门的中间业务管理部门。

第四节　国内外小银行零售银行业务创新与发展战略

零售业务是国外中小银行的重要获利手段，零售业务的利差相对较高，也是银证、银保、银基合作的重要内容，市场发展空间较大。小银行搞好零售业务，是小银行生存的起码要求。

一、小银行零售银行业务概述

（一）小银行的零售银行业务概念③

零售银行业务与中间业务、手机银行业务是交叉的概念。手机银行的本质是渠道，产品向手机终端的延伸；中间业务是内容，体现了银行服务的特征。

零售银行业务是指商业银行运用现代经营理念、依托高科技手段，向个人、家庭和中小型企业提供存取款、贷款、结算、汇兑、外汇、基金、债券、证券、贵金属、代理业务等多方面综合性、一体化的本外币金融服务④。它是相对于批发业务而言的，其业务对象为中小客户，尤以个人客户为主。

---

① 杨墨：《浅析新会计准则下商业银行表外业务管理》，载《商业会计》，2010（15）。
② 杨晓、黄儒靖、王昉：《我国银保合作类业务存在的问题及创新发展研究——基于商业银行中间业务收益》，载《软科学》，2011（11）。
③ 段军山：《中小股份制银行零售银行业务发展思路》，载《中国流通经济》，2011（2）。
④ 张保军：《中小银行零售银行业务发展探究》，载《金融论坛》，2011（1）。

小银行零售银行业务需要借助外界的力量，如外界 IT 援助，或购买 IT 产品与服务等。小银行可以成为大银行或其他金融机构的销售渠道，以降低产品研发成本。小银行的主要特长是面对面的服务，特别是那些二三线城市或农村，更倾向于这种人性化的服务。

随着改革的推进，GDP 增速与贷款余额增速基本上以接近 1:2 的速度在增加。2001 年，我国 GDP 约 11 万亿元，城乡居民储蓄存款余额 7.4 万亿元；2011 年，我国 GDP 约 47 万亿元，城乡居民储蓄存款余额 82.7 万亿元。随着经济的持续发展，零售银行业务所依赖的财富基础在迅速膨胀，小银行将发展零售业务提高到战略高度的条件已经具备了。

（二）零售业务、中间业务、手机业务、投资银行业务的关系

银行业务从流程来看，牵涉到众多因素，如产品研发、金额大小、渠道、对公对私、银企关系等。

零售业务对应着批发业务。零售业务主要面向个人客户和中小企业，批发业务主要面向金融机构、大企业等。

中间业务对应着资产业务与负债业务。

手机业务对应着 ATM、自助银行、柜台业务。中间业务也称为非资产负债业务，通过收取手续费或佣金获取收入。

投资银行业务对应着商业银行业务。为企业发债、银团贷款、并购、咨询等都是投资银行业务，包括股权、债权、衍生金融业务等。

这四类业务都是银行的业务，只是强调的重点不同，概念上彼此是交叉的。(1) 投资银行业务是中间业务，中间业务未必是投行业务。中间业务的外延比投行业务的外延要广，信用卡、结算等零售业务也是中间业务。(2) 手机业务是零售业务、中间业务实现的渠道，强调服务不需要通过柜台服务，直接在手机上就可交互式实现，是服务渠道的现代化，而服务内容则是零售业务、中间业务等。(3) 零售业务包括部分资产负债业务和中间业务。信用卡、结算等中间业务，是零售业务。

（三）小银行的零售银行业务的分类

零售银行业务的经营对象主要是个人、家庭与中小型企业，一般单笔业务量较小。其业务可以分为以下五大类：信用卡业务、私人银行业务、消费信贷业务、贵宾理财业务和传统零售银行业务。这些业务是否盈利、盈利多少与全民个人财富的多少有关。"二八定律"告诉我们，20% 的零售银行客户提供了 80% 的利润。这 20% 的客户主要为大中型银行所拥有，小银行只能通过努力，在剩下的 80% 的客户里去获得行业 20% 的利润。

商业银行零售业务包括广泛的业务领域，既可以是资产业务，也可以是负债业务、中间业务，还可以是网上银行业务；既可以是提供货币兑换、储蓄存款、消费者贷款、贵重物品保管及个人信托等传统个人金融服务，也可以是对个人和家庭提供理财、财务咨询、信用卡、出售保单、退休计划、证券经纪及共同基金等创新金融服务①。

具体而言主要包括以下几方面②：

（1）对消费者及个人吸收存款，提供汽车、房屋、家庭用品等商业性贷款，对个人私营业主提供个人经营性贷款；

（2）发行信用卡、办理个人结算、现金管理等服务；

（3）对私人客户提供投资、理财咨询；

（4）将从国家、大商业银行、证券公司大笔购入的证券分成较小面额出售，与个人投资者进行证券买卖；

（5）代理基金公司、保险公司出售基金、保险等产品。

以上（1）与（2）属于传统的零售业务，而（3）（4）（5）则是自2003年以来，伴随着银行业混业经营的趋势而发展起来的。

对于小银行来说，由于规模小，能否为优秀人才提供更加优越的条件，决定了它们能否超速发展。例如民生银行在从小银行向中型银行发展的过程中，从四大国有银行挖人才，其待遇一开始远远高于四大国有银行。在2004年国有银行上市之后，薪酬调整，员工收入迅速攀升，四大国有银行的收入与股份制银行的收入基本接近。可见，我国银行改制后，小银行能够提供的高收入空间基本没有了。但是，小银行必须向管理者提供更高的收入，否则，小银行就不能吸引优秀人才。没有人才，小银行的零售银行业务发展就没有了根基。

小银行作为草根金融，在大中型银行的夹缝里生存，依托的是本地经济的深入融合。在此基础上，小银行要做强，大力发展零售业务必不可少。

（四）我国小银行的零售银行业务的特点③

13亿人口、几千万小微企业需要银行服务，但银行营业网点、ATM终端等是有限的，这使得小银行可以收取相对较高的费用。如果小银行能够控股信用风险，加强电子服务手段，小银行获利基本上是没有问题的。

---

① 孙艳：《中国零售银行实现平衡发展与盈利的路径选择》，载《金融与经济》，2009（1）。

② 唐丽君：《我国零售银行与批发银行的比较》，载《浙江金融》，2007（3）。

③ 罗明忠：《零售银行业务的特点、发展趋势及启示》，载《云南财贸学院学报》，2001（2）。

小银行零售业务的特点：

（1）单笔业务涉及金额相对较小。比如理财产品5万元起，与批发业务动辄过亿元比较起来，金融相对较小。

（2）业务种类复杂多样。复杂的理财等业务，大型银行有开发能力，而小银行缺少产品开发乃至相应的IT系统维持能力。

（3）成本相对较高。与大额业务比较，同样是一笔银行业务，花费的时间与银行服务也差不多。分子差不多，分母（业务金额）小，成本相对较高。

（4）每笔业务的相对收入较高，如更高的利差，更高的费率等。如小额信贷通常收取的利率约是国家规定利率的2~3倍。

（5）电子化的交易设施，如电话银行、自助银行、手机银行及网上银行。这些电子化设施，使银行服务自动化，降低了人力成本，也提高了服务效率，节约了客户时间。

（6）零售对象对风险较敏感。如一有风吹草动，居民储蓄容易发生存款大搬家的情况；个人对网上银行的安全性较敏感，对ATM吞钱等非正常操作也较敏感。所以，零售银行比较忌讳出差错。

（7）坏账率不高。根据实践数据，在一定的风险防范机制下，消费信贷、住房按揭贷款的坏账率并不高。供应链金融，坏账率也不高。

（8）小银行的零售业务与大银行相比有明显劣势，客户资产规模小，客户需求多样性不足。

零售业务在国外因稳定而丰厚的回报，成了一块肥沃的土地。零售业务已经成为国际先进银行的主要利润来源。由于我国人口基数大，如果零售业务在我国有着可复制的成功的商业模式，那么，商业前景无可估量。国外银行特别重视在我国开展小银行业务，如小额信贷，即是基于此"野心"。

我们认为，小银行不仅能够提供低端的零售银行服务，如果机制创新成功，也可以做好、做强低端业务板块。对于高端零售业务，特别是私人银行业务等，需要与其他金融机构等合作，以弥补自身的不足。

二、国内外银行零售银行业务的比较

（一）发达国家零售银行业务的特点[①]

零售银行业务已经成为国际先进银行的主要利润来源，并成为亚洲银行业

---

① 段军山：《中小股份制银行零售银行业务发展思路》，载《中国流通经济》，2011（2）。

战略转型的重要方向。在花旗银行的总收入中，消费者业务的收入占了一半，美洲银行的私人银行业务以每年超过 10% 的速度增加，加拿大皇家银行的私人财富管理业务的回报率达到 48.3%。

（1）业务模式由分支机构转向以电子化为主的多渠道服务方式。分支机构、电话银行、ATM、网上银行及信用卡业务等多种渠道的服务，既提高了工作效率，也将每宗交易成本降到只及分行交易的十分之一。在经济发达、富有家庭比较集中的加州，就有 1000 多家，超过其全部机构的 50%。

（2）零售业务重点由资产业务转向中间业务，以拓展银行非利息差。零售银行业务的最初发展集中在消费信贷方面，包括住房抵押贷款、耐用消费品贷款等。现在，中间业务已从单纯的代理收付扩大为包括结算、担保、投资管理、个人理财、咨询等广泛内容。

（3）"客户中心型"组织结构及工作方式，一个银行职员就能满足客户的多种业务需求，并且实现了资源共享。

如果说零售银行成功的前提和基础是清晰的客户定位，那么，客户群细分则是基础的基础。商业银行在进行客户群细分时需要考虑四个方面的因素：①财务指标。例如收入、资产、负债等。②人口指标。例如年龄、性别、婚姻状况、国籍、教育水准、职业等。③业务指标。例如对银行的贡献度、使用的产品、其他行的产品使用情况等。④行为指标。例如生活态度、价值观、风险取向、产品需求。无论是设计概要性的客户群细分方案或是详细的客户群细分方案，一般这些要素都会结合起来一起考虑。概要性的客户细分方案通常是设计一些通用的服务理念，详细的客户群细分方案通常则是确定目标客户群的市场方案①。

（4）"金融超市"及"全能型"金融服务人员②。目前，在美国最受推崇的金融高手是 CEP（注册金融规划顾问）。

（二）中外零售银行业务的差距③

1. 2003 年以来，我国银行业已经认识到零售银行业绩稳定的特点

零售银行客户众多，在宏观经济发生变化时，业务的收益与经济波动关联度较低，收益比较稳定。公司银行贷款质量容易受宏观经济周期影响，不良贷

---

① 孙艳：《中国零售银行实现平衡发展与盈利的路径选择》，载《金融与经济》，2009（1）。
② 孙艳：《中国零售银行实现平衡发展与盈利的路径选择》，载《金融与经济》，2009（1）。
③ 段军山：《中小股份制银行零售银行业务发展思路》，载《中国流通经济》，2011（2）。

款容易集中暴露，往往给银行的经营带来明显的波动。大力拓展零售银行业务，有助于降低银行的整体不良贷款率，促进银行业务质量、效益和规模的协调发展。

在银行实际经营中，过去国内中小股份制银行在业务结构上普遍偏重公司银行业务。虽然相继推出了许多新的零售业务品种，但从整体看，仍以传统的结算、汇兑、代理收付等业务为主，高附加值的中间业务品种较少，金融衍生类工具则基本还是空白。在已经开展的零售业务品种中，代理类中间业务占据主要内容。我国商业银行的中间业务与发达国家相比还存在较大差距，中间业务收入占银行总收入的5%～17%，而西方发达国家商业银行的中间业务收入占比最低为25%，花旗银行更是达到了80%。

2. 国内小银行的零售银行业务的主要不足

大众服务标准化，中高端顾客服务个性化，全行服务网络化。其中，标准化服务是基础，品牌化服务是核心，网络化服务是保证①。

（1）我国零售银行业务的发展路径不清晰。我国零售银行的发展路径应该是组建社区型零售银行以及建立跨地域大型零售银行，实现对零售金融市场的全覆盖。如果不遵循这个行业发展规律，就会造成过度竞争和市场低效率，干扰行业的长远发展。

（2）零售银行业市场体系还没有充分发育。零售银行业需要多种角色。既需要"全能零售银行"（特大银行、大银行），也需要"产品生产者"、"分销者"和"管理者"。如图5－2所示，管理者或者负责信息技术系统，并开发产品，或者负责信息系统，并成为分销者。"全能零售银行"则既是产品生产者，又是信息基础设施的管理者，还承担销售职能。

如图5－2所示，零售银行业务价值链在纵向上分成三大环节：首先是产品开发环节；其次是与客户接触的"客户界面"活动（也称为分销），包括市场营销、产品品牌建设、分销合作和在销售点与客户的所有互动活动等，以及向现有客户销售附加产品的全部工作；最后一个环节是基础结构，这又由两部分构成：交易/行政管理和风险管理。

金融产品的生产与分销已经开始分离，小银行的零售银行需要在生产和分销两个环节之间进行慎重抉择：是专注于生产，还是集中于分销。巨额的信息技术投入，让小银行吃不消。大量的资金将投入用于从更新高端的特殊交易平

---

① 李曼：《论服务营销与零售银行市场竞争力》，载《金融研究》，2006（4）。

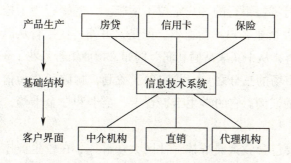

图 5 - 2 零售银行业务价值链

台到普通的 ATM 设备等项目，信息处理能力和容量的大幅度提升完全改变了当代银行业的规模、范围和经济状态，改变了零售银行业的行业生态。

表 5 - 2 零售银行角色

角色名称	
产品开发者	规模小、稳定性较差
分销者	追求价格最低：Aldi 德国超市；ING Direct 便利性：Trade card
管理者	管理基础 IT、交易与支持职能
客户专家	客户资源掌控能力、丰富的客户知识和专用产品开发能力：如 UPS 资本
工程师	具有强大的竞争优势，跨越产品开发者、管理者、客户专家等功能

注：①Aldi：Albrecht Discount，超市品牌，在采购、管理以及物流等各方面都想尽办法降低成本，质量一流，价格最低。

②ING Direct：美国最大的网上银行，荷兰国际集团旗下，"银行业的沃尔玛"，业务分四大类，存款、贷款、公司、投资，简单、便捷、安全。银行不设任何营业网点，纯粹使用网络、电话和电子邮件与客户联络，也不提供自动提款机、不发放支票簿和信用卡，以降低成本。主要盈利来源于利差收入，高利息吸纳存款，低利息发放贷款，不收年费和手续费，不设定最低存款限制等。该网上银行定位"比较高的储蓄回报，尽量节省时间的交易过程"，符合普通美国人，支票存款利率 4%，吸引了大量资金。ING Direct 却将自己的产品"货品化"，排除了个性化与差异化，从而建立了持续的成本优势。

③Trade card：B2B 电子商务交易平台，提供国际贸易相关从业者使用之跨国贸易网络，所有买卖交易及款项收付皆可透过该电子商务交易平台完成，系一无纸化之交易流程。目前主要承做之国家和地区为美国、加拿大、中国香港、中国台湾、新加坡、韩国、日本等。

我国零售银行价值链也有解构和重新整合的要求。小银行和民营银行宜定位于"分销者"模式。城市商业银行、农村商业银行、合作银行和信用社，应该避免"小而全"。发达国家的社区银行，走的是专业化道路①。

---

① 阮永平、王亚明：《我国商业银行经营模式的结构再造：基于国外零售银行发展趋势的价值链分析》，载《上海金融》，2006（12）。

（3）小银行零售银行的客户定位不清晰。一些银行为了抢夺那些所谓带来 80% 利润的大企业客户不惜血本。但是，另外一些银行从海量的中小客户中发现潜在价值，从中获取高额利润。例如，招商银行只花了 3 年时间就占据了国内信用卡市场的三分之一，并实现了盈利，打破了"做信用卡业务前五年赚不到钱"的惯例。它的学生卡、普卡、金卡和白金卡等，聚集了一个巨大的市场。

零售银行要包含三大类群体：社区大众群体、在校生群体和中产阶级群体。中产阶级群体包括中高级经理人、中高级职业技术人员、中高层公务人员，以及中小企业主、投资人等。社区大众群体指社区居民中的城市工薪阶层、个体从业人员，以及农村农民（包括外出打工的农民工）。社区包括城市社区和农村社区。

国外零售银行的市场细分案例：①某银行将顾客分为产品关注型、服务导向型、渠道影响型。产品关注型，主要是高收入的中年人，尤其是家庭月收入在 3 万美元以上的人士。他们对金融产品种类、特色、投资回报率、增值服务、信息、及时性等有要求，对银行规模、实力、设备、技术等也比较看重。服务导向型，主要是女性、年轻人、中等收入者，尤其是家庭月收入在 1 万至 2 万美元之间的人士。他们对服务人员及环境形象、营业厅环境、银行品牌形象等比较看重。渠道影响型，包括看重营业网点的老年人、低收入者，看重网上银行的高收入者。②某银行开发三种新储蓄账户：第一个账户"Vector"的目标市场为"机会主义者"，他们是年轻人，社会或经济地位有上升趋势；第二个账户"Orchard"的目标市场为拥有房屋和建立家庭的群体；第三个账户"Meridian"的目标市场为"传统主义者"，他们拥有大量可支配收入的子女离家者。③苏格兰银行（HBOS）采用多品牌策略，其低端品牌 Halifax，市场最低价格。Halifax 信用卡的发明者把人的一生划分为四个阶段，制定出同金融和生活方式相匹配的信用卡[①]。

（4）渠道整合不够彻底。零售银行通过渠道将产品与服务传递给目标客户。渠道既要传递营销信息，还要完成销售交易。渠道是零售银行市场营销的载体，直接影响买卖双方的交易成本，如买方信息收集的成本、卖方协调营销要素的成本、买卖双方谈判与合同的成本。渠道对零售银行市场营销起着决定性的作用。

---

① 石飞：《零售银行市场细分模型研究》，载《浙江金融》，2010（3）。

多渠道集成可以降低零售银行成本，增加收益。由于小额账户客户数量巨大，银行柜台压力较大。运用好多渠道集成，即使是小额账户客户群，也能微利。为此，必须建立整体的渠道协调机制，重新审视渠道构架乃至于营销组织①。

渠道就是竞争力。对于消费者来说，更愿意通过网点和银行直接接触。网点具有强大的品牌功能，适合复杂产品服务的销售，利于建立长期稳定的客户关系，充分挖掘客户的价值。电子渠道目前还不是网点的替代者。现阶段，如何加大网点布局，特别是加快银行网站和电子银行系统建设，是中小银行渠道建设的重点之一。其中，银行网点建设面临布局规划和网点转型两大关键议题。另外，需要关注：在网点或电子设施渠道，如何建立销售文化，提高销售业绩？如何提供令人愉悦的网点体验？

3. 我国小银行零售银行业务发展不足的主要原因②

（1）中小银行还是以分业经营为主，小银行难以提供全面的金融服务，如证券、保险、基金服务等。

（2）金融监管较为严格，产品创新需要经过审批。

（3）二三线城市客户需求发育不如一线城市或特大城市。

（4）除非以金融工程为产品设计与定价工具，传统的银行业务都是可以复制的。

（5）风险管理能力不足。为了实现优秀的风险管理，银行风险管理应该从战略、组织、流程、模型和工具等五个主要层面进行建设。这些方面的建设，小银行普遍不足。

（6）相应的企业文化建设力度不够。企业文化的核心是企业精神，并内化在组织结构、服务流程、管理制度、名牌战略、员工教育和高层决策者人格魅力之中。不少小银行的企业文化过于平庸，达不到振奋人心的目的。

在本书其他章节，通过对上市银行的分析，发现银行业务、利润、资产规模等分等级，同一等级内没有太大区别。这也是银行同质性的另一个表现。超大型银行，如工行、农行、中行、建行，资产都在10万亿元以上；大型银行，股份制全国性银行，如光大银行、交通银行、兴业银行，资产在3万亿元左

---

① 薛鸿健：《零售银行的渠道挑战与多渠道集成》，载《金融论坛》，2006（4）。
② 张保军：《中小银行零售银行业务发展探究》，载《金融论坛》，2011（1）。

右；中型银行，如华夏银行、北京银行，资产在1万亿元左右；小型银行，如南京银行与宁波银行，资产在3000亿元左右。

国外商业银行经营的零售业务已从传统银行业务，转向证券、保险、基金、评估、咨询、顾问、中介、担保、信息领域发展，银行已经成为个人理财业务的全能机构。

所以，小银行要做好零售业务，做强是必要的，做大也是必要的。小银行可以通过合资、股权合作、业务合作、资产重组等方式来扩大业务规模，实现规模经济；新设机构的方式，可能风险更高，面临更加激烈的竞争。

三、小银行发展零售银行业务的前景分析及对策建议

（一）零售业务市场前景广阔，是各银行发力的重点领域

发展零售银行业务已经具备一系列的有利条件。居民财富的迅速增长为零售银行业务发展带来广阔市场空间，居民收入的分化丰富了零售银行业务的内涵，大力发展零售银行业务符合国家扩大内需的经济政策，资本市场的快速发展促使商业银行在零售银行业务领域寻找新的利润来源，监管政策和规则的变化鼓励商业银行发展零售银行业务，信息技术的广泛应用为零售银行业务低成本扩张提供了有力支持等。另外，我国零售业务刚刚起步，在整个业务中比重较低，但这也意味着零售银行业务潜力巨大，前景无限。

（二）小银行的零售业务将在竞争中前进

1. 小银行要专业化，"以客户为中心"，一线人员要让客户满意

现实中，一方面总分行职能部门对一线网点专业支持不足；另一方面很多银行网点工作人员对金融业务内容不是很熟悉。

部分银行引进"神秘顾客"，监督小银行的零售业务质量。神秘客户是管理者的眼睛。可以聘请一些专家，或者特约监督员，定期对网点或渠道中存在的问题予以反馈。

2. 业务未必要复杂，针对特定人群提供质优价廉的服务是根本

零售业务有非人寿保险、投资基金、汽车贷款、人寿保险、储蓄账户、家宅贷款、汽车租赁、基本账户、信用卡、养老金计划、其他贷款、经纪、客户卡等。只要一项够做强就非常了不起。ING Direct做成了全美最大的网上银行，业务只有四种，关键是提供了最高的存款利率，最低的贷款利率，连支票存款都支付4%以上的利率。另外，间接销售模式使顾客通过网络简便快捷地

获得在线服务①。

满意的客户成为行业最稀缺的资源。由于业务同质化，难以体现个性化、差别化，创新不足，客户很容易流失，价格竞争往往泛滥市场。随着零售银行市场趋于透明化，客户群逐渐成熟老练，谈判能力更强，价格敏感性更高，忠诚度较低。零售银行业正从"产品中心"向"客户中心"转变。如对于富裕的客户，银行要作为客户终身财务顾问，照顾好客户的财务问题，并提供养老金建议、财务优化、风险管理、资产评估等服务，以满足客户的需求为自己的使命，而不是从自己的产品出发。

3. 小银行要有零售业务人才培养的规划与实施方案②

（1）建立多层次、灵活的人才吸纳机制。（2）打造复合型人才的水平证书考试管理体系。如引进美国 CEP（注册金融规划顾问）证书考试。（3）通过薪酬体系指挥棒，打造一支实力强大的客户经理队伍。（4）大胆起用年轻人才。将年纪轻、学历高的员工配置到市场营销、大户理财岗位，优化零售队伍的专业结构、岗位结构、年龄结构、知识结构。

4. 通过成规模的增值服务来提升客户满意度

通过贵宾服务区、理财工作室、VIP 专用窗口、网上商城等为贵宾客户提供便捷而有价值的服务。另外，提供医疗健康、道路救援及保险增值服务，积极策划理财专题沙龙、客户积分回馈、专享产品定制、健康礼包、旅游休闲等更多贴近客户需求、体现客户价值的增值服务项目。

5. 培养复制市场主导创新零售产品的能力

小银行创新能力相对较弱，难以成为市场竞争的领跑者。但由于竞争压力，调查、跟踪、模仿市场领先的零售产品却是必要的。所以，小银行要理顺产品研发机制，明确负责产品管理的机构和人员。针对市场急切需求的新产品，建立零售产品创新快速响应机制。如有可能，重点发展关联性大、综合服务功能强和附加值高的代理、理财、财富管理及信息咨询等业务，通过丰富的综合零售产品组合及优惠方案来满足不断变化的客户需求。

6. 重视业务流程再造，提高业务运营效率③

（1）通过股权等方式引入战略投资者，包括那些能提供给小银行急需的

---

① 辛兵海、杜崇东：《全球零售银行市场增长策略研究及对于我国邮储银行的启示》，载《金融与经济》，2009（8）。

② 段军山：《中小股份制银行零售银行业务发展思路》，载《中国流通经济》，2011（2）。

③ 张保军：《中小银行零售银行业务发展探究》，载《金融论坛》，2011（1）。

管理技术、产品和理念的金融机构。（2）以客户为中心，简单明确的交易流程和后台支持流程。首先，持续优化柜面业务流程。完善零售业务各项制度办法和操作规程，从源头上简化业务操作，提高营销效率，推动客户信息系统和零售业务合约整合工作，解决制约柜面业务效率的瓶颈问题。其次，不断完善零售业务 IT 系统，搭建网点电子化管理平台，提升网点的信息化管理水平。最后，合理划分前后台业务处理边界，探索建立集中化和标准化的后台操作方式，提升流程运行效率，从而释放前台营销人力以深入开展客户营销和维护，提高劳动生产率，改善客户服务体验。

7. 建立多渠道经营战略

如果将网点渠道成本设为 100% 的话，ATM 的成本约为 60%，网上银行、电话银行的渠道成本仅为网点成本的 1/7 左右。加快银行服务流程改造。通过改造银行的 IT 系统，将一些会计处理方面的工作从前台系统移至后台系统，减少前台客户等待时间。进一步整合业务操作系统和流程，减少重复劳动。例如，在一些银行，同一客户办理不同种类业务时，需要重复填写各类资料。如果以客户为单位整合客户信息，实现共享，可以大大简化操作手续，提高工作效率。银行通过增设大堂经理、增加客户经理数量等途径，适应客户办理贷款、投资理财等较为复杂业务的需要。此外，还可以加大银行服务标准化力度，通过产品、服务、流程的标准化，增强批量业务处理能力，从而提高银行服务效率①。

（1）机构设置、网点布局注意拾遗补缺，多在大银行无意设立网点或已退出的农村和城乡发展。（2）以自助设备延伸 3A 服务。以网上银行、手机银行、电话银行、电视银行和 ATM 自助银行建设为主，借助人民银行、银联的现代化支付系统，以及第三方支付平台，建立适合本行业务发展的电子银行大网络体系。扩大自助设备投放规模，提高自助设备使用效率。在确保所有网点都具备自助服务区的基础上，对城区热点区域、网点空白区域加大离行式 ATM、CRS、转账电话、POS 终端等自助机具的投放，迅速扩大本行自助机具的覆盖范围。（3）与大型零售商等合作，把银行网点或自助设备布置到超级市场、商店内。② 英国的 Tesco、Marks&Spencer 和 Sainsbury，法国的家乐福，

---

① 任律颖：《谈"长尾效应"与发展大众零售银行服务》，载《浙江金融》，2010（5）。
② 辛兵海、杜崇东：《全球零售银行增长策略研究及对我国邮储银行的启示》，载《财金融与经济》，2009（8）。

以及加拿大的 Loblaws 都同银行和消费金融公司合作，向购物者提供各种金融服务。

8. 建立合适的风险控制机制与手段

常见的是运行信用风险管理、经济资本管理等手段，科学衡量零售客户风险和违约概率，形成符合自身特点的风险管理模型。在风险管理的组织内部，需要包括信贷审批管理、风险监控、模型设计、模型测试等职能，并且需考虑他们的独立性。更重要的是，需要根据业务类型、风险级别及风险敞口等因素，处理好在组织设置上的集中与分散、各层级的权限关系。

第六章　国内外小银行管理战略分析

第一节　品牌战略

品牌战略早为大中型银行所共识。2005 年 9 月在云南腾冲召开的全国股份制商业银行行长联席会议上，以"资本约束与商业银行经营转型"为题，12 家股份制商业银行行长取得共识：必须实施战略转型——早日实现由传统的外延粗放型增长方式向内涵集约型增长方式的转变，走一条较低资本消耗、较高经营效益的发展新路子。

一、小银行品牌战略的基本概念与理论

一流的品牌卖文化，二流的品牌卖技术，三流的品牌卖质量。银行的品牌也是分层次的，并要通过品牌战略来实现。

（一）银行品牌的概念

1. 品牌的含义

品牌分三个层次，从低层次往高层次依次是：质量、技术、文化。

品牌，从顾客角度感受到的，是产品品质、商标、企业标志、广告语、公共关系等留下的印象。背后包含着先进的技术、优秀的员工素质、准确的市场定位和富于感召力的文化。一个成功的品牌，始终是依靠高质量的产品和服务作支撑。在高质量的基础上，有的采用廉价策略，有的采用高价策略，取决于所服务的人群。德国的超市品牌 Aldi，分为北 Aldi 与南 Aldi，由兄弟俩分别经营，近百年来一直坚持"最好的质量、最低的价格"的定位，现品牌价值均达到了 250 亿美元。兄弟俩节约成本达到了偏执的地步。德国 Aldi、麦当劳、肯德基等品牌，都是通过标准化来保证产品质量和服务质量。

2. 银行品牌的含义

银行品牌包含三个不同的层面：一是法人品牌。如工商银行法人品牌的核心是"您身边的银行，可信赖的银行"。二是产品品牌，如工商银行开发的"牡丹卡"，农业银行的"西联汇款"，中国银行、交通银行的"外汇宝"品牌。三是在对客户细分基础上推出的具有一定特色的银行产品，即客户品牌，如工商银行针对中高收入者开发的"理财金账户"等。

银行品牌有两层内涵：一是金融产品给消费者带来利益的个性化金融服务，它构成了品牌的实体价值。如美国运通信用卡附带购物保障、旅游保险、租车保险、信用卡保险、全球医疗紧急支援、优先订票及诸多商户的打折优惠等，给高端客户带来了价值。二是这家银行的整体形象向目标市场传达的品牌核心价值，也就是银行给消费者的品牌联想①。

根据我国银行业品牌发展的经验，只有面对激烈竞争，顾客的地位被尊为"上帝"时，银行才真正有压力和动力去创建自己的品牌。尽管银行改革很多年，垄断确保了银行对顾客的优越地位，银行对顾客不关心，所有的品牌创建工作都浮于表面。等到了 WTO 过渡期结束，中资银行要面对外资银行的激烈竞争，品牌意识才一下子被叫醒了。

所以，要建设银行品牌，必须在公平、公正和激烈的竞争环境中，市场千呼万唤，品牌从"犹抱琵琶半遮面"，到"却在灯火阑珊处"。

3. 银行品牌形象、品牌资产、品牌价值

银行品牌形象由理念形象、行为形象、视觉形象三部分组成，理念是核心，行为是主体，视觉是外表形式。形象设计要从视觉入手，重点放在理念与行为形象设计上，并使三者构成一个有机整体。

品牌资产由品牌忠诚度、品牌知名度、品牌品质和品牌联想等要素构成。

品牌的价值＝定位×知名度。知名度的高低与品牌的价值不一定是正相关关系。前提是市场定位要准确，如果定位不清，知名度再高，品牌的价值不一定随之增长，有可能反而越低，甚至是负数。

（二）商业银行品牌战略的概念

品牌战略是银行业发展到高端的异质竞争后之逻辑产物，是企业核心竞争力物化和商品化的表现。

品牌战略是企业通过品牌载体提高企业核心竞争力所采取的一系列手段和

---

① 蒋俊文、黄平阳、陈军：《城市商业银行品牌战略初探》，载《金融经济》，2007（4）。

策略的总和，需要从品牌定位、品牌规划、品牌营销、品牌维护和品牌文化 5 个方面来具体实施。国际金融机构以明确的品牌定位统领战略的实施、自上而下合理确定品牌规划、开展各具特色的品牌营销、以"关系"为导向进行品牌维护、把品牌文化寓于科学高效的人力资源政策中。商业银行品牌战略的内容主要包括：通过细分市场，确定目标市场，进行品牌定位，建立银行和金融产品的品牌形象，形成品牌联想，开展品牌推广，塑造品牌知名度，进而提高消费者对品牌的满意度和忠诚度，并对品牌进行维护，开展品牌创新的一系列活动[1]。

银行业品牌战略的确立，可以从两个层面进行分析：第一个层面是从自己这家银行在整个银行同业中所处的位置去分析。第二个层面是从自己这家银行在整个市场中的业务着力方向和着力重点去分析[2]。CAP 定位战略理论，即 Customer、Arena、Product。以特定的产品来满足特定细分市场的顾客。

品牌定位的实质就是进行市场细分、确定品牌形象、树立品牌个性的过程。品牌定位是品牌传播的基础，它使消费者能够对该品牌产生正确的认识，进而产生品牌偏好和购买行动。金融企业应该在有效顾客群体中建立自己的市场形象，同时根据品牌的特性进行品牌定位。

二、国内外商业银行品牌实例

美国部分银行服务质量高的秘诀就是不断从客户的意见中改进工作，不断改善和创新，提供优质服务，既吸引了客户，又对品牌维护起到了积极的作用[3]。

（一）国内外银行品牌常见表述

通过市场细分塑造鲜明的业务特色，是国外金融企业品牌定位成功的原因之一。恒生银行定位于服务最佳的银行；渣打银行定位于历史最悠久、最为安全可靠的英资银行；汇丰银行创造出"环球金融、地方智慧"的定位。美国泽西联合银行塑造本银行的个性特征时突出了"快速"这一概念，通过"快速能赚钱"、"珍惜你的时间—如你的金钱"等广告承诺将其塑造成为"办事快速的银行"。

---

① 宋娜、李冰倩：《论商业银行最根本核心竞争力——品牌战略系统工程的建设》，载《沿海企业与经济》，2008。

② 严晓燕：《追求服务最高境界打造服务领先型银行品牌》，载《中国金融》，2003（13）。

③ 庞加兰、白艳：《国外商业银行的品牌战略》，载《商业时代》，2009（6）。

工商银行坚持"以客户为中心"的理念，提出"要关注客户的服务体验"、"做服务就是做细节"、要成为客户"身边的银行、可信赖的银行"等。

农业银行将"伴你成长"作为农业银行全新的品牌战略，即法人品牌，将"四金"产品系列作为产品品牌。"四金"系列包括对公客户的"金光道"产品系列、个人客户的"金钥匙"产品系列、银行卡业务的"金穗"产品系列、电子银行业务的"金 e 顺"产品系列。

2007 年 6 月，华夏银行推出了"现金新干线"产品品牌，它是国内首家现金管理示例品牌，集成了集算快线、集付快线、E 商快线、速汇快线、直联快线、透支快线、银关快线等七大类产品，速度快、产品全、功能多、服务新。

民生银行的市场定位就相当清晰：服务于"民营企业、中小企业、高科技企业"。后研究开发了高科技担保和贴现贷款、应收账款抵押贷款、标准厂房抵押贷款等产品，为中小民营高科技企业提供了全方位的信贷服务，在中小企业客户群中树起了自己的"金字招牌"。

（二）招商银行

招商银行在国内品牌建设的工作起步较早。招商银行品牌的确立，是通过提供情感渗透的服务和不断创造新的产品去诠释品牌的灵魂来实现的①。招商银行的一卡通、一网通、"金葵花"品牌（投资通、易贷通、居家乐）等产品创新，取得了巨大成功，树立了产品品牌。

招商银行很善于与媒体打交道，依托高端媒体，整合传统媒体与新媒体。招商银行与国内外众多企业发布联名银行卡，包括百度、三星、NBA、百事、MSN 等。每一次和其他企业合作，媒体都纷纷跟踪报道，而招商银行则借助这样的机会在媒体中亮相并阐述自己的理念，传播自己的品牌。通过传媒公关、资源整合、公益赞助等公关方式，招商银行积极地促进了品牌与市场的良性互动，从而提升了品牌在目标消费群体中的知名度和美誉度。

根据招商银行品牌传播经验，企业文化与品牌传播，虽然一个注重内部管理，一个偏重外部认知，看似不相关，但在企业发展的过程中，必须相互统一，融为一体。金融企业应该有意识地树立起基于企业文化的品牌传播体系②。

---

① 徐芳、曹卓：《商业银行品牌建设现状及策略思考》，载《财经理论与实践》，2004（11）。
② 刘晓英：《金融企业的品牌传播策略研究——以招商银行为例》，载《特区经济》，2009（5）。

（三）兴业银行

兴业银行的"绿色信贷"品牌营销。绿色经济是全球经济、国际社会必须面临的问题，是一个大的趋势，中国原来这方面相对弱。该产品创新为兴业银行赢得了较大的市场空间和良好的舆论氛围。

兴业银行的"银银平台"通过帮扶小银行，拓展了营业网点。兴业银行利用人才、科技、网点等优势资源，针对中小金融机构在系统建设、产品研发、资产负债管理等方面的困难和需求，提供支付结算、财富管理、融资咨询、资本及资产负债结构优化、科技管理输出、资理、综合培训等特色服务，通过合作实现了多赢。"银银平台"累计签约中小金融机构几百家，联网网点超过 1.5 万个，达到甚至超过了大银行的网点规模。这为兴业银行带来竞争优势，特别是在结算方面。

在传统的支付结算领域，兴业银行加快转型，更多地发展现金管理以及第三方支付领域。这种正确的方向已经为市场所接受。

（四）信用卡品牌

我们将信用卡产品分为四类：核心产品、增值产品、专属产品和礼遇产品。核心产品是那些必不可少的，包括存、贷、转、提等功能以及还款、授权等项目。增值产品包括用卡折扣、短信提醒、保险赠送、行程安排、订车订票订房、旅行协助等增值服务。专属产品是那些与合作方共同开发，只针对特定持卡人群体推出的专属功能。如财政公务卡是与财政部门合作开发的，供政府部门及其工作人员专用的具备采购支付、费用报销、国库还款和财政监控等专属功能；交通卡是与交通管理部门合作开发的，具备罚款罚分等交管功能；航空联名卡往往具备订票订座、积分和会员管理等专项功能。礼遇产品是针对一些高端客户，如为白金卡客户提供的一些高端产品，例如高额保险、SOS 服务、律师服务、翻译服务等。

信用卡产品是一种"不容易辨认"的产品，口碑对其品牌极具影响力。如果一个商业银行有 1 000 万客户，那么 1% 的客户不满意也会造成重大问题。因为 1% 的客户就是 10 万个客户，10 万个客户的不满意如果在市场上传播开来，会对商业银行的形象和品牌造成极坏影响。典型的例子是关于工商银行信用卡和网上银行品牌的。由于全国比例极小但绝对数量不少的客户，在网站上集体声讨：中国工商银行网银、银行卡或信用卡被他人盗取或盗刷，而中国工商银行却不承担丝毫责任。这种声讨给中国工商银行的品牌造成恶劣影响。最后，中国工商银行不得不将用户端的网络安全责任承担起来，设计了木马检测、安全控件等程度，并着手赔偿。

美国运通公司是世界最大的独立发卡机构，拥有自成系统的特约商户网络，核心客户是高端商务人士和旅行者。它按顾客类别分出了三条产品线：个人卡、小企业卡、公司卡。个人卡产品线包括三种不同类别的产品品牌：高端卡（绿卡、金卡、白金卡）、灵活快捷卡（蓝卡）、联名卡（与飞行公司和酒店合作发行）。高端卡与高端定位相符。蓝卡作为侧翼品牌，用于与维萨和万事达竞争。联名卡选择与酒店和航空公司合作，符合其主要为高端商旅客户服务的企业定位。

三、小银行品牌战略中存在的问题分析

国内，招商银行在从小银行向中型银行发展过程中，品牌战略起了重要作用。1995 年 7 月发行"一卡通"，两年后又成功创建了"一网通"的网上银行品牌，在国内首创了 B to C、C to C 网上支付、网上个人汇款、网上贷款、网上信用证等多项产品和服务。

但是，由于银行业务管理集权制与品牌管理分散制之间的矛盾，金融市场的不发达和竞争的不充分，品牌投入的当前性与产出的远期性之间的矛盾等，使国内许多小银行在品牌战略总是存在这样或那样的问题。

1. 品牌定位不准，内涵理解不够深刻

国内商业银行市场定位雷同，金融产品同质化现象严重。一般来说，市场发展要经历三个阶段，即广告力阶段、营销力阶段和品牌力阶段。在成熟的市场经济中，市场竞争的终极就是品牌的竞争。我国大多数商业银行意识到了短期广告和营销的重要性，但尚未上升到以品牌来推动长期的、深层次的金融竞争。

深圳银行业的品牌竞争大约经过了三个阶段：从法人品牌竞争，到产品品牌竞争，再到客户品牌竞争。外资银行从法人品牌的宣传转向大力推广适合国内客户群体需求的产品品牌，特别是个人理财领域。外资银行避开网点劣势，主攻高端客户，发展理财等中间业务，以较少资源获取利润的最大化。

2. 品牌实施不力

国内部分银行通过品牌实施来提高服务质量，打造服务品牌。ISO9000 族标准，是国际标准化组织制定的一系列质量管理和质量保证国际标准。

（1）品牌缺乏与客户的情感交流，没有取得客户深层次的认同，没有引

起客户的共鸣和情感归依。需要树立"利益诉求＋情感诉求"的营销概念①。

（2）银行品牌策略的实施需要一定的基础。品牌规划必须结合企业的资源与能力，品牌策略应纳入企业整体战略系统中，并得到其他相关策略的有效和默契配合，才能收到预期效果。如果产品创新跟不上步伐、价格定位不配套、分销网络及网络形象不力、促销缺乏力度或缺乏针对性、人才素质低下以及企业形象不良，那么实施品牌战略就无从说起。

（3）品牌推广形式单一。国外商业银行通常采取集中营销、专业营销、针对性营销等多种营销方式，以提高品牌营销效果。国内商业银行在品牌经营方式上，偏重于媒体广告的重磅轰炸，但思维贫乏、创意雷同。强势金融品牌确实在品牌建立初期或品牌创新过程中投入大量广告，如并购、重构品牌体系、变更公司品牌标识、新产品推出、重振旧品牌等时期②。但是，客户的需求和带给客户的核心价值是强势品牌的核心。

国内品牌推广做得较好的招商银行通过大众媒体、户外广告、互联网、公关路演、客户中心和银行账单用户手册等宣传渠道，反复传递品牌信息③。这些品牌营销活动，花销不大见效大，体现了商业智慧。

（4）企业形象识别系统 CIS 与品牌。CIS（Corporate Identity System）即为企业形象识别系统，是指一个企业区别于其他企业的标志和特征，它是企业在社会公众中占据的特定位置和确定的独特形象。CIS 由 MIS（Mind Identity System）、BIS（Behavior Identity System）、VIS（Visual Identity System）三个子系统构成。理念识别系统（MIS）包括企业的经营哲学、经营宗旨、经营目标、进取精神、职业道德、经营作风等，是 CIS 的灵魂。行为识别系统（BIS）是动态识别符号，包括对内行为、对外行为，对内行为主要指教育培训、内部营销、研究发展等；对外行为主要指市场调研、公关活动、赞助、资助等。视觉识别系统（VIS）包括物资设备形象、员工形象、品牌形象等，是静态识别符号。

花旗集团新标识中的红色弧形被定义为梦想和现实之间的桥梁；法国巴黎银行的"起飞"标识意味着在新起点上的崭新发展，不断追求。

（5）缺少专业性的品牌管理工作。专业的品牌管理部门由两个层次构成：

---

① 乔海曙、王军华：《品牌经营：银行竞争的战略制高点》，载《金融理论与实践》，2005（11）。
② 谢治春：《强势金融品牌特征与我国商业银行品牌发展》，载《上海金融》，2010（7）。
③ 中国工商银行第三期领导干部研究班课题组：《工商银行实施品牌战略提高核心竞争力研究》，载《金融论坛》，2008（7）。

一是建立战略性品牌管理部门，其主要职责是：制定品牌管理的战略性文件，规定品牌管理与标识运用一致性策略方面的最高原则；建立母品牌的核心价值及定位，并使之适应公司文化及发展需要；定义品牌架构与沟通组织的整体关系，并规划整个品牌系统，使公司每一个品牌都有明确的角色；品牌延伸和提升等方面战略性问题的解决；品牌检验、品牌资产评估和品牌传播的战略性监控等。二是培养品牌经理，其主要职责是：制订产品开发计划并组织实施；确定产品的经营和竞争战略；编制年度营销计划和进行营销预测；与广告代理和经销代理商一起研究促销方案；激励推销人员和经销商对该品牌产品的支持；不断收集有关该品牌产品的资讯，发起对产品的改进，以适应不断变化的市场需求，培养品牌经理的目的就是造就一批能创造拓展银行品牌市场的管理人才[①]。

3. 对品牌建设的长期性、系统性、动态性认识不足

（1）品牌价值是一个不断提升的过程。品牌的核心价值分为三个层面：功能型利益、情感型利益和自我表现型利益。通过品牌战略的不懈努力，从比较低的层面向比较高的层面不断前进。品牌的构建、内核扩充、推广、维护、提升，是一个漫长而艰辛的过程，必须踏踏实实，一步一个脚印，容不得半点短视、浮躁和投机取巧[②]。

品牌的成长要经历从功能认可到价值认可的升华过程。这个过程大体可划分为产品阶段、概念化品牌阶段、公司理念阶段、品牌文化阶段和品牌精神阶段。在产品阶段，营销只是一种功能化产品，它缺乏更深的价值；在概念化品牌阶段，情感价值是主要的营销特征；在公司理念阶段，各种不同的品牌在公司理念的统一下相互结合，形成与公司理念相依的可靠度和信任度；在品牌文化阶段，营销变成了文化的竞争，品牌文化意味着一个品牌已经获得了强有力的市场地位，消费者已经意识到该品牌与其代表的功能的一致性与等同性；在品牌精神阶段，消费者已经把品牌看成一种信仰和追求，品牌的价值与消费者的价值变成了一种相互认可、相互提升价值的关系：你以"我"为荣，我以"你"为贵[③]。

（2）品牌建设需要职工满意和顾客满意。留住老客户的秘诀在于商业银

---

① 林谦：《金融品牌、差异化营销与银行核心竞争力——对深圳银行业品牌竞争的实证分析及其策略思考》，载《金融论坛》，2004（5）。

② 楚毅涛：《商业银行品牌战略分析》，载《现代商贸工业》，2009（2）。

③ 徐诺金：《银行营销：创立你的品牌》，载《中国金融》，2004（20）。

行拥有一批高素质、充满活力和竞争力、能够创造较高顾客满意度的员工队伍。在这种意义上，高素质的员工队伍也是商业银行的品牌。没有忠诚的员工就不会有忠诚的客户①。

商业银行的品牌建设要获得内部顾客——员工的满意，增强员工的归属感和自豪感。商业银行的品牌建设要获得外部顾客——消费者的满意。品牌的提供者、合作者、策略联盟、消费者、发展伙伴和投资者等构成的影响，使得一个品牌的形象会被定义得非常宽泛。品牌的生态环境也就变得非常复杂。而成功的经营和持续发展需要有一个强大又充满活力的品牌生态环境②。

四、小商业银行实施品牌战略的对策

（一）以中小企业为服务对象的金融市场竞争将日趋激烈

一是大企业不断通过债券市场或股票市场融资降低成本，大银行的客户"下沉"，即大银行也来抢中小企业客户。2000 年前后纷纷撤离农村市场的商业银行不断"重新返乡"，加入新一轮抢占农村金融市场的行列。二是农村信用社、农村合作银行为保护已有的市场份额和抢夺更大的市场，不断创新产品品种，提高服务质量。三是邮政储蓄银行改变以往只从农村"吸金"的做法，已开始开展小额贷款发放等业务。四是农村资金互助社、贷款公司、小额贷款公司等也各尽其能，继续扩大自己的经营范围。

（二）小银行品牌战略需要找准市场定位

1. 品牌战略定位要做好功课，不要草率

中小商业银行实施品牌战略，进行市场定位，进而确立品牌定位，应做好以下工作。第一，做好市场分析，对市场进行细分。第二，正确评价银行内部条件，包括银行自身的优势和劣势。第三，深入研究竞争对手，包括竞争对手的优势和定位，品牌产品和品牌服务等。第四，选择目标市场。通过与竞争对手比较，扬长避短，选择目标市场和目标客户。第五，确立品牌定位。通过分析目标客户的需求和偏好，确定能凸显银行个性的品牌产品和品牌服务。

2. "让开大路，占领两厢"，以产品品牌带动法人品牌建设

我们以广西百色市平果国民村镇银行为例。沿海地区村镇银行的客户以个

---

① 王升：《对商业银行品牌经营的思考》，载《商业研究》，2005（15）。
② 中国工商银行长春金融研修学院课题组：《工商银行品牌竞争策略研究》，载《金融论坛》，2009（1）。

体工商户、小微企业为主，"三农"次之，而欠发达区域村镇银行则以"三农"、个体工商户为主要客户，小微企业次之。该行根据平果县经济社会发展状况，重点支持生产效益好、有诚信、守信用的小微企业、个体工商户及农村种养殖户，大力支持养殖业、林业经济等建立专属特性品牌。

（三）建立品牌管理体系，做好品牌管理工作

强势品牌拥有强大的市场力量，当一个品牌在市场拥有越强势的力量时，消费者对其延伸产品通常给予较高的评价，则品牌的延伸力越强[①]。但是，对于小银行来说，往往缺少强势品牌。

1. 处理好法人品牌、产品品牌、客户品牌的关系

花旗银行以带红伞的 Citigroup 作为高端私人银行业务及投资银行业务品牌，用"银行品牌名称＋金融业务品牌名称"的方式命名不同种类的业务，如Citigroup 加上公司和投行业务（Corporate and Investment Banking）、私人银行业务（Private Bank）、资产管理业务（Asset Management）等，Citigroup 作为驱动品牌，可以提高金融产品的可识别性，降低客户的知觉风险等。

2. 坚持品牌创新，保持品牌活力

小商业银行要真正创造出有生命力的品牌，必须不断品牌创新。第一，品牌创新要抢占市场先机，领先一步；第二，要建立健全品牌创新和推广的运作机制；第三，品牌创新要充分利用 IT 技术的发展，增加品牌的技术含量；第四，品牌创新要面向市场和客户，因为品牌创新的目的就是要扩大市场，吸引客户；第五，品牌创新要特别注重对银行品牌风格的继承、延续和发展。通过创新产品和服务的推出有利于对品牌的反复强调，保证品牌的活力。

3. 加强专门的品牌管理

包括两个层次的内容，一是成立品牌管理委员会，以加强跨部门合作与协调。二是培养一批高素质的品牌经理，负责银行品牌的战略决策。这是品牌战略成功的人才保证。

（四）综合运用资源，保障品牌设计、创新、维护

1. 做好内部的风险管理，比如说各类业务之间防火墙的建设、风险敞口设置和资本覆盖。

2. 要加强内部的授权和流程的管理

无论哪一种内容的服务，就其要素而言，都可以分为功能、流程和关系三

---

① 曹艳爱：《商业银行品牌伞策略初探——一个概念模型》，载《金融与经济》，2011 (1)。

个要素。流程安排好了，与客户关系就更容易维持。在业务发展过程当中，风险是必然的，关键是内控怎么去加强，做好制度的建设、流程的控制。

3. 人才队伍的储备要跟上[1]

如果服务人员可能被赋予更多机动处理权限，服务人员将应具备高素质、高学历并应获得相应的高报酬[2]。

4. 危机公关

品牌建设过程中，总会有一些突出事件。这些事件处理好了，就能变危为机。如果处理不好，就会产生负面影响。例如，中国工商银行的网银、银行卡品牌就曾经遭遇过全国资金被盗者或卡被盗刷者的抵制。

（五）加强企业文化建设，塑造品牌形象

"小型企业发展靠机遇，逮住机遇可能会赚一大笔钱；中型企业发展靠制度；大型企业发展靠文化。"话虽这么说，但是，不少高科技创业者往往一开始就以强烈的企业文化激励员工。

1. 文化是小银行创造强势银行品牌的基础

小商业银行实施品牌战略，需要体制、机制、文化、人才等各个方面长期和系统的配合。在竞争中处于整体劣势的小银行，要根据实际情况选择适合自己的品牌文化，从细微处做起，从平时做起。通过积极健康的品牌文化来调动团队的积极性，以主观能动性来扭转不利的竞争局势。

小银行要创建一种富有凝聚力和向心力的具有导向性的企业文化，并通过完善企业文化传播机制，扩大宣传，增加银行和产品的知名度，提升银行的形象。

2. 学习型、团队型、进取型、创新型的企业文化

学习型企业文化是人本管理的重要体现，通过加强培训、鼓励员工个人学习和不断超越自我，以提高员工的全面素质与整体素质，形成共同价值观，改善心智模式，培养系统思考能力，进而增强小银行的竞争力。这种学习主要针对员工"干什么学什么，缺什么补什么"，是一种目的性很强、拾遗补缺式的学习。团队型企业文化的核心是全体员工协同合作，加强向心力，增强凝聚力，使个体利益和整体利益达到高度统一，继而推动整个团队高效率运转。优秀的团队文化建设应由卓越的组织领导、互补的员工队伍、共同的发展愿景、明晰的奋斗目标、科学的激励考核等组成。进取型企业文化推崇通过员工努力

---

[1]　孙芙蓉：《在转型中打造民族金融品牌》，载《中国金融》，2011（21）。
[2]　叶友：《客户服务是商业银行信用卡品牌建设的最主要途径》，载《金融论坛》，2008（1）。

工作、积极进取、不懈奋斗，从而推动村镇银行不断向前发展。这要求村镇银行员工保持持续奋斗、永远进取的精神，发挥个人、团队的智慧，用大家的聪明才智去解决村镇银行发展过程中碰到的各种经营难题。创新型企业文化是一种以创新为核心的企业价值观念、经营理念、道德准则和行为规范的综合体，它是能够激发、培育和推动创新活动的企业文化类型①。

第二节　人力资源战略

我国人力资源管理理论与经验主要从国外学习而来，取得了诸多成绩和经验。但是，小银行发展的人力资源战略存在诸多问题，需要我们寻求对策。

一、小银行人力资源战略的视野

我国小银行数量众多，不少小银行具备发展成为中型银行乃至大型银行的潜力。人力资源战略作为小银行发展战略的重要支柱，需要以宽广的视野来审视。

（一）小银行人力资源战略的理念

人力资源战略该从什么视角来认识？整体的？员工的？还是市场的？这个问题说简单也简单，因为万变不离其宗，离不开"人"字：要让优秀员工干事有舞台、创业有机会、发展有空间、社会有地位。这个"毛坯"始终是要经过绩效、激励、培养等铸造过程。

1. 小银行人力资源战略的特征

（1）战略要对传统的人力资源管理进行提纲挈领。传统的人力资源管理工作有着自己的基本流程和工作内容，如人员招募、新员工培训、工资及薪金管理、奖金和福利提供、工作绩效评价、沟通、培训、雇员献身精神的培养等。对于小银行来说，其人力需求一般是由部门或基层提出来的。这些基本工作内容不能叫做战略，它是可以外包的，是人力资源战略的底层支架。（2）战略是小银行对外界环境变化的应对，比如说监管政策变化的应对。通过对外界环境变化的分析，人们制定了战略；通过战略实施达到了"变"的目标，变则通。小银行在外界环境变化的不利压迫下需要进行调整。有时候，实施战略的过程中，外界环境发生了新的变化，原有战略目标就需要变化。战

---

① 蔡旺：《基于地域差异化的村镇银行品牌建设研究》，载《湖北农业科学》，2012（10）。

略是时间的函数，是动态的，是与环境变化紧密相关的。（3）战略必须抓"节点"、"重点"、"难点"，不能淹没在常规性的日常工作当中。由于监管层更加注重资本节约，改变了过去注重资产负债比的监管思路，小银行的经营环境发生了改变，即再难以如以前那样大规模地资产扩张，而必须寻找更多的节约资本的盈利模式。否则，就面临着不断补充资本的监管压力。（4）战略需要超前，需要预测性，以便应对未来的挑战，应对未来的不确定性。正是监管思路的改变，小银行不得不引进战略投资者，不得不发展中间业务、表外业务等。这从根本上改变了我国小银行的增长模式。

2. 小银行人力资源战略要抓住关键人才

高端人才流失、不作为或者乱作为，是一个头痛的问题。高级人才包括管理人才、专业人才和技术人才，具有高增值性、高专用性、难以替代、不易监督、工作成果不易加以测量和评价等特征。这些特征决定了对高级人才要使用正向激励的方法，来提高其工作满意度，而采用强制压迫的办法则产生较坏后果。如何调动高端人才的积极性呢？

我们总结了国内外绩效与薪酬方面的丰富形式，归纳为：外在报酬与内在报酬，直接定价与间接定价，固定报酬与可变报酬，固定薪酬、年度奖励、递延奖励等。它们都是物质激励的基本手段，要告诉人们工资、资金、津贴、福利的结构和数量如何确定。（1）工资是对人力资源的直接定价，是固定报酬，也是固定薪酬。（2）奖金、津贴、企业福利中部分属于直接定价，部分属于间接定价。（3）股权收益、利润分成等属于间接定价，也属于可变报酬；年终，企业利润的某固定百分比在各部门和各层次管理人员之间进行分配，是年度奖励；股票期权等往往是递延奖励，需要在任期后未来几年特定的时间兑现。（4）员工全部物质性收入是"外在报酬"，而培训的机会、吸引人的企业文化、班车等是"内在薪酬"，是无法量化的非货币性价值。

直接定价比较稳定，且有契约保护（如劳动合同）；间接定价不稳定，缺乏契约保护或者契约保护的是不稳定的收益（如股份协定）。年度奖励不能很好地抑制经营中的短期行为，递延奖金将经理人员的应得奖金延迟发放，能否收到该笔奖金取决于递延期中是否继续努力工作。股票激励包括股票期权、干股、岗位股、贡献股、知识股等[①]，一般属于间接定价、可变报酬、可变薪

---

① 田冠军、汤培丽：《财务定价、人力资源资本化与薪酬激励——兼对美国金融危机的思考与建议》，载《财会通讯》，2008（8）。

酬、外在报酬，可以是年度奖励，也可以是递延奖励。

3. 员工激励

关键人才自然重要，中层干部及普通员工也不可忽视。但是，不同银行对员工的态度并不相同。在客户、员工、股东这三者中，原国有银行重视股东，而忽视员工和客户。现在，由于客户的地位上升，员工的地位也有所上升，但是，股东的地位仍然是最重要的。小银行的情形也基本差不多。随着我国银行改革的深入，员工和客户的相对地位还要上升。

中层干部和普通员工的工作动机分为保健因素和激励因素。保健因素包括物质工作条件、工资、福利、工作稳定性、人际关系、公司政策、管理措施、监督等。激励因素包括挑战性的工作、工作责任、成就、赏识、自我发展的机会等。保健因素如果得不到满足，员工会产生不满情绪、消极怠工、罢工等。激励因素的改善会使员工满意，并可以激发员工工作积极性，提高劳动生产效率①。对于重要岗位和重要员工，要运用激励因素，对于普通员工，则要运用保健因素。这两种因素的搭配使用能让激励效益最大化，从而最大限度地增加股东收益。

举个保健因素的例子，美国银行业认为家庭生活直接影响员工的工作情绪、工作态度和工作效果，因此，比较关心员工的生活、家庭和心理健康。EAP（员工帮助项目）服务是美国近年来新兴的员工福利项目，服务中心内配有心理专家、理财专家、健康专家、青少年教育专家等专业人士，供员工及其家庭成员电话咨询②。近些年来，国内不少银行也开始学习这种做法，提供菜单式服务项目，由员工选择部分服务项目。

4. 人力资源管理不断创新是人力资源战略的必要内容

人力资源管理只有不断创新，才能完成战略级别的资源管理任务。

岗位设置和岗位评价。以我们的学习榜样美洲银行为例，该行通过职业规划讲座和编写职业计划手册让员工形成明确的职业定位，同时划定清晰的职级体系，并把每一职级对应的任职条件制度化。员工明确自己的职业目标后，企业为其成长创造条件，采取脱岗培训、攻读学位、定期轮岗、增加课题研究和技术攻关以及专家扶持等多种培养措施来激励人才③。但是，前几年盛行的岗

---

① 董航、姜林：《双因素理论下农村金融人才培养模式创新》，载《安徽农业科学》，2011（24）。

② 邓丽娟：《美国商业银行人力资源管理启示录》，载《农村金融研究》，2006（9）。

③ 张浩、徐旭门：《国际视野下国有商业银行人才流失问题研究》，载《中国商贸》，2012（18）。

位设置和岗位评价现在已经不算新鲜了。

职位和职级的设置。（1）设立首席经济学家、利率分析师、汇率分析师、债券分析师、股票分析师、财务总监、高级审计师、技术总监、主任工程师等专业技术序列。（2）将职位分为3大类和13个序列，规定相应的职级。3大类包括经营管理类、专业技术类、技能操作类。13个序列包括：客户关系、产品、运营、交易、风险管理、财会、稽核监察、信息科技、法律法规、人力资源、规划研究、行政文秘等序列。将专业技术类职位从高到低划分为四个等级：资深级、高级、中级、初级。高级别专业技术类职位，有责有权，在业务权限范围内被赋予了相应的管理、决策、指导的权力。管理和技术人才包括高层决策、智囊参谋、高级管理、营销管理、科技管理、信息管理、产品设计、人力资源管理、财务管理、投资管理、安全管理等11个类型[①]。

后备队伍建设。加强对后备人才的选拔培养，是加强企业经营管理者队伍建设的重要内容。

"人力才干模型"。发达国家银行业一般都将它作为整个行业的用人标准。我国在这方面进行了有益的理论探索和实践，但还不够成熟。人们将胜任力分为通用能力、可转移能力、独特的能力三种能力。能力的测评方法主要有行为事件访谈、专家小组、评价中心和问卷调查等4种。其中，评价中心法是一种十分综合的测评方法，形式多种多样，有纸笔测验、管理游戏、公文筐测验、角色扮演、小组讨论、演说、案例分析、事实判断、面谈等[②]。商业银行行长胜任力模型包含行长的基准胜任力（Threshold Competencies）和优秀行长胜任力（Differentiating Competencies）两类因素。优秀行长胜任力包括执行力、分析性思维、客户导向与市场意识、资源配置意识、创新与开拓意识、组织协调和领导能力、团队意识、公关能力、信息搜寻等。行长基准胜任力包括风险意识、成本意识、正直诚实、责任心、专业知识、培养下属、明确的发展目标、学习能力、服务意识、成就导向、沟通技能、遵守规则、主动性等。据实际检验，该方法对行长的工作绩效有较强的预测能力和区分能力。

小银行的不同发展阶段，核心人才是有区别的。王静（2005）分析了发展阶段、成长阶段、成熟阶段等不同阶段的核心人才[③]。

① 扈文捷：《我国商业银行人才职业发展的制度设计和借鉴启示》，载《武汉金融》，2011（9）。
② 李玥：《蓝海战略与农业银行高级人力资源管理模式探索》，载《湖北社会科学》，2009（8）。
③ 王静：《银行核心人才的分类和管理》，载《中国人力资源开发》，2005（7）。

（二）小银行人力资源管理近期创新

1. 员工成长不同阶段的不同激励方式

表6-1给我们提供了符合心理学规律的员工不同成长阶段的激励方式。

表6-1　　　　　　不同阶段员工关注重点及其对应的激励方式①

员工职业阶段	员工关注重点	激励方式
进入期	学习和成长的机会 尝试多种不同的工作 快速适应环境	基层的岗位轮换 更多的表扬和肯定 良好的培训和学习环境
成长期	专业技能的精深 快速成长 业绩认可和薪酬增长	专业培训 有挑战和难度的工作指派 小幅度、多频次的薪酬调整
成熟期	较好的薪酬福利 晋升机会 社交网络 获取跨领域的知识 照顾家庭的时间	较高的薪酬水平 晋升机会 内部及外部的交流机会 多领域培训 工作生活平衡
流出/保留期	长期留任或职业转换	职业通道转换的机会

2. 人才流失模型

普莱斯模型认为，员工的工作满意度和变换工作机会的出现是员工流失的决定因素。工资、融合性、基础交流、正规交流和员工满意度正相关，集权化与满意度负相关。普莱斯模型的理论前提为：只有员工对当前工作不满，且调换工作的机会好时，才会调换工作。

3. 职业高原

个体在组织中进一步晋升的可能性很小，是"结构高原"；个体掌握了与工作相关的所有知识和技能之后，工作缺乏挑战性，是"内容高原"。克服内容高原，主要采用轮岗方法，克服结构高原，主要靠公平的晋升机制。客观、公正、科学、规范的晋升体系，使优秀员工晋升上岗。这样，那些上进的员工的精力就会放在能力提升上，从而刺激员工上进，克服结构高原心理②。尽管仍然有部分人确实因能力不足而无法晋升，进而出现"结构高原"，整个组织

---

① 曾烨：《略论金融企业人才管理问题》，载《南方金融》，2009（11）。
② 况娅芸：《金融企业人力资源管理中应对职业高原现象的策略》，载《南方金融》，2009（11）。

却已经达到最优了。

4. 人力资源会计

国外对人力资源会计进行了有益探索，内容包括：（1）人力资源会计平衡公式。物力资产 + 人力资产 = 负债 + 劳动者权益 + 所有者权益。（2）设置人力资产账户、人力资本账户、人力资产累计折旧账户、人力资产成本费用账户、人力资产损益账户、劳动者权益分成账户。（3）人力资产核算、劳动者权益核算、人力资源会计核算的账务处理和人力资源的会计报告。

二、我国小银行人力资源管理存在的主要问题

沈咸淳（2009）研究得出，国有商业银行人力资源管理存在的不足表现在缺乏合理有效的激励机制、人事管理行政化和人才结构不合理、人才培养机制不健全、人才考核与选拔不科学等四个方面。这些问题在政府控股为主体的小银行里不同程度地存在着。

（一）人力资源管理在战略上缺乏规划性

目前小银行在人力资源管理与开发方面只有微观制度和措施，基本没有战略可言，即使有也只是零零散散的某些方面的战略。小银行的人力资源部门仍然是传统的人事部门，对员工的开发相对不足，没有视员工为可以无限开发的宝贵资源，对员工的教育培训还不能很好适应业务发展和金融创新的需要。

（二）发现人才、使用人才、培养人才的效率有待提高

人才测评工作没有普遍开展，相关指标正摸索。

人才测评是指综合运用生理学、心理学、精神分析科学、管理学、统计学、社会学、计算机科学等学科的基本原理、工具方法等相关知识，对不同人员的生理机能、性格、能力、兴趣等进行测量和评价的一门应用性科学。

客户经理的测评指标，由生理素质、心理素质、一般工作能力和专业工作能力四个维度组成。生理素质包括身体健康、精力充沛和个人形象等二级指标；心理素质包括诚信、自信心、主动性、心理承受力和抗挫折力、责任感、成就导向、成熟度、团队精神、客户导向、耐心与热情等二级指标；一般工作能力包括人际关系能力、语言表达能力、说服力、应变能力、金融基础知识、办公自动化技能、再学习能力等二级指标；专业能力包括专业知识与技能、参谋与建议、全方位客户服务能力、市场拓展能力、倾听和回答询问的技巧、谈判能力、风险管理能力、信息搜集与处理能力等二级指标。生理素质通过体检和面试来测评，心理素质通过心理测验和面试来测评，一般工作能力通过能力

考试和公文筐、角色扮演、评价中心技术来测评，专业能力通过专业考试、履历分析和角色扮演等评价中心技术来测评①。

"管理行为测评"、"职业能力测评"、"心理健康测评"和"管理风格测评"。"管理行为测评"模块是一个能够反映出测评者正常管理行为方式，并能在一定程度上预测测评者管理行为的量表。"职业能力测评"模块侧重于考察候选人对语言文字的分析综合和理解概括能力、对定义的推理把握能力以及对文字、图形、表格等数据的综合分析能力。"心理健康测评"模块侧重于测评候选人的情感症状、抑郁和焦虑的心理障碍。"管理风格测评"模块用来了解候选人的个性特点、行为特点以及日常工作中与同事沟通相处的方式方法，全方位了解候选人的管理风格②。

（三）培训平台、培训机构等难以满足金融行业人力资源管理的实际需要

小银行的培训存在覆盖面小、内容针对性不强、培训形式较单一等不足，需要与大中型银行、金融高校或其他金融培训机构合作，以培养优秀金融人才。

1. 地方政府财经界人力资源咨询委员会

香港政府在 2000 年成立财经界人力资源咨询委员会，提供一个平台，让政府、大学、金融业界和监管机构以及培训机构的代表定期就财经界人力资源发展交换意见。上海国际金融中心建设时，远赴美国高薪招聘人才。这一点给我们启示，香港本地培训金融人才方面做得不够。

2. 香港银行学会

香港银行学会是香港唯一一家可以颁授银行专业资格的非营利性专业培训机构。其运用香港银行业制定的"人力才干模型"（Competency Model）进行在职培训。对于人力资源培训来说，营利性机构或者组织提供的教育往往过度关注市场热点和利润增长点，缺乏系统性与长远性；而非营利性机构则更关注业界发展，注重宏观战略与行业规划，以提高行业整体水平为目的，搭建多方交流平台，从而促进行业全面发展。香港银行学会就是这样的非营利性的人力资源培训机构。

---

① 王慧琴、余海斌：《我国商业银行人才测评研究》，载《中国人力资源开发》，2011（3）。
② 一心：《软实力标准：卓越高管的标杆——访中国工商银行总行人力资源提升项目专家黄勋敬博士》，载《中国人力资源开发》，2010（1）。

香港银行学会金融人才培训的三个三点（共 9 点）：一是在培训内容上，是知识、技能还是操守；二是在培训目标上，是入职、在职还是升职；三是在培训手法上，是教育、培训还是发展。

香港银行学会与中国银行业协会于 2009 年 7 月 14 日在北京正式签署了《个人理财资格证书互认协议》①。香港银行学会与中国人民银行开展了金融专业英语证书考试（FECT）项目。这是中国第一个专门为金融服务业的中高级管理人员而设的全国性英语证书考试，于 1994 年被中国人民银行确定为国家级的行业英语证书考试制度。该证书难度较大，中级与高级不易通过。但是，该证书没有得到商业银行的积极响应，拿到证书的人在银行的晋升、岗位、招聘等方面没有得到任何鼓励措施。这导致高昂的考试成本与收益严重不对称。随着时间的推移，课程也逐渐失去先进性。已经很少有人报名考试了，大家都去报 CFA 了。因为，在招聘、晋升方面，商业银行认可该证书。

国内类似的证书现在不少，含金量往往不够。存在明显的利润动机，欲称"考试经济"。这使得金融行业国内缺少权威性的类似 CPA 那样的证书，这是金融教育的一个遗憾。

3. 大银行的国内外研修中心

中国银行设立北京、上海国际金融研修院和境内多个培训中心，以及纽约、伦敦、新加坡、香港等海外培训中心，为高级管理人员、专业技术人员和操作人员开展针对性培训，年培训覆盖率一直保持在 98% 以上②。

4. 培训形式可以多样

除了分行组织培训、自学外，员工上内部网进行 E－learning 的培训，也是非常好的方式。员工 E－learning 时，可以自选相关专题，还可以自己查资料展开研究。学习的时间、进度都可以自己掌握，极大地降低了银行组织员工学习的成本，业余时间就可以学习。对于个人来说，可以选择在状态好的时候学习。这样，非常适合自学模式的 E－learning，为那些想学习、上进的员工提供了通道。

专题讲座和周末学校也是近年来培训创新的重要内容。培训与学习要成为基层银行经常性的活动，通过摸索，可以找到合适的培训形式、内容，建立科学的培训机制。

---

① 梁嘉丽：《香港国际金融中心建设过程中的人才发展战略》，载《中国金融》，2010（9）。
② 张雅光：《中国银行人力资源管理制度改革路径解析》，载《中国人才》，2009（10）。

离岗培训、岗位交流、任职锻炼、参与重大项目等也是可行的人才培养方式。

（四）人才分类方面有待向大银行或国外银行学习

1. 管理类与业务类

商业银行的人才主要包括两大类：一类是管理和技术人才；另一类是业务操作人才。管理和技术人才包括高层决策、智囊参谋、高级管理、营销管理、科技管理、信息管理、产品设计、人力资源管理、财务管理、投资管理、安全管理等 11 个类型①。

2. 根据银行不同发展阶段的核心人才类型划分

（1）发展阶段匹配的核心人才。管理领域的战略管理专家和财务开发专家，市场领域的市场推广和促销人才。技术领域的产品开发专家。（2）成长期的核心人才。管理领域的具有企业家素质的管理核心，市场领域的客户经理和品牌管理人才。（3）成熟期的核心人才。管理领域的成本管理专家、产品管理专家和专业管理专家。专业管理专家如风险管理专家、人力资源管理专家。市场领域的客户关系管理专家②。

（五）人力资源管理的部分"潜规则"

干部能上不能下，人员能进不能出，收入能多不能少的现象并没有从根本上得到改变。此外企业文化欠缺、官本位氛围浓厚、人事关系复杂、对人才求全责备、对教育培训重视不够等，都造成了人才流失。人才流失表现为内隐形态时，人才流失过程就开始了。这个过程一般会经历抱怨、倦怠、抗拒和离职四个阶段。

某些后勤人员的实际收入水平远高于市场价格，还有不少员工的能力和个人素质与他所占有的岗位不相匹配，收入水平高于实际价值。不同岗位间产生的横向不公平感，挫伤员工的积极性；不同级别收入差距较小所产生的纵向不公平感，导致人员责任心不强。

不少银行的部门或分支机构员工之间的绩效考核自发地形成"差距不大，轮流坐庄"的现象，产生习惯作用下的"合谋"现象。非正式组织有它特殊的感情、惯例和倾向，无形地左右着员工的行为。正式制度可以在一定程度上约

---

① 扈文捷：《我国商业银行人才职业发展的制度设计和借鉴启示》，载《武汉金融》，2011（9）。
② 王静：《银行核心人才的分类和管理》，载《中国人力资源开发》，2005（7）。

束人们的机会主义行为倾向，而非正式制度起着更为巨大的作用①。

三、小银行人力资源战略的分析

竞争越是激烈，银行越是需要人才。

（一）金融教育的创新

小银行必须以一定的方式对员工进行金融教育。

以中国人民银行研究生部为例。研究生部一开始就不走一般院校办学的老路，导师、教授均采取外聘制，基础理论课优选北京各高校的著名教师，实务课优选"一行三会"和主要金融机构的领导和业务骨干，论文指导采用理论导师与实务导师相结合的制度，集众家之长为我所用，最大限度地保证教学质量②。

不少银行依托于网络，以电子化的方式提供全方位的课程在线培训，为员工提供全新的在线培训平台。这种培训方式可以降低培训成本、实现全员培训外，使培训项目质量可以得到事先控制、培训内容及时补充更新③。

（二）金融监管当局的人才规划与落实

中国有 13 亿人，关键是怎样形成人才辈出的体制与机制。要培养一批掌握金融产品开发、定价、风险管理等核心金融技术，具备会计、法律、投资和信息技术等知识的复合型、专家型人才；打造一批具有国际视野和丰富国际经验、通晓国际金融规则、能够进行跨文化沟通、可以独立开展国际金融活动的国际化金融人才。到 2015 年新增首席或者高级经济学家、高级风险评估及预测专家 7.3 万人。一个金融机构不能只埋头做业务，还要抬头看环境、看宏观。监管当局为金融人才培养描绘了一幅让人震撼的蓝图。这个蓝图的实现需要两条腿走路——一条腿在金融机构内部培训，另一条腿就是院校面对金融需求培养新型人才④。

金融人才队伍包括宏观管理人才、企业经营人才、专业技术人才、高技能人才。分别对应监管当局，金融机构管理层，在金融机构中层也就是专业技术人才和精通各种基础业务操作的高技能人才。

金融机构遵循以人为本的管理理念和人力资源战略管理的正确思路，体制

---

① 罗明忠：《商业银行人力资源管理中的潜规则及其运用》，载《金融论坛》，2007（11）。
② 焦瑾璞：《金融学科建设与人才培养》，载《中国金融》，2010（19）、（20）。
③ 孔艳杰：《基于商业银行国际化策略的人才培养机制研究》，载《新金融》，2010（10）。
④ 吴晓灵：《大国金融博弈需要多层次金融人才》，载《中国金融》，2011（16）。

改革与机制改革并举，积极推进职位管理、薪酬管理、绩效管理等人力资源管理制度改革，大力加强人才队伍建设，全面推进传统人事管理工作向现代人力资源管理工作转型。

显然小银行也要制定自己的人才发展战略规划，解决人才瓶颈问题。

（三）整体战略与人才战略的对接

1. 人才储备应与经营战略实现"无缝对接"

具体措施包括：（1）以商业银行的发展战略进行分解，以确定未来对人力资源的需求；（2）分析现有人才的能力结构，找出与未来人才需求的差距并分析原因，并以此确定培训需求；（3）设计培训体系和方案；（4）实施培训并进行全方位的效果评估和改进。此外，商业银行还需健全员工的职业生涯发展通道，将培训与职业生涯规划结合起来，推动组织和个人的共同成长。

2. 进行人力资源会计试点

人力资源成本会计核算的特点是通过单独计量人力资源招聘、选拔、安置、培训、后续教育等成本，将有关人力资源取得和开发的成本进行资本化，形成人力资产，然后按受益期转作费用。历史成本法、重置成本法、机会成本法、人力资源价值会计计量①。

3. 挖国有银行的人才只是权宜之计

股份制商业银行在扩张过程中增加人员渠道主要有两条：从高等院校招收毕业生，以及从社会其他行业特别是国有商业银行引进。据有关资料显示，2006 年前后，股份制商业银行中高层员工 80% 来自四大国有商业银行（含内地分支行），有的经营网点人员几乎全部都是。

但是，随着国有银行上市和工资的调整，国有银行与中小银行的收入差距缩小了。似乎有这么一个道理，即小银行如果要吸引优秀人才，必须提供比大中型银行更优惠的条件。否则，人才就会流失。当前背景下，小银行从大中型银行吸引人才更加困难。因为大中型银行提供了优厚的工薪待遇和高度的就业保障。构建有效的激励机制，如建立公正、公开的职务晋升制度和用人机制，让员工感到银行所遵循的是平等竞争的用人原则，这些方面大中型银行做得往往比小型银行要好②。

（四）人才激励机制分析

我们发现，国有银行原来存在的"鞭打快牛"、"负向激励"等机制刺激

① 卜建峰：《对银行人力资源会计核算的思考》，载《现代金融》，2005（8）。
② 张海峰：《刍议股份制商业银行人力资源管理能力培养》，载《现代财经》，2006（11）。

了人才的流失。地方政府控股的小银行"能上不能下"的问题始终未能得到很好解决，抑制了员工的事业发展机会满意度；缺乏科学系统的约束机制，往往简单套用行政处罚的手段；缺乏职业生涯规划①。

在市场环境下，不同规模银行的人才激励机制互相影响，整体上是要与高收入看齐。这迫使小银行不断吸引高水平人才，提高自己的效益。一旦人才流失，小银行就会失去竞争优势，面临市场萎缩、利润下降的命运。

小银行的员工薪酬分为"外在薪酬"和"内在薪酬"两大块。"外在薪酬"提供的是可量化的货币性价值，"内在薪酬"提供的是无法量化的非货币性价值，如培训的机会、吸引人的企业文化等。小银行应当积极探索对核心员工的精神激励机制，为其提供自我实现的机会和途径，以具有凝聚力的文化和前景开阔的职业成长机会来进行事业留人、感情留人②。"责、权、绩、利"，将银行整体绩效、团队绩效和员工个人绩效有机地结合起来。外在薪酬又分为固定薪酬和可变薪酬。固定薪酬即基本薪酬，一般不高于薪酬总额的 35%；可变薪酬包括绩效薪酬和中长期各种激励，并体现风险管理和银行可持续发展的激励约束要求。同时，外在薪酬要有风险抵扣、风险延期和风险止付机制，要有弹性。对于小银行高级管理人员以及核心员工，其绩效薪酬的 40% 以上应采取延期支付的方式，且延期支付期限一般不少于 3 年，其中主要高级管理人员绩效薪酬的延期支付比例应高于 50%。

经济增加值（Economic Value Added，EVA）是一个小银行最佳的绩效评价及管理指标。它体现了短期目标和长期目标、财务指标和非财务指标、内部管理和外部竞争、先导因素和滞后结果等的矛盾统一。EVA 是当期实现的净利润与经济资本成本之间的差额，它真实地反映了小银行在某一时段的资本成本。EVA 还考虑了风险因素。

（五）村镇银行、农村信用社等草根银行人力资源战略的困难

村镇银行设在县城的较易吸引人才，而布局在乡镇的非常难以招聘人才，包括管理人员、柜台人员、信贷人员。必须基于市场发展需要，改变管理人员偏多，柜台人员闲散，信贷人员忙不过来的现状。

提升村镇银行人力资源水平的对策。一是以升职、提高待遇、提供临时住

---

① 贾晓菁、周绍森：《国有商业银行人才激励反馈因果结构模型及其分析》，载《系统工程》，2005（2）。

② 吴思嫣、胡君辰：《对商业银行实施逆周期人力资源管理的思考》，载《中国人力资源开发》，2011（5）。

房等措施，吸引人才朝经济发展欠佳的区域流动。二是采用任期制、挂职锻炼、短期工作、项目合作等柔性方式，实现优秀人才"东部支持西部、城市帮助乡镇"。

由于员工整体素质相对不高，要有专门的培训机构来研究村镇银行的培训问题，以提高员工培训效率。培训手段上可以通过模拟软件、ERP 沙盘模拟、情景模拟等进行，还可以运用 3D 虚拟现实技术创设工作情境进行仿真培训。培训方法以问题为导向，采用案例教学、专题研讨、角色扮演、场景仿真模拟、模拟组织系列实训、实地调研、学员论坛式、现场教学、拓展训练等，讲求互动性，改变过去一言堂、满堂灌的培训现象①。

四、小银行人力资源战略的建议

（一）从人力资源外包的高度，金融监管等政府机构要在规划、平台搭建、人才标准等方面创造有利条件

金融人才战略是最近五六年来的新鲜事物，需要集中国内外的力量，把金融人才建设工作做好、做实。怎么做呢？完善金融人力资源市场，人才管理产业化。人力资源管理，包括招聘、考核、晋升、晋级、培训、使用、激励等多方面的工作，这些方面的细节可以由市场来负责或提供咨询。每一个细节都有很大的市场，需要很多细致的有深度的创新。

小银行的资源有限，需要更多地利用公共资源。例如，地方政府给予更多的人才鼓励政策；国内外高校、银行、培训机构相互合作，搭建金融培训平台，并以此作为行业公共资源；采用国内外有品牌的金融执业水平证书；制定人才标准。

我国银行业人力资源管理能力正处于从传统人力资源管理向卓越人才绩效管理的阶段转变。卓越人才绩效管理的核心是"定义、发现、培养、部署"。这是对传统的招聘、培训、绩效管理、人才保留等人力资源管理工作的重大转变。

而人力资源战略管理能力处于比卓越人才绩效管理能力更高的阶段。只有市场具有丰富的资源和较高级的能力，金融机构才能获得人力资源战略管理的自由。

---

① 蔡旺：《村镇银行人才队伍建设研究》，载《广东农业科学》，2012（6）。

（二）小银行复制人力资源管理模式，并上升到战略高度予以贯彻

现有的人力资源管理经验与理论是丰富的，小银行可以借鉴。招聘、考核、薪酬、绩效、培训等都有现成的模式，这些模式好比菜单。小银行在人力资源的各个环节，可以选择自己喜欢的"菜单"，最后，拼出一个流程来。在实施这个人力资源战略流程时，需要借助市场的力量。或者与金融机构合作，或者与高校，或者与行业协会等合作，逐渐形成自己独特的人力资源战略概念及实施蓝图。

我们要强调的是，这个战略的制定与实施显然有一个逐渐完善的过程。这个完善的过程才真正地体现了小银行人力资源战略的竞争力。小银行从银行外部获取自己所需要的元素进行组装，然后，进行优化。这就是小银行人力资源战略的形成及执行过程。

（三）推动金融业更深层次的市场竞争，逐渐缩小人力资源潜规则的空间

传统的人力资源管理是建立在生产力不发达的基础上的。由于市场准入的严格限制，金融供给严重不足，垄断客观上赋予了银行过多的权力，呈现卖方市场。在这种条件下，人力资源出现招聘时关系户、近亲繁殖，薪酬方面大锅饭，晋升时关系网，等等消极现象。由于垄断利润的存在，尽管这些消极因素普遍存在，并带来银行整体绩效的下降，但是，下降的幅度要么小于垄断利润，要么即使亏损了也由政府埋单。

只要公平竞争将垄断利润削减到一定程度，银行与政府之间的"脐带"剪断，人力资源管理的潜规则即失去了存在的经济根基。所以，要使人力资源管理更加科学，还须：减少政府干预，产权多样化，有条件的可以上市；推动政府政治改革，约束公权私有化，减少具有政府背景的寄生性的人事安排；推动公平竞争与改善市场基础设施并举，以提升竞争的层次。

习近平总书记最近的活动向外界传达了深化市场改革的决心。确实，市场竞争带来的效率的提高伴随着资源配置的改善，推动了经济进步。但是，如果市场竞争不公平、不透明，市场竞争停留在人际关系竞争阶段，腐败成了经济发展的润滑剂，那么，最终，公权私有化将带来经济系统的蜕化和骚乱。

而政府继续深化市场改革，在具体的市场建设上不断作为，比如说推动人力资源市场的基础设施建设，推动人力资源外包的繁荣与发展，那么，小银行的人力资源战略就获得了更加自由的空间。

第三节　合作战略

选择正确的竞争与合作战略，提升小银行的核心竞争力，是我国小银行迫切要研究解决的问题。解决得好，如兴业银行，就可以做大做强。解决得不好，小银行就会走弯路。

一、战略联盟

（一）我国金融体系战略联盟的现状

我国金融体系战略合作的现状有以下几点：

1. 合作内容不断丰富

总体上说，代理业务的范围不断拓宽，资金业务的规模不断扩大。如从代理清算结算到代理销售，合作的范围从后台支持发展到前台营销，代理销售理财产品、代理销售基金、代理销售信托计划、代理销售保险等，产品系列不断完善和健全，同业拆借、同业存放、借款、货币互换、信贷资产转让回购、票据转让等应有尽有，市场参与主体不断扩大，合作的数量急剧增加，市场化程度越来越高①。

2. 合作层次明显提高

随着资本市场的快速发展以及保险等行业的进步，商业银行与同业之间以共享客户资源为目的共同开发产品和服务渐成主流，显然合作层次上的差别很大。如银证之间的"第三方存管"业务，虽然起源于监管部门对客户保证金的保护，但客观上提供了银证双方共同服务和发展客户的平台。商业银行之间由原来的代理、结算等低层合作，逐步发展为更深层的合作。

3. 合作方式渐趋紧密

随着金融同业合作的逐步深入，共享客户资源需要共同开发系统、产品和服务，有些产品和服务的交易结构、技术支持系统、会计核算、结算清算等十分复杂，法律适用以及风险控制也有相当难度，那么，合作双方就要建立更为

---

① 李兴智：《构建良好金融生态环境　助推商业银行优质竞争》，载《金融理论与实践》，2009（3）。

紧密的关系，保持沟通交流，及时解决问题，提高对客户的服务质量和效率。[①]

（二）银行形成战略合作的创新空间

国际国内金融业的变化和发展都为金融同业合作提供了创新空间。

1. 混业经营带来的创新空间

"一行三会"加强了监管协调，并逐渐放宽金融管制，在混业经营方面开展了一系列探索，如商业银行可以设立基金公司、保险公司、金融租赁公司，商业银行收购信托公司、保险公司的资金运用范围不断扩大等，均为金融同业合作打开了十分广阔的空间。

2. 利率改革带来的创新空间

同业存款利率的完全市场化，使同业之间的资金往来的空间增大，不同金融机构自身经营水平不同而在定价上的反映，将会对金融同业合作产生深远影响。[②]

3. 金融机构多元化和差异化带来新的合作空间

我国金融业的重组改革取得了举世瞩目的成就，提高风险管理能力、完善治理机构、增强资本实力等成绩斐然，银行、保险、证券等大批金融企业纷纷上市，逐渐形成了各具特色的经营战略、市场定位以及商业模式，初步改变了在金融机构中存在的同质化现象，同时，财务公司、汽车金融公司、金融租赁公司、资产管理公司等新的金融企业快速发展，金融机构呈现出强烈的多元化和差异化特征，差异化将带来更广阔的合作空间。

4. 金融市场的建设与完善带来新的合作空间

经过多年的发展，我国逐渐建成了一个由货币市场、债券市场、股票市场、外汇市场、黄金市场、期货市场等构成的具有交易场所多层次、交易品种多样化和交易机制多元化等特征的金融市场体系。金融市场的建设与完善节奏加快，金融机构间的相互合作将会随之逐步深入[③]。

（三）合作联盟发展策略

商业银行之间的合作潜力巨大，既有现实收获，又有创新空间，极有必要采取正确的发展策略，从战略的高度重视金融同业合作。

---

① 潘明忠：《商业银行金融同业合作的创新空间及发展策略》，载《商业银行》，2007（11）。

② 袁园、李顺、卢新元：《商业银行竞争情报系统的构建与应用研究》，载《图书馆学研究》，2009（6）。

③ 曾进：《商业银行竞争态势分析》，载《统计与决策》，2008（20）。

1. 提高金融同业合作的前瞻性确立先发优势

金融同业合作是竞争性极强的业务，由于金融业的产品和服务面向公众，很容易被复制，因此，金融同业合作的时机选择尤为重要。①

2. 建立有整合性特点的合作平台

当前金融同业的合作已经与过去大不相同，合作领域众多，合作范围广泛，合作的难度也在加大。实践过程中，金融同业合作应建立起同业资金营运平台、投资理财通道、资产管理服务平台以及混业经营的操作平台等，加大金融产品和服务的合作范围。②

3. 不断升级合作模式和拓宽合作思路

金融同业合作分为渠道共享、客户共享以及资本共享三种模式，依次顺序，合作层次越来越高，合作也越来越紧密，收益也越来越多，当然合作的难度也越来越大。金融同业合作应拓宽思路，不断进行创新，应从基础性的金融产品到衍生产品，力求先进性、综合化、全力拓展金融同业合作的广度。

4. 吸引和培养人才促进金融同业合作的可持续发展

金融同业的合作要求从业人员熟悉金融业的发展趋势，各类监管政策、法律法规以及风险管理，既要熟悉各类金融市场，又要掌握各类衍生产品，需要高素质的人才和团队。因此，只有广泛吸引人才，大力投入培养人才，建设高素质的金融同业合作团队，才能确保金融同业合作的可持续性。③

二、战略投资者

（一）小银行战略投资者的定义

战略投资者是指愿意长期持有小银行股票的法人机构，具有资金、技术、管理、市场、人才等优势，能够增强小银行的核心竞争力和创新能力，拓展市场份额，谋求获得长期利益回报和小银行可持续发展的境内外大企业、大集团。

（二）我国小银行吸引境外战略投资者的现状及意义

境外战略投资者，有利于小银行提高资本充足率，改善资本结构，同时借鉴国际银行业的先进管理经验、技术和方法，优化公司治理机制，强化风险管

---

① 潘明忠：《商业银行金融同业合作的创新空间及发展策略》，载《商业银行》，2007（11）。

② 李兴智：《构建良好金融生态环境 助推商业银行优质竞争》，载《金融理论与实践》，2009（3）。

③ 潘明忠：《商业银行金融同业合作的创新空间及发展策略》，载《商业银行》，2007（11）。

理和内部控制机制，提升小银行可持续发展。但是，引入战略投资者不当，也会带来潜在的经营风险，因为中国与国外的经营环境并不相同。所以，要坚持"适当限制，有序进入"的原则。

（三）引入战略投资者的策略

1. 引入战略投资者的模式不能僵化

（1）战略联盟方式。我国小银行与战略投资者通过签订战略合作协议，结成战略联盟。这种方式可以使小银行充分利用战略投资者的管理及技术优势，提升管理水平，拓展市场份额。

（2）合资成立新机构。小银行与战略投资者合资成立附属机构，以发挥双方的竞争优势。由于在新机构中，战略投资者所占有的股权大于小银行，就绕过了股权比例的限制问题，对战略投资者有利。

（3）股权引入方式。战略投资者通过参股中小银行，快速进入我国银行市场。这样就避免了成立新机构的周期长、不确定性大等问题。当前，股权引入方式是主流模式。

2. 慎重选择战略投资者

我国银行业引入银行资本，是为了引入先进的管理和技术经验，从而建立起适合银行业可持续发展的新机制。因此，要选择那些有动力去参与改善我国银行内部管理的真正战略投资者。一般来讲，战略投资者需具备以下条件：其一，资本实力雄厚，技术管理水平先进，国际信誉良好等；其二，战略投资者应该与银行具有互补性，能够在业务上协助银行发展。

3. 建立战略投资者的退出机制

银行应与战略投资者在退出问题上加强沟通，避免特别时期破坏基本行情的大规模抛售行为。如果战略投资者退出意愿强烈，应想办法引入其他机构予以代替，维持市场稳定。如果小银行是上市公司，面对战略投资者的大规模抛售，小银行要采取应急措施。

第四节　小银行 IT 战略

招商银行抓住互联网发展的契机，创造多种品牌，先后开发和打造了"一卡通"、"一网通"、"一卡双币信用卡"、"金葵花"理财、"点金理财"等金融品牌，推动了招商银行从小银行转变为中大型银行①。

一、小银行 IT 战略的基本知识

IT 战略是多维度的。为了增加对小银行 IT 战略的理解，我们需要介绍一些基本概念或知识。

（一）IT 审计

1. IT 审计的范围

信息系统生命周期包括系统规划和开发、系统交付、系统运行和维护、系统报废等。伴随着信息系统的生命周期，IT 审计对相应风险起着一定的管理作用。IT 审计包括信息战略审计、开发计划审计、系统分析审计、需求分析审计、系统设计审计、程序设计审计、编码审计、系统测试审计、系统试运行审计等。另外，在信息系统生命周期中，还有许多共同业务审计要做，如文档管理审计、进度管理审计、人员管理审计、第三方及外部委托管理审计、业务持续性审计等。

系统运行审计内容包括系统输入审计、网络通信系统审计、处理过程审计、数据库审计、系统输出审计等。系统运行审计内容包括维护组织、维护顺序及流程、维护计划、维护实施、改良系统的试运行和旧系统的废除等活动的审计。

2. IT 审计方法与体系

常规的 IT 审计方法、技术与工具有：面谈法、问卷调查法、系统评审会、流程图检查、程序代码检查、程序代码比较、测试等。IT 审计可以利用 ACL、SAS 等灵活可配置的审计模型及数据分析探测工具，构筑科学有效的风险分析、监测、评价体系，强化银行 IT 审计的非现场审计能力，推动银行的审计信息化建设②。另外，数据流程图、系统流程图、程序流程图、文件流程图和控制流程图需要重点把握。

小银行大多遵循 BS7799、PRINT2、ITIL 、COBIT（Control Objectives For Information and Related Technology）等 IT 审计标准。这些标准或规范是在 ISACA（Information Systems Audit and Control Association）、ITGI（IT Governance Institute）等的推动下完成的。COBIT 的基本理论框架包括效果、效率、保密

---

① 马蔚华：《品牌经营打造行业领先优势》，载《经营者》，2005（1）。
② 丁建平、薛恒新：《试论农业银行的 IT 审计》，载《现代金融》，2006（11）。

性、完整性、可用性、合规性和可靠性 7 项商务信息标准，人、应用系统、技术、设备、数据 5 类 IT 资源，把 IT 治理过程定义为规划和组织、获取和实施、支付和支持、监控四个领域，并将四个领域进一步细化分为 34 个过程①。

3. IT 审计模型

新的现代审计风险模型为

$$AR = LER \times DR$$

其中：LER 代表重大错报风险，AR，DR 代表审计风险和检查风险。

$$AR = (IR1 + IR2 + CR1 + CR2) \times (DR1 + DR2)$$

CR1、CR2 分别代表针对手工操作的控制风险和针对电子商务的控制风险，DR1、DR2 分别代表电子数据检查风险和信息系统检查风险，IR1 是未考虑 IT 环境下的固有风险；IR2 是考虑 IT 环境下的固有风险。

（二）网上银行

1. 网上信用证业务

该业务最早是由招商银行为海尔集团的国内贸易进行业务创新设计的。网上信用证大大便利了海尔的贸易结算。海尔以银行承兑汇票向招行质押，并向招商银行申请根据付款金额对分供方出具网上信用证，由招商银行负责通知海尔分供方客户。海尔分供方接到通知后，携带规定的单据到当地招商银行领取信用证，并根据自身资金需要自主选择结算方式，到期承付或融资。这些规定的单据表明分供商已经发货。

2. 一网通

招商银行积累的成功经验表明，产品、服务和营销是网上银行成功的基本要素。招行在国内首创了 B to C、C to C 网上支付、网上个人汇款、网上贷款、网上信用证等多项产品和功能，始终保持产品的竞争优势。大型业务推广活动，增加了受众对业务的理解。

电子汇兑系统向客户提供的资金汇划业务主要包括：汇兑、托收承付、委托收款、银行承兑汇票、银行汇票、内部资金划拨以及金卡工程业务等。

（三）业务流程与管理协同

1. 业务流程

回顾过去 20 年，银行信息化经历了两个重要的阶段，即以"工具电子化"为标志的"办公室自动化"，以及以"流程规范化"为标志的"业务流程

---

① 黄溶冰、王跃堂：《商业银行信息化进程中的审计风险与控制》，载《经济问题探索》，2008（2）。

管理"两个阶段。前者的典型应用是文字处理、电子表格、财务电算化等，后者的典型应用为种类 MIS、工作流、SCM、ERP、CRM 等。

按照国际上著名的分析机构评估的分析报告说，在一个企业商务行为的过程中，交易前的协作和交易后的管理其实包含着 80% 以上的价值，而过去传统的、单一的应用模式只涵盖了整体价值的 20% 左右。因此，传统的管理模式已经无法适应新经济时代下动态团队的管理需求。

2. 管理协同

全球经济快速变化的同时，企业的管理也在发生着三大变革：首先，相对固定的管理向跨组织协同管理转变。其次，相对集中的管理向松散型协同管理转变。最后，固定流程管理向动态流程协同管理转变。

协同应用具有三个特点：首先，随需而变的网络体系。"管理网络化，网络多元化"是现代企业与政府机构的趋势。其次，随需而变的管理模式。"业务流程化、流程自动化"是企业与政府信息化的基本特征。最后，随需而变的应用平台。"系统平台化、平台产业化"是现代信息化发展的潮流。

信息化的建设有四个阶段（即四部曲）。它们分别是内部部门工作流电子化、企业管理信息化、互联网电子商务及协同商务[1]。

（四）IT 服务标准

1. ISO/IEC 20000

此套体系秉承"以客户为中心，以流程为导向"的服务理念，帮助企业组织有效地识别与管理 IT 服务管理的关键过程，保证按照公认的"P-D-C-A"方法论应用，充分发挥 IT 服务持续改进的能力，满足客户与业务需求。

2. 国家标准《信息系统灾难恢复管理规范》

安徽省农村信用社联合社成立于 2004 年 12 月，负责对安徽省农村合作金融机构的管理、指导、协调、服务，由 30 家农村银行和 53 家县级联社组成，下辖分支机构 3 242 个，网点数占全省金融机构 40% 以上。

安徽省农村信用社联合社与 IBM 合作，建设第五级灾备能力。最终灾备能力将超越国际标准 5 级，RTO（恢复时间目标）为 2 小时，RPO（数据损失目标）为 0[2]。

---

① 宋锡荣：《企业信息化发展和应用的新趋势——从招商银行网上银行的成功经验谈起》，载《现代情报》，2006（4）。

② 王大威：《信息科技建设助推中小银行发展——评中小银行机构信息科技风险治理研讨会》，载《银行家》，2010（5）。

（五）平衡记分卡

平衡记分卡是一种新型的企业绩效评价工具，主要从财务、客户、内部流程、学习与成长四个角度关注企业的整体绩效。李讯等（2009）以风险控制能力、市场销售能力、内部控制能力和金融产品创新能力，分别对应平衡记分卡的财务、顾客、内部流程、员工学习与成长四个要素，研究了平衡记分卡的有效性[①]。

整体上说，国外银行用得很好的绩效管理工具——平衡记分卡，在国内银行并不好用。

（六）IT 战略

1. IT 战略与 IT 基本能力

（1）IT 战略能力定义为 IT 目标和商业银行目标的一致性和匹配程度。IT 战略能力需要整合银行内外部环境要素，使银行战略、IT 战略与环境三者之间实现动态的相互匹配和协同。IT 战略和银行战略在目标上的一致性高低会影响组织绩效。IT 战略一般要遵循"统筹规划、分步实施、先试点、后推广、逐步完善"的建设策略。（2）IT 基本能力。IT 基本能力是指商业银行应具备的最基本的 IT 基础知识、IT 基本技能、IT 基本素养、IT 应用能力。IT 应用能力体现在信息系统设计、项目计划制订、信息系统维护、服务和变化管理过程中。IT 战略需要员工具备 IT 基本能力。因而，要对员工进行 IT 基本能力的培训。

2. IT 价值

银行 IT 价值的实现是把 IT 资源转化为 IT 能力，运用 IT 能力提高劳动生产率、降低银行的运营成本、改进或革新现有的业务流程，并促进银行内部和外部的信息沟通，形成有形和无形的价值，最终提高商业银行的流程绩效和组织绩效。

3. IT 风险

IT 风险包括 IT 系统不能适应业务要求、运行风险和项目风险等方面。其中前者是一个总体的，风险成因多种多样，如 IT 架构、IT 组织治理、IT 投入等。运行风险如系统的健壮性不够，环境（雷、洪水）等。项目风险即项目开发或实施失败，影响了银行的竞争力。

---

① 李迅、张同健：《基于 IT 视角的国有商业银行核心能力体系研究》，载《会计之友》，2009 (9)。

4. IT 治理

小银行的 IT 治理体现组织模式、投资、架构、标准、资源 5 个方面，主要涉及管理因素，而不是 IT 技术。IT 战略制定、IT 项目管理流程与 CMMI、ITIL（Information Technology Infrastructure Library）、ISO20000 等标准融合，能有效提高 IT 管理水平。[①]

二、小银行 IT 战略的主要困难

小银行发展 IT 从人才、资金、技术、组织活力等方面都存在明显劣势，如何整合积极因素，回避消极因素，是推动小银行信息化发展需要考虑的重要因素。

（一）小银行的 IT 战略规划存在问题

1. IT 战略规划存在问题

美国由于信息化没有规划，曾经走了许多弯路，浪费了上万亿美元，经过 30 多年的实践经验总结，到了 20 世纪 90 年代中期，克林顿政府以联邦政府法案的形式明确规定：政府、企业如果要信息化，首先必须要做战略规划。这样，美国的信息化才走向成熟。目前我国小银行缺乏对信息系统的总体规划，原因在于小银行普遍没有五行的业务发展规划；五行业务发展规划缺失的原因在于中小银行普遍无法确定自己的核心优势。

2. 为什么需要 IT 战略规划

IT 建设需要由应用驱动上升到战略驱动。只有有了合理的 IT 基础架构、应用架构和数据架构，新的业务流程和应用才能快速灵活部署，大大缩短响应时间，IT 对业务的推动力才能实现。

IT 战略必须同业务战略相结合，提前规划。这样才能有效互联集成，避免信息孤岛，才能为新业务的快速部署留下空间。否则，必然事倍功半，千头万绪，难以充分发挥 IT 投资的效力。

（二）国内银行 IT 系统难以应用国外银行 IT 系统

2005 年前后，我国不少中小型银行曾经试图通过引用国外银行的 IT 系统，迅速与国际接轨，以应对外资银行的挑战。因为国外银行的 IT 系统设计理念比国内先进。国外银行处理一笔银行业务，计算机后台留下的痕迹可以对其进行风险、客户、产品、价值、营销渠道和会计核算等六个维度的分析。

---

① 蔚赵春，凌鸿：《我国商业银行 IT 管理优化研究》，载《武汉金融》，2012（4）。

国内的银行是部门银行，业务流程以账户为中心，会计核算也以账户为中心。这样，国外银行的产品就不能嫁接进来，因为后台不支持。小银行与国外银行开展财务管理、现金管理、信用卡等合作，中国小银行的后台不支持，无法实现国外银行原有的强大功能。

国内银行的基础管理十分薄弱，必须在风险管理、财务管理、精细化管理、产品创新、服务、营销和人力资源等方面加强能力建设。国内小银行必须依托 IT 平台，打造风险控制体系、管理会计体系、先进的人力资源体系、产品创新和营销体系贯通的新一代 IT 系统，与国际接轨。

国外银行中间层是产品应用、产品创新、管理会计等应用，最上层是渠道层，所有渠道统一标准，统一辨识。这期间的集成性风险是比较大的，要在有限的时间里把业务流程再造、人力资源保证、业务需求与 IT 建设无缝衔接①。结果，大多数银行不得不抛弃国外引进的系统，引进失败。

（三）新监管标准对资本的约束增强

2005 年之前，我国银行业基本采用比例监管。这给小银行的快速扩张带来机会，民生、光大、兴业银行等小银行迅速地成长为大中型银行。由于《巴塞尔协议Ⅱ》乃至《巴塞尔协议Ⅲ》对风险问题日益重视，中国银行业风险监管的思路日益突出。

现代商业银行风险管理理论认为，银行经营损失可以分为三类：预期损失、非预期损失和异常损失。其中，预期损失要充分计提资产准备，直接列支成本，但不能算做资本；非预期损失，由于不能直接量化，就必须用资本做准备，覆盖非预期损失。

由于我国小银行规模发展迅速，资本金的制约严重影响了一些经营比较好的小银行设立网点的步伐。强化资本约束使中小企业贷款难的问题更加难以解决。小银行要重点发展诸如个人住房抵押贷款、存单、黄金、国债及金融债质押贷款，以及诸如票据贴现、国际贸易融资、资金拆借、证券回购、债券投资等低风险业务。同时，小银行需要信用风险评级系统、市场风险计量系统、资金转移定价系统、利润报告系统、资产负债管理系统和资本管理信息系统等，保证业务可持续发展②。

---

① 恽铭庆：《必由之路——中国商业银行业务流程和 IT 建设国际化改造》，载《银行家》，2006（11）。

② 李国光：《强化资本约束对商业银行发展的影响及对策》，载《现代财经》，2006（10）。

这使得小银行 IT 系统需要应付更加复杂的业务与流程。

（四）IT 外包困难

银行 IT 外包困难有许多原因①：一是技术原因，国内缺少成规模的、技术全面的、可信任的受包方，信誉不足；二是外包市场发育不良，国内 IT 外包市场规范程度较低，交易费用相对较高；三是 IT 外部供应商的生产费用不低于银行自己提供 IT 系统的费用，IT 外包方的综合素养不足，难当大任；四是中小银行自身的原因，如缺少长期 IT 规划的能力，在 IT 外包合同制定前收集技术信息能力不足、对外包商能力的评价以及对于 IS/IT 本身特性认识的能力不足等②。

三、小银行 IT 战略分析

（一）外包战略分析

1. IT 外包的动因

银行在外包时，要考虑：我们为什么要外包？要找到自己的理由和条件，是出于成本考虑还是自身力量不足，还有外部资源是否足够。

出于成本或者技术能力的考虑，金融机构将软件系统的设计，甚至软硬件维护，外包给金融 IT 公司，从而使自己集中精力做好金融业务。美国上万家金融机构中，不少金融机构都将软件开发和维护外包给知名的 IT 大公司。这样做，可以节约时间成本，加快更新 IT 系统步伐，尽快缩短与竞争对手的差距，也可以节约财务成本，还可以解决技术问题。特别是村镇银行要在半年之内完成 IT 系统建设，只好借用外力。国外有不少成功的案例，印度是美国金融 IT 软件的重要承包方。国内 IT 外包企业的服务内容、商业模式、成功案例值得中小银行及时了解、掌握③。

2. IT 外包的分类

（1）按银行 IT 外包内容分为三个层次：系统运行外包、软件外包、业务流程外包。系统运行外包，如中金数据系统有限公司等社会化灾备中心服务的实践取得突破性进展，中国建设银行、中国农业银行等金融企业将部分生产中

---

① 吴文静、石亦思：《我国商业银行 IT 外包现状及影响因素分析》，载《商业时代》，2008（36）。

② 秦良娟、张楠、李响、李安渝：《我国金融机构 IT 外包风险要素识别案例研究》，载《管理世界》，2011（10）。

③ 王云生：《中小银行 IT 外包策略和最新发展动态》，载《中国金融电脑》，2010（10）。

心外包给它。数据中心外包已不局限于备份中心，生产中心同样可采取外包方式。

（2）按外包在银行战略中的地位分为战略层次外包、战术层次外包和一般层次外包。战略层次的外包使发包方面临着较大风险，有失去核心技术的可能。我们要看到，战略层次的外包是金融 IT 市场发展的一种高级阶段，不但市场上有技术能力卓越的公司，而且诚信作为市场运作的基石的理念坚如磐石。企业寻找市场来解决自身的问题，市场必须值得依赖，而规模是信任的重要基石。这种外包关系有一定的条件，如：①长期合作伙伴关系；②双方都秉承双赢的合作策略，任何一方都不会利用自身的优势损害对方利益；③双方各有自身的战略重点，认识到自身不可能也不必要去侵占合作方的市场，双方是合作关系；④双方在各自擅长的领域都具有核心竞争力。

在小银行将项目外包给金融 IT 公司时，金融 IT 公司可能获得优势地位。如果合作中，金融 IT 公司滥用这种优势地位，金融机构的利益就会受到严重威胁。另外，金融 IT 公司必须具有业界领导能力，具有对异常事件的响应能力。即使外包市场已经具备了这些条件，还必须要求金融 IT 公司具有相当的规模，以便增强诚信的基石。

表 6－2   **企业外包决策的层次与特征**

外包决策层次	外包特点	与供应商的关系
战略层次	1. 与核心业务、潜在核心业务相关 2. 补偿自身能力不足，增强响应市场的能力 3. 有推动核心技术、竞争优势的风险	1. 长期合作伙伴关系 2. 双赢机制，共同应对市场竞争，共享利润 3. 技术上可互相支持
战术层次	1. 与重要业务有关 2. 目的是提高财务绩效或非财务绩效，增强竞争优势 3. 即使失败也不会危及企业生存	1. 较长时间的合作 2. 重视沟通与协商 3. 有限的技术支持 4. 利润分配上有一定差距
一般层次	1. 与支持性业务有关 2. 降低成本，提高效率 3. 主要满足临时性需求	1. 临时性、不稳定关系 2. 沟通、协调少

3. IT 外包的不足与风险

其一，国内 IT 外包缺乏具备规模优势的厂商，但若将 IT 项目外包给国外厂商的话，实际上并没有成本优势。其二，中小银行不知道如何界定自己哪些可以外包，哪些不可以外包，以及如何评估外包中的风险因素。其三，IT 外包市场尚不够成熟，软件开发的外包质量如何控制、IT 运维风险度如何测量和评估、外包费用如何核算、数据安全如何保障都存在着问题和风险，以至于IT 外包可能会影响到核心竞争力①。

我国金融 IT 公司的规模还不太大，金融 IT 上市公司主要有恒生电子、东华合创、南天信息等少数公司。截至 2012 年 9 月 30 日，恒生电子上市公司的总资产为 15.9 亿元，股东权益有 12.7 亿元，主营业务收入 5.5 亿元，总股本6.24 亿份，以 2012 年 12 月 11 日 10.19 元/股的价格计算，公司市值约 63.6亿元。恒生电子的主要长处在于基金软件和呼叫中心业务，然而，事实上，恒生电子难以与其他金融机构开展战略层次上的外包。恒生电子主要向基金公司销售电子基金产品，收取年使用费。

4. 小银行 IT 系统开发可以外包

神州数码等我国数一数二的金融 IT 公司在与中国工商银行的合作中展示了强大的实力，但是还没有能力完整地为大型银行开发整套软件和提供全方位的服务。我国金融 IT 公司在专项能力上有长处，如东软公司对日本软件招标的承标，某些金融 IT 公司的信贷产品，等等。对于小银行的核心系统开发来说，我国金融 IT 公司的实力是没有问题的。

小银行在制定信息化策略时，可以在内部生产（软件购买、维护、升级，流程改造，组织重组等系列工作）和外包（相关业务技术外包、服务外包等）之间进行选择。此时企业要考虑三类相关成本（内部生产成本、谈判成本和机会主义成本，后两种成本又被统称为治理成本）之间的关系。从经济学上来说，有多家中小金融机构来培育、支持、分享中小金融 IT 公司的技术，既减小了金融机构自身软件开发的人力成本，也使市场分工细化。中小金融 IT公司通过竭诚为多家金融机构服务，可以积累自己在该领域的经验，从而达到行业领导水平。

我们认为，即使神州数码这样的公司接受中国工商银行的外包也只是战术层次上的外包，但对于小银行来说，战略层次上的外包，技术上是有保证的。

5. 我国金融 IT 市场逐渐成熟

一方面金融机构需要战略层次的合作者，需要战略受包方，另一方面金融

---

① 王晓军：《中小银行如何做好 IT 风险管理》，载《金融电子化》，2009（9）。

机构外包后，自己处理战略性问题更加得心应手，更有优势。目前金融 IT 市场发展的趋势是集中，市场份额会越来越向大公司集中。

由于外包具有市场细分的特点，我们要出台鼓励外包的经济政策，并颁布行政法规等规范外包的发展，鼓励金融 IT 企业做大做强，鼓励金融机构参股和扶持金融 IT 公司的发展。由于我国诚信制度的缺失，外包市场的发展需要一定的过程。当前，特别要鼓励金融 IT 企业利用我国廉价的劳动力优势，承接国外发包项目。

（二）IT 整合

IT 整合有利于快速高效地推行统一的产品和渠道策略。

1. IT 整合的特点

IT 系统整合是一个"牵一发而动全身"的系统工程，研发、测试、运行，以及密切相关的流程、制度、组织机构、岗位、产品、报表信息、内部控制等的整合再造，涉及员工培训、员工行为规范、技术网络环境建设、客户宣传、监管审批和文化理念整合、习惯纠正等，是一个复杂而且耗时的过程。

银行并购中的 IT 系统整合，其难易程度取决于两个方面：一是两个 IT 系统的应用架构、数据架构和技术架构等的异构差异；二是两个 IT 系统中内嵌的核算规则、参数管理理念、业务操作与管理控制流程、业务实现方式、监管报表与监管要求、内部管理容忍与拒绝、习惯与惯例等的差异，特别是由此引发的不同程度的流程与制度再造、岗位重组、人员增减、人员培训、理念重塑、产品取舍等都将直接影响整合难度[1]。

2. 确定 IT 基本框架

技术部门和业务部门必须遵循基本指导原则，必须符合 IT 基本架构，即"两个必须"。灵活的架构需要很多技术作为支撑，包括虚拟化技术、自动化技术。对于小银行，不可能一步跨越到自动化阶段。很多小银行的系统还分散在区、县，整合是首要任务，第二步是集中存储，形成数据公用池。之后是如何实现虚拟化，再之后是上升到自动化阶段。

3. 前台与后台

信息化发展的重心向核心系统的前、后端延伸，即如何改善面向客户的前端和面向管理的后端。前端包括柜员系统、操作型客户关系管理系统、渠道应用及网点优化等，后端包括信息整合、风险管理、分析型客户关系管理系统、

---

① 陈友滨：《银行跨国并购 IT 系统整合管理研究》，载《金融论坛》，2009（1）。

销售管理、ERP 和决策支持系统等①。核心业务系统平台是以柜面业务为主的业务系统。客户服务平台包括网上银行、电话银行、手机银行，以及部分柜面业务。数据管理平台包括业务系统产生的数据、各类管理信息系统，以及与人民银行、银监会对接的系统。

4. "大会计"——统一总账平台

统一总账平台有以下特点：由传统的面向科目到新型的面向业务、一记双讫、自动产生会计分录的记账机制转变；实现由传统的"账账、账实、账据、账款、账证""五相符"向"账据、账款、账证""三相符"的核对机制转变；实现由传统的按业务类别转为按柜员装订的凭证装订模式转变；实现由营业机构日终综合平账向柜员平账为核心的四级平账机制转变；实现由手工清算向自动统一清算的转变；等等。

（三）IT 合作

1. 总述

这里又分为多种情况。一是小银行控股相应的 IT 公司，由 IT 公司给自己及其他小银行提供 IT 服务。二是由中型银行为区域内的小银行提供部分金融 IT 服务，例如，兴业银行就向其他小银行开放了支付平台等，小银行通过该网络，拓展了自己的支付网络，从而实现类似大银行那样的规模经济。三是与多家金融 IT 公司建立战略伙伴关系，利用不同 IT 公司的不同特长，为我所用。

2. 昆明市商业银行与保山城市信用社的合作②

昆明市商业银行与保山城市信用社没有竞争关系，不在同一个城市。昆明市商业银行的 IT 实力明显强于保山城市信用社，已经建设了一套成熟的系统，且系统资源冗余。前者向后者提供 IT 服务，并收取相应费用。为了使交易更有吸引力，保山城市信用社可以借用昆明商业银行的银行同业资格或能力，互通互兑，并且进行了数据隔离，以保证安全。

昆明市商业银行拥有一级银行法人的营业资质，是云南省唯一同时具有人民银行公开市场一级交易商、全国银行间债券市场及同业拆借市场成员、财政部国债承销团成员、国家开发银行及中国进出口银行政策性金融债承销团成

---

① 何静：《银行的信息化与管理变革》，载《经济体制改革》，2006（4）。

② 高广春、张罂：《合作经营突破地方金融机构发展瓶颈——全国首例地方金融机构间 IT 合作评析》，载《银行家》，2005（2）。

员、金融机构和非金融机构债券结算代理行等多项业务资格的金融机构，因此在同业合作方面具有比较丰富的经验。

3. 山东省城市商业银行联盟

该模式下，由村镇银行联合投资，建立合作联盟，走联合发展的道路。联盟负责承担各行的 IT 系统建设与维护、人员培训、新产品研发等中后台服务职能。作为服务机构，联盟对各城市商业银行没有协调或管理职能，各行的独立法人地位不受影响，开发的各项服务和产品完全采取市场化的方式运作①。

（四）流程再造

1. 打造流程银行需要不断努力

"部门银行"与"流程银行"的区别。第一，导向不同。流程银行以客户为中心，追求客户价值最大化，而传统的部门银行是以银行自身为中心，不考虑是否给客户带来方便。第二，组织结构不同。流程银行强调组织结构扁平化，使信息流通链条变短，提高运营效率，加快经营节奏，而传统银行建立在科层式组织结构上，行政链条长，体制容易僵化，官僚主义难以消除。第三，业务处理方向不同。流程银行追求业务处理垂直化，前台、中台、后台，一气呵成。而传统银行的业务处理是在不同专业职能部门之间横向流通，效率低，适应性差。

（1）信贷业务推行一级审批制，将过去的支行、二级分行、一级分行、总行的层层审核跃变为直接报有审批权限的机构进行审批决策，即"一级审批"。（2）推行客户经理制，银行传统的存款、贷款、中间业务、国际业务等业务品种现在统一交由客户经理，提供一体化营销和全面的金融服务。（3）将串行流程改造成并行流程。在网络以及数据库技术的协助下，将可以共享资源的活动，如新产品开发、信用评估、文件阅示等，转化为同步方式，提高流程的效率。

流程越复杂，越需要大量的系统和信息。相反，通过一个设计合理的价值链，流程会变得非常简单，真正的"流程银行"才能实现。

流程再造，通过过程控制把所有手工作业除去，业务线通过计算机控制采集基础数据。有了基础数据，绩效、产品、风险等都有了依据，由计算机代替人进行数据处理，实现了集约化经营。流程再造，即从部门银行转向流程银

---

① 尚海燕：《建立 IT 联盟，推动村镇银行发展》，载《银行家》，2010（12）。

行，从操作性银行变成分析型银行。IT 转型与组织架构的变化、职能和人力资源的变化相互配合，才可能成功。

2. 流程再造的基础工作

（1）需要分析本银行信息化建设背景、现状、总体战略目标、总体规划、信息资源规划、信息化标准化、基础网络规划、组织和管理保障、全员信息化培训规划、信息化建设经费预算、信息化阶段划分及其进度安排①。

（2）IT 管理体制。小银行应该采取"评估机制 + IT 整体管理体制"双轮驱动策略，在逐步建立 IT 项目评估机制的基础上，同步持续完善 IT 管理体制。也就是说，短期内在技术上实现 IT 项目的量化评估和管理，而且在相当长时间内通过配套的、深层次的 IT 管理体制改革创新，从而大幅提高 IT 绩效，有效节约成本。①加强分类管理，控制 IT 支出。"可上可不上的项目不上，可花可不花的钱不花"。②实现 IT 战略与业务战略一致，促使 IT 绩效最大化。③建立 IT 项目的业务案例管理流程，实现全过程评估②。

（五）云计算

云计算并不是一种简单的产品，也不是一个单纯的技术，而是一种产生和获取 IT 资源新形式的总称。云计算的创新特性在于：能够实现对 IT 资源的动态调配，提升和简化 IT 管理，把 IT 资源作为标准化服务呈现出来，让使用者像用水、用电那样消费 IT 资源。云计算的创新特性将解放固有 IT 资源的分配和使用方式，使 IT 的应用更加简化、高效、稳定、标准化和灵活。

云计算可分为公有云、私有云和混合云三种类型，至于银行应该选择哪种类型，业界还存在不同意见。为实现私有云内基础设施的按需服务，英特尔推出节点管理和万兆网卡这两大解决方案来支持云计算的落地，打造可靠的按需自助服务。英特尔确定了对实现目标至关重要的三个基本元素：授权、配额和透明性。对计算资源进行虚拟化和集中，并通过多租户模式为所有的业务团队提供支持③。云计算为小银行的 IT 外包提供了新的机遇。

四、小银行 IT 战略对策

（一）外包

小银行将自己的 IT 系统运营、开发或者业务流程外包给相应的机构，以

---

① 韩军：《不断挖掘商业银行信息化的后发优势》，载《银行家》，2006（10）。
② 林琳、赵甦：《我国商业银行 IT 管理体制的完善：汇丰集团的启示》，载《上海金融》，2009（8）。
③ 云计算：《让银行实现 IT 资源按需服务》，载《中国金融》，2011（17）。

借用对方的能力，降低成本，缩短系统建设周期，或者为了集中精力于自己最擅长的活动。宁夏农村信用社银行卡的可行性研究表明，如果自己建设，需要投入五六千万元和两年时间，建成之后 20 年看不到盈利。而且这只是预算数，实际做下来很可能超支超时。外包之后，一年时间就建成了银行卡系统，而且用得很好。从总体看，外包在费用控制和建设时间上是一种最佳状态，提高了效率。同时，借用了专业公司的高素质人才，促进了业务发展。

（二）联盟

在产权不变的基础上，设立联盟机构，带动成员进行集中的系统开发与应用。对小银行来说，IT 系统可以作为公共平台来使用。

（三）数据中心出租模式

数据中心出租服务模式。在一个地方花巨资建立先进的数据中心硬件设施，高级服务器、合格机房、小型机、大型机等，甚至建立灾备。金融机构，如小银行可以以向数据中心支付费用的方式，获得数据中心的技术服务。这里面的软硬件购买、维护、更新，金融机构都不必过问。比如说，数据中心购买或者自行开发网上银行软件，如果这些功能符合银行的要求，银行不必自建机房，不必购买或开发软件，而是在向数据中心支付年使用费后，放心使用就是了。在因特网环境下，B/S 模式使客户终端基本上不需要什么技术含量，简化了对金融信息化的管理。

实际上这样的数据中心已经建成了，但市场交易并不理想。首先，双方的责任界定、赔偿等问题还没有明确，其次，数据中心的资产规模不大，最多几亿元人民币，万一发生严重差错，无法承担完全赔偿责任，再次，我国软件的价格并不高，盗版软件更是降低了软件布置成本。事实上，软硬件布置成本越高，数据中心出租越有必要。最后，我国小型金融机构往往也有一定的联合，并不像西方那样的一盘散沙，数据中心出租的效益不够明显。如省联社已经主导了我国农村信用社信息化过程，国外发达市场经济条件下的这种商业模式在我国很难实施。

随着云计算的推进，商业性数据中心服务于小银行的成本进一步下降，能力进一步上升。该模式的优越性逐渐显现出来。大企业，如 IBM、微软等，都有自己的云计算中心。我们认为，只要法律法规等市场条件成熟，该项模式有可能得到市场认可。

（四）共建省级或全国数据中心模式

我国经济发展是行政主导型的。行政对经济驱动的成本较低，而市场交易参与各方由于不了解、不熟悉、不信任，交易成本较高。这种情况下，省级数据中心，如建设省农村信用社数据中心是很容易实现的。

在国外，行政推动容易遇到各种阻力，比如可能受到扭曲了市场、干涉了企业经营的指责。可是在中国，中国政府的权威要远远大于市场竞争中的优胜者。

建立省级数据中心是目前农村信用社的主要 IT 模式。建立了省级数据集中，加上客户数据、交易数据等的有效性，就可以进行数据挖掘，发现其中的规律。这对于商业来说是极其有价值的。

现代社会，需要将全国人口的身份认证系统上线，需要整合自然人的法律、治安、商业、教育等方面的信息，需要整合企业的法人资料、企业行为资料、财务、重大事件等信息。怎样整合这些信息？这涉及公安、工商、教育、金融等多个行业的统计资料，涉及多个部门。国家统计局在这些时代需要的统计事业中承担什么角色？如果由市场去缓慢地完成，显然不利于现代社会的迅速发展。

我们要建立多种类型的省级或国家级数据信息中心，与金融信息一起，成为省级信息统计基础设施。国家统计局需要规划好全国信息采集工作，分门别类，做好前瞻性研究。我们要继续推动社会信息化的事业，力图使我国领先于发达国家进入社会信息丰富的新阶段。

社会的发展越来越需要人们局部放弃自己的隐私权，需要实名制。如网络实名制、存款实名制，等等，这是社会文明的发展趋势。否则，现代高级、复杂的文明同时也是脆弱的文明，受到意外冲击极容易导致严重后果。

（五）草根银行的 IT 战略模式

区域银行、乡镇银行未来发展的重点不是参与国际竞争，而是在于做好自身的工作，只要用心经营，赢得农户的信任，即使利差很低，也能实现持续稳健的经营[①]。

1. 村镇银行 IT 建设的特点

（1）村镇银行对 IT 建设的最大愿望就是，上线快、投入少、满足业务需求且方便连接。村镇银行的大小额支付系统不能接入，汇款不是很方便[②]。（2）在引进 IT 人才方面，要求村镇银行降低对 IT 人才的门槛。并通过 IT 系统前期规划，确保村镇银行五年内基本不进行调整。（3）由于村镇银行规模

---

① 徐嘉鸿：《台湾地区农会的经验》，载《银行家》，2010（12）。

② 陈林：《村镇银行经营中的困惑》，载《银行家》，2010（12）。

较小，无法进行较高的研发投入，因此需要首先实现技术的标准化，由监管部门来制定服务标准和质量要求。村镇银行的 IT 投入有限，对技术的"易用性"要求较高，因此村镇银行的云计算要做成像"傻瓜相机"一样，不需要学习"调焦"，只要会按"快门"就行。

2. 村镇银行的 IT 建设主要有 4 种模式

第一种模式是把村镇银行作为主发起银行的分行，村镇银行直接使用主发起银行的 IT 系统。第二种模式是主发起银行为村镇银行单独建立一套系统，或自建或外购。采用这种模式的多为大型商业银行，而且主发起银行设立的村镇银行数量也比较多。第三种模式是村镇银行复制主发起银行已有的 IT 系统"为我所用"，并在主发起银行机房或自建机房进行系统维护。第四种模式是村镇银行把系统整体外包给 IT 服务商，由服务商托管所有 IT 建设，包括开发、系统运维等，自己只负责营业网点柜面的维护[1][2]。

3. "公共平台"建设

村镇银行为实现独立运营和不断满足业务发展需要，最好的做法就是由具有一定实力和技术的 IT 公司来做一个"公共平台"并提供相应的服务，包括结算系统、信贷系统、业务考核系统、报表程序甚至网上银行[3]。

---

① 李明富：《探寻村镇银行的 IT 发展》，载《金融电子化》，2011（7）。
② 代军：《IT 建设宜循序渐进灵活适用——村镇银行信息化发展战略的思考》，载《金融电子压》，2011（7）。
③ 韩泽县：《稳健推进村镇银行"公共平台"建设》，载《银行家》，2010（12）。

第七章　国内外小银行
发展战略的比较分析

我们研究招商银行等从小银行向中型银行发展过程中的经验教训和战略定位，对于现在小银行的发展战略定位等具有重要的借鉴意义。

第一节　招商银行发展战略及借鉴

招商银行从 1987 年到 2002 年上市，大抵处于小银行阶段，其经验教训等值得借鉴。

一、招商银行发展简介

（一）招商银行发展历程的四个阶段

第一阶段：初创发展时期（1987 年 4 月至 1989 年 5 月）。

1987 年 4 月，经中国人民银行批准，招商局出资人民币 1 亿元，在原招商局蛇口工业区财务公司的基础上，创建了招商银行。当时，营业网点只有一个。这一阶段，招商银行将财务公司的经营机制转变成了银行的经营机制，坚持“专家治行”，贯彻“信誉、服务、灵活、创新”的经营方针。至 1988 年末，总资产达 24 亿元，利润 3 300 万元，与十多个国家的 30 多家银行建立了代理行关系，并先后建立了北京、辽宁 2 个代表处和深圳罗湖、上步、东门 3 个营业部。

第二阶段：稳步发展时期（1989 年 5 月至 1993 年 6 月）。

1989 年 5 月人民银行批准招商银行进行首次增资扩股和股份制改造，在产权关系上招商银行由创办初期的招商局集团独资改组成由招商局集团、中国远洋运输总公司、广州海运局、中国石油总公司南海东部公司、秦皇岛港务局、广东省公路管理局、山东省交通厅物资工业公司 7 家企业法人持股的有限责任股份制银行，实收资本增至 4 亿元人民币。同年，获国家外汇管理局批准，成为我国第一家开办离岸业务的试点银行。至 1992 年末，全行总资产 96 亿元、实现利润 1.64 亿元。与此同时，除了在深圳地区开设 7 个营业部、2 个证券部外，还先后在上海、武汉设立了分行，在北京、沈阳、香港成立了办事处，初步形成立足深圳、辐射国内各大中心城市、渗透海外的商业银行格局。

第三阶段：快速发展时期（1993 年 7 月至 2002 年 3 月）。

1993 年底，全行各项存款总余额达 131 亿元，年增长 61%；各项贷款余额达 127 亿元，年增长 42%；资产总额达 158.23 亿元，年增长 59%。国内业务已延伸到 29 个省市自治区；国际业务已与美国、英国、日本、德国、瑞士、澳大利亚、意大利、新加坡、中国香港等国家和地区的本土银行及其分布在 67 个国家和地区的 495 家分支机构有直接往来关系，在世界主要货币清算中心设立了清算账户。

1993 年下半年，招商银行开始第二次增资扩股和股份制改造，并于 1994 年 5 月完成，注册资本由 4 亿元增至 11.23 亿元，股东由 7 家增至 93 家，成为股份有限公司。招商银行领先国内其他银行进行了诸多改革，如逐步健全"一级法人、多级经营"管理体制，建立和完善资产负债比例管理，加强资产风险监控等。

由于形成了一套有效的内部约束机制和风险防范机制，招商银行的呆滞贷款和逾期贷款的比例较低。到 1998 年底，招商银行累计实现利润 108.66 亿元，向国家和地方缴纳税收 38.57 亿元。1996 年 3 月注册资本由 11.23 亿元增至 28 亿元。1998 年 7 月，注册资本由 28 亿元增至 42 亿元，股东为 108 家。据英国《银行家》杂志 1998 年 7 月公布的资料，招商银行平均资本利润率列中国第一，全球 1 000 家中列第 13 位，资产收益率列中国第一①。

第四阶段：全面快速发展时期（2002 年 3 月至今）。

2002 年 3 月首次公开发行股票，注册资本增至 57.07 亿元，2006 年 9 月，在香港联合交易所上市，当年注册资本增至 147.03 亿元。2011 年末注册资本达 215.77 亿元。

---

① 刘伟林：《忽如一夜春风来 千树万树"葵花"开——由招商银行"一卡通"全国消费联网巡回展示活动所想到的》，载《武汉金融》，1999（3）。

　　总结四个发展阶段，招商银行的规模扩张经验有：（1）始终把人才战略放在首要位置。以人为本，专家治行，全员聘用，用其所长，人尽其才是招商银行人才资源管理的基本方针。（2）服务质量管理建设。1997 年 4 月，招商银行通过了 ISO9000 国际质量标准认证，标志着我国银行业开始导入国际先进的质量管理体系。（3）领导班子是既讲政治又懂业务的银行家。领导班子实行民主集中制，令行禁止，有很高的威望与很强的凝聚力。（4）成功地实行了业务扩张战略。如离岸业务、买方信贷业务、"一卡通"、商人银行业务等都取得了成功[①]。（5）股东为银行发展出力。招商银行第一次股份制改造，交通企业占股 95%。1994 年进行第二次增资扩股，交通企业占股 70%。招商银行与各省市交通部门建立了良好的合作关系，为中国的公路、水运建设筹集境内外资金，自身也实现了与经济的同步发展。如为沈大高速公路贷款 2 亿元，牵头组织银团贷款 5 000 万元支持深圳盐田港建设[②]。

　　（二）招商银行增资扩股、注册资本、分行数量、支行数量分析

　　1. 招商银行 2002 年上市，2004 年后，注册资本迅速扩张，从 57 亿元上涨到了 2011 年的 215 亿元，翻了近 4 倍。

　　2. 2004 年之后，对应着资本实力的增强，分行数量迅速增加，从 32 家扩张到 87 家，增加了 170%。

　　3. 支行数量扩张与资本扩张节奏并不一致。支行数量是稳健增加，大多数情况下，年增长率约 10%。2002 年支行数量增加了 52%，上市后迅速扩张支行数量。2008 年，支行数量增加了 17%。

　　看来，银行的发展需要机构网点等的稳健扩张。否则，银行的发展速度就会受到影响。小银行要抓住宏观经济周期扩张提供的机遇，速度与效益并举，才能做大做强。

表 7 - 1　　　　　　　　　　招商银行的演变情况　　　　　　　单位：家,%

年份	资本（亿元）	股东	分行数量	支行数量	支行数增长率
1987	1.00	招商局（100%）			
1989	4.00	招商局（45%）等 7 家			
1991	4.00	招商局（45%）等 7 家	1		
1993	4.00	招商局（44%）等 8 家	2		

---

① 刘伟林：《改革拼搏　铸就辉煌——招商银行十年大发展》，载《中国行政管理》，1997（5）。
② 王海涛、陈劲：《前进中的招商银行》，载《中国水务》，1995（12）。

年份	资本（亿元）	股东	分行数量	支行数量	支行数增长率
1994	11.23	招商局等98家			
1996	28.07	招商局等89家			
1997	28.07	招商局等89家	11		
1998	42.07	招商局等108家			
2001	42.07	招商局等106家	22	217	
2002	57.07	招商局等（上市）	29	331	52
2003	57.07	招商局等	30	373	13
2004	68.48	招商局等	32	410	10
2005	103.74	招商局等	36	456	11
2006	147.03	招商局等	37	504	11
2007	147.05	招商局等	40	534	6
2008	147.07	招商局等	44	623	17
2009	191.19	招商局等	52	685	10
2010	215.77	招商局等	73	749	9
2011	215.77	招商局等	87	801	7

数据来源：根据招商银行历年报表与年报整理。

（三）招商银行的资产、存款、贷款、利润分析

表 7-2　　　　　　　　　　**招商银行相关财务数据**　　　　　单位：亿元，%

年份	资产		存款		贷款		利润		GDP增长率
	数量	增长率	数量	增长率	数量	增长率	数量	增长率	
1988	24						0.33		11.3
1991	66	175							9.2
1992	100	52					1.64		14.2
1993	158	58	131		127				14.0
1994	447	183	320	144	267	110			13.1
1996	1 027	52							10.0
1997	1 300	27	889		716				9.3
1999	1 566	20	1 223	38	828	16	5		7.6
2000	2 195	40	1 644	34	1 097	32	8	60	8.4
2001	2 663	21	2 143	30	1 402	28	14	75	8.3
2002	3 717	40	3 004	40	2 069	48	17	21	9.1

续表

年份	资产		存款		贷款		利润		DP
	数量	增长率	数量	增长率	数量	增长率	数量	增长率	增长率
2003	5 039	36	4 069	35	3 075	49	22	29	10.0
2004	6 028	20	5 126	26	3 759	22	31	41	10.1
2005	7 346	22	6 344	24	4 587	22	39	26	10.4
2006	9 341	27	7 738	22	5 494	20	68	74	11.6
2007	13 107	40	9 437	22	6 544	19	152	123	11.9
2008	15 718	20	12 506	33	8 528	30	209	37	8.9
2009	20 679	32	16 081	29	11 618	36	182	−13	9.1
2010	24 025	16	18 972	18	14 022	21	258	42	10.3
2011	27 950	16	22 201	17	16 044	14	361	40	9.2

资料来源：根据招商银行历年报表与年报整理。

1. 资产增长可以分为几个阶段

（1）1 000 亿元以下，时间段大约是 1988—1995 年，此时的特点是，资产总量增速快，年增长率至少 40%，个别年份如 1994 年，资产增长 183%。当时，宏观经济恶性通货膨胀，银行资产像吹泡泡一般被吹大。（2）3 000 亿元以下，时间段大约是 1996—2001 年。此时资产增长率至多 40%，宏观经济伴随着通货紧缩。银行必须在管理上下工夫，以应对环境不利因素。（3）1 万亿元以下，时间段大约是 2002—2006 年。此时，我国贸易顺差持续扩大，经济增长强劲。（4）3 万亿元以下，时间段大约是 2007—2011 年。此时，资产增长率稳健，大约在 16% 左右，只有个别年份，如 2009 年，由于财政 4 万亿元的刺激，银行资产增长率比平常快 1 倍。整体上来说，通货膨胀背景下，银行资产增长率高；附着银行规模逐渐扩大，资产增长率逐渐下降。

2. 存款增长率大抵与资产增长率相匹配

2003 年之前，增长率都在 30% 以上。2003 年之后除 2008 年和 2009 年在 30% 左右外，其余年份增长率大多在 30% 以下。

3. 贷款增长率与 GDP 增长率不匹配

贷款增长率大多在 20% 以上，只有 1999 年、2007 年、2011 年等年份在 20% 以下。这与 GDP 增长率相适应，1999 年 GDP 增长率达到低谷，仅 7.6% 为最低值；2007 年 GDP 增长 11.9%，但不少民企已经将资金转入股市，处在经济周期由盛而衰的转折点；2011 年，经济由于治理通货膨胀，抑制信贷冲动，房地产市场受到限购打击。

4. 利润增长率与资产增长率不一致

利润增长率要取决于贷款损失准备金、冲销呆坏账、会计政策、利润政策等因素。

从下图可以看出：（1）利润增长率波动较大，而资产增长率相对平衡些。（2）利润增长率在一定时期与资产增长率趋势相反。资产增长率下降，但利润增长率大增，如 2001 年；或者资产增长率上升，而利润增长率却大幅下降，如 2009 年。

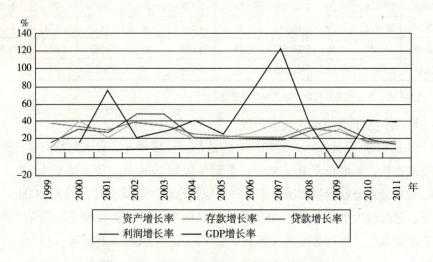

**图 7 - 1　1999—2011 年招商银行资产增长率、
存款增长率、贷款增长率、利润增长率、GDP 增长率图**

二、利用科技手段，创新和拓展银行业务

招商银行一贯奉行"科技兴行，科学管理"的经营策略，率先在国内推出备受广大用户欢迎的综合性个人理财产品"一卡通"，率先在国内建立了网上银行、手机银行、自助银行等银行网络。

1. "一卡通"

"一卡通"多功能借记卡。"一卡通"集多币种、多储种存折、存单于一身，且在国内率先实现柜台、ATM、POS 以及网上银行四个渠道的全国网络，安全、简便、高效。在招商银行成立之初，由于营业网点、人员等多方面的限制，优先发展对公存款，其储蓄业务量十分有限。从 1995 年起，储蓄业务成为招商银行业务拓展的一个重要领域，有着高科技含量的"一卡通"在 1995

年7月应运而生。1997年4月，招商银行网站开通了"一卡通"账务查询、股票信息查询等功能。1998年4月，"一卡通"实现了网上支付，6月，推出B2C网上支付系统。1999年7月，"一卡通"网上支付全国联网。1996年发卡量达到46.2万张，吸收存款34.7亿元，2001年末发卡量达到1 668万张，吸收储蓄存款达638亿元。截至2012年6月，发卡量达6 363万张，卡均存款1.10万元。

招商银行还在国内罕见地进行了"一卡通"银行推广活动。1998年12月22日以来，"总行统一组织策划、各分行配合执行"，自上而下，在全国进行了16场宣传活动。整个宣传活动步调一致，宣传效果强烈。宣传展示活动前调查了该行上海、北京、广州、深圳等地1 000多个客户，在此基础上进行广告策划。巡回宣传、现场咨询、现场开卡、消费抽奖，还有健康美丽的广告模特，打动了客户。

2. "一网通"

1997年，招商银行紧跟时代和科技进步的步伐，把目光瞄向了刚刚兴起的互联网。1997年4月，招商银行开通了自己的网站，进入"一网通"时代。1998年4月，"一网通"推出"网上企业银行"，为互联网时代银企关系进一步向纵深发展构筑了全新的高科技平台。1999年9月，招商银行在北京召开新闻发布会，开始全面启动"网上银行"。

目前，招商银行的"一网通"已形成了网上企业银行、网上个人银行、网上商城、网上投资理财和网上支付等在内的较为完善的网上金融服务体系。（1）网上个人银行当时具备通过Internet查询账户余额、当天交易和历史交易等信息，可以修改账户密码，并可以通过网上支付系统进行网上购物。（2）企业网上银行。①企业通过电脑"经办"和"授权"转账，可以转账的发生日期不必是经办的当日。转账必须经过企业财务部门或负责人的严格授权，可以是"一人经办一人授权（复核）"或"一人经办多人授权（复核）"。不同金额的经办设置不同等级的授权。②网上代发工资，由公司通过网络将工资数据上传。③查询下属公司账务。④查询各种信息，包括账务和交易明细、银行到账通知、转账支付发生通知、贷款到期通知、银行信息以及各种财经信息①。⑤2000年8月，"网上企业银行"3.0版增添了"网上信用证"功能，即信用证的申请、开立和传递及查询打印来证等所有业务流程均可以在网上完

———————————

① 黄卓芬：《信息技术与业务创新——兼析招商银行"一网通"》，载《上海金融》，1999（3）。

成。⑥其他功能。如实时电子汇兑、定活期存款互转、协定存款查询、信用管理等，实现了企业与招商银行电子汇兑系统的无缝对接，率先在国内银行业中实现了系统内资金的瞬间达账①。

十几年以来，"一网通"在国内网上银行领域始终占据着领先地位，无论是在技术领先程度还是在业务量方面，均在国内同业中具有明显优势。新浪等超过95%以上的国内电子商务网站都采用"一网通"作为支付工具，中国人民银行、联想集团等众多政府机构和大型企业都选择了"一网通"进行财务管理。在网上个人银行方面，截至2010年底，网上个人银行有效客户累计超过1 000万，年交易笔数约3亿笔，交易金额超过10万亿元，非现金业务替代率达到82%。"一网通"使招商银行在一定程度上摆脱了网点较少对规模发展的制约，为招商银行在网络经济时代实现传统银行业务与网上银行业务的有机结合，进一步加快发展步伐奠定了坚实的基础。

3. 手机银行

2000年1月，招商银行推出"移动银行"业务，即将网络银行的终端扩展到移动电话上，是国内首家通过手机短信平台向全球通手机用户提供综合化个人银行理财服务的银行，包括账务查询、自助转账、自动缴费、证券信息查询及交易、外汇买卖、理财服务及账户管理等。截至2011年底，手机银行签约客户总数已达449.47万户。

此外，2002年12月，招商银行在国内率先推出一卡双币国际标准信用卡，一度成为国内最大的国际标准信用卡发卡行。截至2011年底，信用卡累计发卡3 961万张，当年新增发卡484万张。2004年，又成功推出"一卡通"金卡、"金葵花"卡以及"财富账户"等新产品。

4. 招行科技创新经验总结

第一，以客户的需求作为产品设计的导向。基于国内消费者注重银行卡储蓄功能以及量入为出的消费习惯，以先进的电子借记卡为起点，开发出一卡通知名品牌，为国内银行业开展个人银行业务提供了示范效应。并且根据市场变化不断完善和增加产品功能。

第二，建设和完善前瞻性的IT平台。招商银行在构建全行电脑系统时，便采取全行统一的电子化业务处理平台，为开发对网络和信息共享程度要求较

---

① 卢伟：《从"一卡通"到"一网通"，招商银行以科技兴行铸造业界典范》，载《中国金融》，2000（12）。

高的借记卡（一卡通）提供了先天的系统化优势。1993 年实现了深圳地区的储蓄联网，1996 年一卡通在国内同业率先实现了行内所有网点的通存通兑，1998 年先后实现了行内自动柜员机系统联网和国内全行 POS 消费系统联网。

第三，学习国外先进的产品设计与管理经验。如单一客户号管理多个账户的模式，为一卡通的一卡多户、一卡多币种、一卡多功能的优势奠定了系统基础。

第四，重视科技金融产品品牌的创建、推广和营销。招商银行通过 IT 的应用与集成、营销与服务创造了"一卡通"与"一网通"等许多著名的产品品牌，并通过技术领先的优势不断增加"一卡通"与"一网通"的附加价值，然后通过大胆和系统的市场活动不断把与客户的关系做得更加紧密。

三、不懈地进行企业文化建设

（一）权力与文化①

权力和文化在企业中所起的作用是不同的。权力在行政资源的运作下，是硬性的制度约束。它对于员工来说，是被动的约束力。文化则是一种理念和在这种理念指导下的行为习惯。文化对企业职工素质的培养和良好的职业道德的形成是潜移默化的，春风细雨，激发员工发自内心的认同。权力和文化是互相影响、互相作用、相互补充的。

商业银行的基本职能是承担并管理风险，需要一种完善的以控制风险、稳健经营、强化管理、自觉约束、质量是第一生命、规范运作等理念为主体的价值体系。风险文化、创新文化、卓越文化等特质，需要总行一把手的大力推动，并成为全体员工的自觉行为。企业文化其实就是一把手的人格在企业层面的泛化，或者说企业人格。企业文化都是企业一把手推动的，没有优秀的一把手，就没有真正的企业文化。

（二）招商银行企业文化的内涵：五个基本原则理念和五个关系

1. 五个基本原则理念：稳健、规范、严格、科学、扎实

稳健有两重意思，第一个是稳，第二个是健，就是要在控制风险、保证质量的前提下发展。"稳健经营"的理念是在承受着来自外部甚至内部的不理解，不断战胜盲目发展的冲动，不断战胜自我的过程中形成的。以招商银行北

---

① 李守荣、查子安：《强化管理 铸造精品 科技创新 追求卓越——访招商银行行长马蔚华博士》，载《中国金融》，2002（3）。

京分行为例：（1）1996年前，"稳健经营"是以规避政策风险为核心的。建行之初，招商银行面临的首要问题是生存，也就是说要利润、要规模发展。但怎样发展呢？当时的金融环境比较宽松，充满诱惑，所谓的"发展的机会"是很多的。投资大楼不做，买卖股票不做，高息不做，账外账不做，违规拆借不做，作出这样的选择是痛苦的。这在当时的环境下简直是不可思议的，外部不相信，内部不理解，甚至管理层也有人一时想不通。但到了1996年，稳健经营的正确性显示出来了，那些违规经营的业务或机构尝到了恶果，而招商银行人则庆幸当初的苦苦坚持[①]。（2）1997年之后，信贷风险问题突出，是主动暴露，还是慢慢转化？招商银行北京分行选择了主动暴露方式。逾期率数字上升，给包括行领导在内的每个人带来了明显的压力。但是，他们变压力为动力，通过严格的风险管理，狠抓资产质量，抵抗风险的能力明显增强，资产质量保持了优秀的水平。在这场洗礼中，全行上下对"稳健经营"更有了切肤之感。

规范，就是将成功的经验和先进的理念总结成规章制度，全体员工遵照执行。规范是一种成文的规矩，一种秩序，一种做事的方法。没有规矩，不成方圆。

严格是一种制度的约束。严格执行制度是为了保护员工，例如，招商银行不允许信贷员接受客户的吃请、回扣或礼物。该制度严格执行的结果是降低了贷款坏账率，也降低了客户的信贷成本，最终增强了招商银行的竞争力。严格讲的是尺度。

科学是一种实事求是、尊重规律、尊重实际的态度。规范内容必须科学，只有科学的规范才能严格执行。严格执行错误的规范，必然导致严重后果。科学讲究的是主观与客观的一致。

扎实是一种做事的作风，不浮夸，实事求是，稳扎稳打。扎实是一种主观品质。没有扎实的主观做事态度，"严格"的制度约束就会遇到困难。

2. 五个关系：好管理与发展、责权利、企业风险收益与员工风险收益、员工自我约束和外在制度约束、管理的成本与效益

这些关系一旦处理不好，就会出现问题。如管理人员开拓高风险业务，据此获得高收入，并把高风险留给了银行股东。一旦经济形势变化，银行出现巨

---

① 席啸：《用理想与信念构筑的辉煌——访招商银行北京分行行长尹风兰》，载《银行家》，2002（7）。

额金融风险，损失由银行股东承担，管理人员至多一走了之。美国次贷危机中，银行处理金融衍生品等高风险产品时，就存在这种风险与收益不匹配的情形。

3. 金融竞争归根结底是人才的竞争

招商银行建立了成本低、效率高、受训面广的远程培训模式，总行培训中心引进国外先进课程，与总行业务部门合作，开发出高质量的培训课件。招商银行的 E – Learning 系统与北京大学在线合作，首批引进美国 Skillsoft 公司制作的 12 门管理类在线课程，供全行 1 000 余名中、高级管理人员学习，取得了良好效果[①]。

人才特别是高层次金融人才，仅仅靠工资奖金等物质激励是远远不够的，必须辅之以精神激励、文化激励。[②]

（三）小银行企业文化是一把手的文化

企业文化是一把手思想、理念、价值取向和行为模式在企业级别的映射。第一，一把手须通过学习，不断增强自身修养和自觉性，做企业文化的领头雁。第二，要做好宣传工作，选好榜样，总结经验教训，典型示范推广。第三，要形成一种完善的制度。按制度办事可以避免过于人为的主观弹性，增强管理的科学性。使管理的尺度、准则比较客观，避免员工因为尺度问题而争执不休，从而凝聚人心。第四，要形成一个合作奋斗的氛围。这种积极上进的氛围可以对新人或局外人产生意想不到的积极效果，同时，这种氛围也是局中人积极上进精神风貌的体现。

管理文化的营造是一个复杂的系统工程，要做的工作多，也不是一天、一年就能完成的事，它是一个长期的、渐进的潜移默化的过程，不能急于求成。

（四）小银行质量、管理与发展之间的关系

1. 质量主要是指资产的质量。含义包括：资产不良率要保持在一个正常、合理的比例区间，资产结构要合理，流动性充裕，盈利性强。

2. 良好的质量是通过优秀的管理来实现的。

3. 有了良好的管理，才有银行持续、稳健的发展。可持续发展是在保障质量前提下的有效益的发展，而不仅仅是资产规模的膨胀和机构网点的扩张。

4. 质量是发展的基本前提，是商业银行发展的生命线。执行的"质量是

---

① 王鹏：《招商银行：E – learning 构建"学习型银行"》，载《中国远程教育》，2003（1）。
② 彭光发：《打造民族精品银行——访招商银行行长马蔚华》，载《银行家》，2002（1）。

招商银行发展的第一主题"、"发展是硬道理"等理念体现了质量与发展的关系。没有好的质量，就不可能有发展；忽略质量的盲目发展，至多是短命的发展。质量是商业银行赢得竞争的最终决定力量。任何一家商业银行，无论其规模多么大，如果没有良好的质量，就不可能在竞争中成为最终的赢家。从管理角度讲，无论是提高质量，还是实现发展，都必须强化管理。管理是质量、发展的根本保障。

四、上市融资，招商银行发展新纪元

（一）上市，产权多元化[①]

招商银行通过上市，实现产权主体的多元化，成为一个国家控股的股份有限公司。在创新的重点方面，就是要在产权主体多元化的基础上，建立一个比较规范的公司的治理结构，建立一个相互制衡的股东大会、董事会、监事会。而且，应该在董事会的领导下，建立一系列规范的专业委员会。比如，资产负债管理委员会，风险控制管理委员会，技术管理委员会，等等，有效地防范我们经理人员的各种道德风险和意向选择的行为，这样就降低了道德的成本。

当时，国内的金融创新大多是停留在一种补课和引进的层面上，创新是比较少的，创新的层次也不太高，创新的范围也比较窄，主要还是集中在业务的领域方面，创新的内部驱动力也不足，主要依赖外围的推动，创新活动的效率也比较低。要推进商业银行的创新，除了商业银行进一步加大改革的力度外，更重要的一点是技术部门和经营监管机构应该在体制的框架和政策的安排等方面为商业银行的经营创新营造一个较好的外部环境。

（二）招商银行具备上市的条件，上市可以解决招商银行的难题

2001 年底，招商银行总资产 2 663 亿元，其不足 3 000 亿元的总资产，实在难与工行、农行、中行、建行相比。然而，招商银行却在发展策略上紧紧抓住自己"小"的特点，尽管经营规模不如人，但在经营质量上却毫不含糊，甚至远远领先于其他的大小同行，获得了诸多荣誉[②]。

当然，招商银行也有头痛的问题。首先，招商银行的不良贷款比例有待进一步下降。其次，离岸金融业务给招商银行带来的风险也不小。最后，贷款风险过于集中。过于集中的贷款风险，有待招商银行通过资本规模的扩大和对大

---

① 崔荣慧：《上市铺就创新路——访招商银行副行长李浩》，载《银行家》，2002（5）。
② 《招行航母下水能否一帆风顺》，载《新华网》，2002 – 03 – 23。

客户贷款采取逐步压缩措施加以有效控制。

这些问题怎么解决？上市。

上市有诸多好处。一是有利于建立起有效的资本补充机制；较高的资本充足率，可使商业银行在有较强抗风险能力的同时，为新设分支机构和购建固定资产创造条件。其同业竞争中网点少、资金规模较小这一劣势，将有望在上市后得到改善。二是有利于提升管理水平。三是有利于解决历史遗留问题。四是有利于实施和推进国际化战略。五是有利于招商银行完善激励机制①。

（三）上市的结果

2002 年 3 月，招商银行首次在上海证券交易所公开发行股票，2006 年 9 月，在香港联合交易所上市。上市后，招商银行多次从市场筹集到巨额资本金，提高资本充足率，扩大业务规模，迅速增加分行数量和支行数量。同时，优化产权结构，完善公司治理结构，健全员工激励机制等工作都更好地开展。上市前，招商银行资本金只有 42.07 亿元，2011 年末已高达 215.77 亿元，同期总资产也由 2 663 亿元增至 27 950 亿元。

五、招商银行上市后经营战略的两次调整

第一次转型是优化结构，第二次转型是提升效率。

（一）第一次战略调整

2004 年开始，招商银行启动第一次转型。转型的主要内容是调整业务结构，逐步降低总资产中信贷资产的比重，提升非信贷资产比例；在负债结构中增加主动负债比例和储蓄存款比重；在客户结构里逐渐增加中小客户和零售客户比重；在收入结构方面，降低利差收入比重，增加中间业务收入比重。转型的目的是变账面利润为经济利润，变规模导向为价值导向。此次转型中招商银行提出了发展零售业务、发展中小企业业务和发展中间业务的战略目标。第一次转型基本形成了有别于国内同业的业务结构与经营特色。

（二）第二次战略转型

2009 年，面对资本约束日益增强、直接融资快速发展、利率市场化稳步推进等外部挑战，招商银行实施二次转型，加快实现由主要依靠增加资本、资源消耗的外延粗放型经营方式向主要依靠管理提升、科技进步和员工效能提高的内涵集约型经营方式的转变。二次转型的根本目标是实现经营效益的最大

---

① 李南青、程华：《招行上市，誓言打造精品银行》，载《经济日报》，2002 - 2 - 25。

化，保证盈利的持续稳定增长，具体目标是降低资本消耗、提高贷款风险定价、控制财务成本、增加价值客户、确保风险可控。

（三）经营战略调整的必要性

第一，为更好地适应急剧变化的经营环境。进入 21 世纪后，商业银行所处的经营环境持续发生急剧而深刻的变化，只有切实提升管理，实施转型，才能有效应对这些变化。两次战略调整，不仅是出于国民经济运行、国家宏观调控、银行同业竞争等外在原因，更多是满足客户不断变化的需求。

第二，为更好地促进自身的可持续发展。资本、信贷、费用、人力等要素资源投入的刚性约束已成经营的常态，那种依靠大量资源投入的外延粗放型增长模式将难以为继，不适时进行转型，就没有出路，就不可能实现可持续发展。

第三，为更好地形成和巩固自身的业务特色。第一次转型，不仅很好地巩固了"一卡通"等特色业务，还在零售业务、中间业务、中小企业业务发展方面初步形成了自身的特色和优势。二次转型，就是要在新的环境与条件下继续巩固一次转型成果，在更加注重资源使用效率的基础上，进一步突出特色，发挥优势。

第二节 民生银行发展战略及借鉴

1996 年 1 月 12 日，民生银行诞生。它的产权构成和服务对象均以民营企业为主，这是它鲜明的特征。2000 年 11 月 27 日上市，比招商银行 2002 年 4 月 9 日上市早，比浦发银行 1999 年 11 月 10 日稍晚，比深发展 1991 年 4 月 3 日晚（现平安银行）。

一、民生银行概述

民生银行是我国第一家民营银行，产权关系明晰，成立之初就明确地提出追求利润最大化的商业目标。董事会之上有股东大会对银行的经营进行监管，所有的决策都取决于股东大会，而不是其他任何机构。股东对投资回报的要求使得其必须保证股东的投资效益和资本增值。

（一）民生银行的经营思想

民生银行的"稳健经营、稳中求进"的经营原则可以细化为讲信誉、讲服务、讲安全。讲信誉，对客户、对社会要树立"民生银行最讲信誉"这一形象；讲服务，服务的内容和手段不断创新，全力以赴地解决客户的问题；讲安全，主要是资产的安全，把稳健经营、防范风险放在首要位置。

诚信是市场经济的核心。办好一个现代企业既要讲求经济效益，又要讲求社会效益，义与利兼得。银行一定要取利有道，要时刻顾及社会利益，银行的诚实守信是经济可持续发展的根基①。一个政府、一个企业、一家银行要靠什么来赢得支持，就是靠信誉。因为信誉不是凭空产生的，是靠我们"言出必行、行出必果"的行为来一点点积累和争取的。

其他观念。（1）抓住机遇加快发展的观点。（2）克服做临工、打短工的观念。（3）民生银行员工和股东之间，倡导两个观念，即员工要树立股东观念，尊重和维护股东的权益；股东要树立银行观念，按照商业银行的运行规律和规章制度行事，不谋求特殊的利益。（4）彻底改变没有质量约束的以规模论英雄的传统观念，要审批项目，更是定期研究政策指引。

（二）民生银行经营思想的执行体系

1. 民生银行的四个重要体系

一是以利润为中心的激励体系，员工收入、经营费用、机构等级皆与利润挂钩。所辖分支行按创利多少和资产质量高低划分等级，按等级高低享受不同待遇和业务权限。对达不到最低等级的行实行降级和淘汰。二是以资产质量和安全为中心的内控体系。建设内控体系的目标是使银行的每个岗位、每个业务环节、每个上岗员工都要置于严密制度的控制和管理之下。三是以市场为中心的经营组织体系。民生银行率先推行客户经理制，培养一批能够独立开辟市场，打响民生银行这个品牌的客户经理，把全行最优秀的人才放到第一线去，把市场上优秀的客户请进来。四是以客户为中心的服务体系。民生银行主张在客户事业刚刚起步的时候，就给以积极的支持与协助，从而结成终生的亲密的具有战略意义的银企关系。民生银行还制定了文明规范、优质服务标准，如微笑服务、站立服务、上门服务、开放式服务和咨询服务等②。

2. 有利于人才培养和使用的激励机制是建立四个重要体系的关键

民生银行有个"三卡工程"。第一张卡是福利卡，主要解决员工的后顾之忧，包含养老保险、补充养老保险、医疗保险、失业保险、意外伤害保险等内

---

① 吕莹：《诚信架构新经济时代》，载《现代商业银行》，2002（11）。
② 叶云：《成功的秘诀：精心锻造内部机制》，载《中国工商》，2000（5）。

容。第二张卡是绩效卡，它是建立在定岗定编以及岗位定价的基础上的。卡就是一面镜子，能反映出员工在这个岗位创造了多少成绩，得到了多少报酬以及单位为培养员工花了多少代价。第三张卡是培训卡。主要是根据定岗定编情况，确定员工根据岗位需要接受的各种培训。通过培训促进员工知识更新，以延长员工的工作时间。"三卡工程"保证人尽其才，劳有所值[①]。

3. 完善的法人治理结构

（1）优化股本结构，股权既不能过分集中，也不能过于分散。大股东无特权。无主管部门，无行政干预。（2）股票期权计划，从制度上解决资本所有者和资本经营者之间利益分配的冲突问题，强化股东、董事、经营者及员工利益与企业长远发展的相关关系[②]。

4. "外圆内方"的民生市场营销格局

"外圆"，即对市场完全开放，拥有一支强大的、充满激情的、特别能战斗的客户经理队伍。运行奖惩分明的考核机制，使得民生人对市场变化能够灵活反应、可以最大限度地延展经营视角。所谓"内方"，即对内部管理严而有序。监督管理部门能够内控有力，及时把问题消灭在萌芽状态，从源头提高管理能力。"外圆"与"内方"的有机结合使得民生银行的营销体系更趋于理性化、更趋于市场化。

公司业务以"票据通"等新产品为突破口，同业业务以"非凡理财"工作室为突破口，而零售业务以个人住房按揭贷款和自助银行为突破口，民生银行的个人委托贷款业务带来了巨大的品牌效应，使民生银行的市场份额迅速扩大。短短几年间，民生银行的创新目标由争夺资源转变为创造资源，由片面强调自身利益转变为提升客户价值，由提供单一产品转变为提供全面解决方案。市场天地更加广阔。营销方式由客户经理单兵营销转变为专业化互补的团队型营销，由银行单一资源分业营销转变为整合各种金融资源、提供一揽子解决企业多种需求的混业营销。这种营销既给客户创造了价值，又给自己带来了丰厚的利润。

5. 较早建立了数据大集中机制

民生银行大集中账务系统建立了全行集中的会计核算体系，规范和统一了业务操作模式。数据平台上每开发出一个新产品，全行其他金融产品都可以互

---

① 鹤心：《民生银行——民营企业的绿岛》，载《金融经济》，2001（9）。
② 洪崎：《民生银行法人治理结构的启示》，载《Money China 财经界》，2001（8）。

联互用，资源共享。大集中机制减轻了分支机构市场部门的一部分负担。数据大集中实现了数据信息资源的整合和有效利用，对风险适时监控，建立完善的风险预警机制，对业务发展，对及时正确的决策与科学的经营管理都起到极大的作用。

从风险控制方面看，数据集中使得总行各业务部门、各分支行的存款、贷款、同业拆借、不良资产等业务动态数据进行适时监测和跟踪，尤其是对分支行反常或异常变动的数据信息的监测和跟踪，能有效防范和化解潜在风险。

民生银行信用卡业务系统走的是外包模式。由于发卡初期走客户精品化的路线，不盲目追求发卡数量，大大降低了运营成本，也大大缩短了发卡筹备时间，从18个月降低到6～9个月。在非核心业务外包的模式下，民生集中精力重点做好产品设计、市场开发、风险管理、客户服务等核心产品和服务，全力创建和打造符合国际标准、国内一流的民生信用卡品牌，使民生信用卡业务成为民生银行新的利润增长点[①]。

6. 独立评审的信贷文化

民生银行信贷业务的终审权集中在总行。总行信贷审查委员会是资产业务的终审机构。同时，总行对经营规模较大的分行派出评审专员办，集中对区域资产业务把关，直属于总行。在审查大的信贷项目时，专家的意见分量很重。实行独立评审制度对民生银行来说是一项重要的制度创新，这很好地解决了审贷分离的问题，使我们加快向国际授信体系接轨的步伐，从根本上促进了资产质量的优化[②]。

二、民生银行的发展战略：全力为民营企业、中小企业、高科技企业服务

为达到这项战略目标，民生银行全面再造银行的运行机制，包括机构设置、业务流程、人员配备等。

（一）加强对民营企业、中小企业、高科技企业的研究

民生银行花大力气开展民营企业、中小企业的调查和研究，包括有关中小企业的经济和政策环境、行业趋势、未来2～3年的资金需求和其他服务要求

---

① 杨科、赵春城：《我国商业银行信用卡业务发展的一种新模式——对民生银行信用卡数据处理业务外包的分析》，载《中国信用卡》，2004（12）。

② 李守荣、孙芙蓉：《制度创新是高速发展的强大动力》，载《中国金融》，2002（11）。

等。针对中小企业特点，开发出一大批业务品种，如微型贷款、公私联合贷款、组合贷款、创业贷款、举办"民营企业家研修班"，帮助企业经营者提高自身素质①。

民生银行上海分行成立不到一年，就先后同上海加士德金属制品有限公司、复星高科技集团有限公司、东锦食品有限公司、好来喜食品有限公司、品杰海产有限公司等民营高科技企业建立了良好的合作关系②。

（二）整合外部资源，以合作平台创造商机

1. 与非金融部门与机构广泛合作

与科技部"火炬中心"合作，开办中小高科技贴息贷款，争取贴息政策；与北京市朝阳区政府联合举办首届"民营企业发展论坛"，为民营中小企业参与首都经济建设创造商机；与清华大学等学术机构合作开展中小企业信用制度和金融支持的国际比较研究，借鉴国际上中小企业金融服务的经验教训。

2. 与金融机构广泛合作

（1）作为实现优势互补的一种策略，民生银行先后与中保人寿、平安保险、新华人寿、友邦保险、美亚保险等多家中外保险公司签订了全面代理协议；与工商银行展开了包括结算业务、信用卡业务等全方位的合作；成为多家券商的主清算行；和多家券商合作推出"银证通"业务，得到市场热烈响应。

（2）为了调整资产结构而进行的业务合作。民生银行向多家外资银行发放了人民币同业拆借；其票据中心不仅与国内大多数银行和非银行金融机构建立了转贴现关系，而且与花旗银行等国外著名银行进行转贴现业务合作；与世界上多个国家和地区的金融机构建立了代理行关系；民生银行还承担了欧盟的政府转贷业务；参与国际银团贷款合作等等。总之，银行同业之间的合作空间可能将会更为广阔。

3. 建立风险投资基金、担保基金，带动银行贷款

许多民营企业不仅资金紧张，而且资本也不足。如一些高科技企业，有技术，有专利，但缺乏基本的开发资金，而这些企业往往难以达到银行的贷款条件，民生银行积极倡导建立风险投资基金、贷款担保基金或创业投资基金，以解决高新技术企业初创时期的资金和资本需求③。

---

① 《民生银行：支持非公经济发展创新路》，载《领导决策信息》，1999（19）。
② 陆巍：《金融领域又一"元"民生银行》，载《中国民营科技与经济》，1996（2）。
③ 王金成：《民生银行反哺民营企业》，载《决策与信息》，1999（3）。

（三）整合内部资源，公司业务、个人业务、国际业务和同业业务并驾齐驱

在公司理财方面，推出了"帮客通"服务系统，侧重于业务窗口和客户服务形式的创新与包装，对外推出客户经理，全权接待、受理客户包括从本外币开户、结算、信贷直至理财设计、债务重组、资产保全、并购顾问等全部银行对公业务，为客户提供一揽子的全过程服务。

"企业财务革新计划"。银行站在客户的角度，以提高企业的采购竞争力、销售竞争力和资金使用效率为目标，全面改造企业的采购、销售和融资安排，为客户创造价值。"企业财务革新计划"使银行成为企业的主办银行[①]。

民生银行的个人业务，如个人的住房贷款、汽车按揭、财产抵押、存单抵押的小额贷款等。民生银行主动开展这方面的业务，解决了小个体户、小业主的困难处境。同时，民生银行推出了个人委托贷款业务。它是由委托人在民生银行开立委托贷款资金专户，将贷款资金足额汇入专户，银行帮助其挑选合适的放贷对象，并根据借贷双方商定的贷款金额、期限、利率等代为发放资金，负责监督贷款的使用和催收还款的一项银行中间业务领域中的新金融产品[②]。

从2002年开始，民生银行开始着手大力发展零售银行业务，到2004年底，零售银行占比超过10%。民生银行的远期目标则是要像海外银行一样，达到50%～60%，完成零售业务转型。民生银行的零售业务创新是以倾听市场声音为基础的系列产品开发，在时间上和空间上形成集团优势。以住房按揭业务为例，民生银行的创新招式，一是时间上的"连环腿"，二是空间上的"组合拳"[③]。

（四）科技兴行

金融科技解放生产力。民生银行在电子商务、网上银行、支付手段和支付方式等领域投资力度很大，并构筑基于网络技术的银行资源管理系统，对银行的人、财、物、信息等宝贵资源进行高效管理，合理配置。较早推行办公自动化与自助服务，上线网上银行[④]。办公自动化降低了风险，提高了工作效率[⑤]。

---

① 郭颖君：《从民生银行"企业财务革新计划"看商业银行经营理念的变革》，载《河北金融》，2003（12）。
② 牛中南：《民生银行：推出个人委托贷款》，载《财经时评》，2002（9）。
③ 张云峰：《创新为王》，载《商业银行》，2003（11）。
④ 程云：《民生银行——应用决定价值》，载《互联网周刊》，2002（3）。
⑤ 王秀云：《民生银行办公自动化系统的建设》，载《中国金融电脑》，2000（7）。

黄金客户的内外一体化服务模式。客户经理和柜员双向选择、柜员之间靠服务水平公平竞争，每个客户都对应具体的客户经理和指定柜员，使其有可以依赖的工作人员，从头到尾办理整套业务①。

2001 年的八大系统建设与改造，完善了民生的大集中系统。2001 年 1 月，民生银行在深圳召开高层会议，行长董文标在这次会议上首次提出：民生银行将启动包括客户信息管理系统、客户服务中心系统、业务流程系统、风险评价系统、业务定价系统、信用卡系统、行员培训系统和经理管理系统在内的"八大系统"的建设与改造工程。以 PMO 方式推动的"八大系统"的改造让民生银行改革奠定了坚实的 IT 基础②。

（五）抓住优质客户是根本

民生银行判断优质客户的三个标准：一是在短期内有较好的现金流。因为利润可能只是一种表面现象，通过一种投机取巧的方法做出来的；现金流是很难作假的。二是在行业中的位置比较靠前。看其在行业中的市场份额，以及它在行业中竞争的位置。且要看企业是处于上升还是下降的趋势。即这个企业在行业中的位置靠前，而又处于上升趋势，那一定是好企业。三是看一个企业特有的核心竞争力。如这个企业有没有专利技术，有没有自己独到的经营网络等。看企业的管理，企业信用是否规范，有没有不良记录。

对每一个客户都有一个评估的程序。每年一次，像年检一样，由风控部门牵头，协同有关部门，根据客户的利润流、现金流、行业地位、竞争优势等许多方面进行评估，综合打分，分成等级。

创造或培养优质客户。优质客户是市场的选择，是企业在竞争中长期发现，不断培养出来的。银行通过对有潜力的中小企业的高水准服务，提高企业的竞争力，帮助企业创造价值，帮助企业成长壮大③。

（六）打造品牌

民生银行在对具体个人进行金融产品的设计时，对每一种类个人金融产品都进行了冠名，如"居乐业"——住房贷款系列、"贷从容"——汽车消费贷款系列、"及时雨"——个人创业贷款、"钱生钱"信用与质押组合贷款、"薪加薪"个人工资保证贷款、"民生财"个人综合授信等，形象地体现该产品的

---

① 杨晓荣：《通过打造企业文化提升企业核心竞争力——中国民生银行带给银行业的启迪》，载《科技情报开发与经济》，2004（5）。

② 默明：《民生银行的 PMO 之剑》，载《IT REPORT》，2004（8）。

③ 雷涛：《民生银行的客户方略》，载《金融家》，2003（6）。

特点，使人过目不忘。

"贷款安全港"的风险控制品牌包括了优选、准入、优惠、跟踪、年检等机制①。优选制的核心是由原来单纯审贷款、审项目、审财务报表转向审企业，由企业每次提出用款申请、银行逐笔审查的审批方式转向对企业全面状况作出正确评估后得出认定结果，从根本上提高贷前调查和释读企业的能力，实现提高效率和防范风险的双重目标。跟踪制建立"贷款安全港"企业信息管理系统，避免跨地区集团合作中的"风险盲区"，建立常规性的贷后检查制度，并加强行业风险监控，建立贷款或授信监控系统。

第三节　兴业银行发展战略及借鉴

兴业银行董事长高建平说过："天下没有哪家银行，一开始就拥有雄厚实力。小可以变大，切不可小瞧自己。"兴业银行从小银行变为大银行的经验值得我们借鉴。

一、兴业银行发展历程

兴业银行，原名福建兴业银行。根据国务院国函（1988）58 号文件《国务院关于福建省深化改革，扩大开放，加快外向型经济发展请示的批复》，经中国人民银行银复（1988）347 号文件《关于成立福建兴业银行的批复》批准，由原福建省福兴财务公司和福建省投资企业公司，福建华兴信托投资公司三家金融机构联合发起设立的股份制商业银行，为独立的企业法人，注册资本15 亿元，于 1988 年 8 月 26 日开业，总行设在福建省福州市。

（一）兴业银行 1988—1991②

在业务建设方面，兴业银行始终把大力筹措组织资金、积极开拓综合性金融业务、调整优化资产负债比例和信贷结构，作为业务工作的重点，努力发挥综合性银行的功能作用。截至 1990 年 9 月底，共招收股金 5.0868 亿元，其中外汇股金 0.1560 亿美元；吸收各项人民币存款 4.7118 亿元，各项外汇存款

---

① 柴金：《民生银行"贷款安全港"》，载《资本市场杂志》，2001（11）。
② 林翊坤、兰荣：《办好区域性银行，支持我省外向型经济发展——福建兴业银行成立两周年回顾与展望》，载《福建金融》，1991（3）。

0.2646 亿美元；累计发放各项人民币贷款余额 13.0228 亿元，各项外汇贷款余额 0.2292 亿美元；累计办理委托贷款余额 5.3569 亿元。

在信贷资金投放上，集中资金支持福建省重点建设和技术改造项目；同时，提供灵活多样的金融服务，支持商品经济的发展，拾遗补缺。

在经营管理方面，加强银行内部各项基础建设，建立健全各项业务规章制度，加强经济核算，节约各项支出。开业两年，共实现利润 0.5905 亿元，上交各项税金 0.0844 亿元，取得了较好的经济效益。

（二） 兴业银行 1992—1996①

银行成立 8 年来，福建兴业银行累计实现利润 12.8 亿元，其中 1995 年实现利润 4.99 亿元。截至 1995 年底，各项人民币存款余额达 121.61 亿元，年均递增 83.3%；各项人民币贷款余额 86 亿元，年均递增 33.4%；外汇存贷款余额年均递增 86.% 和 84.6%。截至 1996 年 9 月底，总资产已达 224 亿元。同时，兴业银行在省内已设立了 189 个营业机构网点，以及全资附属的福建兴业证券公司。省外在顺利设立北京代表处并积极发挥其作用之后，在上海设立了首家跨省分行，迈出了跨省经营的第一步。

兴业银行在成立之初的 8 年内，发展迅速。同时，涉足证券业，跨省经营，可见，规模扩张仍然起着重要作用。

（三） 兴业银行 1997—2004②

16 年后，资产总额达到 2 942 亿元，年均增长 37%；各项存款余额 2 312 亿元，年均增长 56%；各项贷款余额 1 937 亿元，年均增长 37%；创办 16 年，连续 16 年盈利，累计实现利润 66 亿多元；按照国际通行的风险分类法，不良资产比例为 2.17%。业务增长速度、盈利实现能力、资产质量水平等方面在国内商业银行中均位居前列，已经由一家名不见经传的区域性银行成长为一家举足轻重的全国性银行，跻身全球银行 300 强。

这期间，兴业银行经历了 1998 年我国经济低谷。当时，海南发展银行就破产倒闭了，不少城市信用社和农村信用社都因扩张过速，大量的呆坏账导致拖垮银行信誉，出现挤兑风波。福建兴业银行在国有独资银行和外资银行的市场夹缝中生存、发展，并跻身全球银行 300 强，确实值得后来的小银行学习。

---

① 《壮大资金实力　推进二次创业——福建兴业银行行长陈芸答记者问》，载《发展研究》，1996 (11)。

② 《一流银行　百年兴业——兴业银行奋力开拓稳健经营的十六年》，载《开放潮》，2004 (9)。

二、兴业银行发展过程中的重大事件

（一）寻求跨区域发展①

1988 年 8 月，兴业银行在福建成立，成为继交通、中信、招商、深发展之后成立的第五家股份制商业银行，但是最初只被允许在福建省内开展业务，是个地地道道的"福建省内银行"。

福建这顶"帽子"限制了兴业银行跨省发展，使自己与交通、中信、招商等银行处在不平等的竞争地位。这顶帽子，兴业银行每时每刻都想摘掉，但一戴就是 14 年。

随着"二次创业"的启动，兴业银行开始寻求跨省经营的可能，1996 年兴业银行在区域性股份制银行中首家成功设立上海分行，被当时的新闻界视为上海金融市场全面开放的标志。

在 2000 年的行庆座谈会上，兴业银行党委书记、董事长高建平提出确立"建设全国性现代化商业银行"的目标定位，实施"从严治行、专家办行、科技兴行"三大战略，推进"有形机构扩展与无形网络延伸、有形产品创新与无形体制改革"两个虚实结合的发展思路。

其后制定和实施的 2001—2005 年发展战略主线贯彻了该思想。其一，在思想观念上，加速实现由区域性银行向全国性银行的巨大转变。其二，业务结构、财务结构、机构分布和人员构成等战略结构在短短几年里进行了大幅调整。机构布局方面，兴业银行先后设立了北京、杭州、广州等 11 家分行和 80 多家经济中心城市支行。其三，在机制上，实施类别行管理，完善授权制度，因地制宜实行差别化的经营管理策略，打破行员招聘的区域限制，面向全国广纳贤才。其四，在技术手段上，分别设立福州和上海两个运行和研发中心，推进办公自动化、数据大集中、远程灾难备份系统、信贷管理信息系统、综合业务系统升级工程，建设远程教育培训系统、视频会议系统，远程管理的技术条件和手段逐步完善。其五，在业务保持高速增长的同时，全行机构、人员绝对数"零增长"。

2003 年 3 月 3 日，中国人民银行特例批准福建兴业银行正式更名为"兴业银行股份有限公司"，简称"兴业银行"，标志着该行建设全国性银行的历史任务基本完成。

---

① 《奋发图强兴宏业——兴业银行十五发展纪实》，载《开放潮》，2003（9）。

从"福建兴业银行"更名到"兴业银行",是一个非常重大的战略决策。因为银行名称是品牌和信誉最重要的载体之一。而品牌、信誉等无形资产是银行经营的基础。

(二)精心引入战略投资者,壮大资本实力和经营能力①

1. 遵从巴塞尔协议导致银行需要不断补充资本

截至 2004 年末,兴业银行已在全国 20 余个大中城市设有 292 家分支机构,资产总额达 3 405.22 亿元,较 2002 年的 1 910.63 亿元增长了近八成。飞速的发展使兴业银行在市场影响力、经营规模与效益上都得到了很大程度的提高,但兴业银行的高速发展主要是靠对公领域的存贷款业务拉动的,这种模式下的高速发展同时也对兴业银行的资本金提出了较高的要求。

2004 年 3 月 1 日,中国银监会全面借鉴了巴塞尔新资本协议框架,颁布实施了新的《商业银行资本充足率管理办法》,规定了在 2007 年以前国内各商业银行资本充足率不得低于 8% 的要求。

由于业务的快速发展,2003 年 12 月,兴业银行与香港恒生银行、国际金融公司(IFC)、新加坡政府直接投资有限公司签订投资入股协议,共引入 27 亿元资本金认购 9.99 亿新股,分别占发行后总股本 15.98%、5% 和 4% 的股份。这使得兴业银行 2003 年的资本充足率达到 8.97%。但是,由于业务快速发展,资本充足率迅速下滑。2004 年底,兴业银行发行了 30 亿元的次级债来补充资本金。这使得兴业银行 2004 年的资本充足率达到 8.07%,刚刚满足 8% 的最低要求。

2. 精心选择战略投资者

兴业银行根据自身发展状况、经营优势与弱势、未来发展战略、境外战略投资者与兴业银行发展目标的契合度来选择战略投资者。引进资金不是主要目的,关键是通过引进外资,取人之长,补己之短,增强自身实力,以应对中国银行业全面开放后所面临的国际化竞争②。

恒生银行是香港上市银行,同时也是汇丰集团控股的国际优秀银行,在财务管理、零售业务等领域具有显著的特色和优势。兴业银行引入恒生银行主要是希望通过双方紧密的业务合作,吸收借鉴该行在现代银行经营管理各领域的

① 陶艳艳、李仁杰:《解读兴业银行》,载《银行家》,2005(8)。
② 延红梅:《加强与战略投资者的合作推进我国银行业的对外开放——访兴业银行董事长高建平》,载《中国金融》2006(23)。

先进技术和经验。

国际金融公司是世界银行集团成员，具有强大的国际号召力和国际水准的公司治理经验以及强大的项目研究和资源调动能力。引进国际金融公司则是侧重在公司治理、风险管理等方面吸取国际一流的先进经验。

新加坡政府投资公司是新加坡政府全资控制的公司，负责管理新加坡的国家外汇储备，管理的总资产超过1 000亿美元，拥有全球性的投资组合，非常了解亚洲各国的文化背景和资本管理。其对我国经济文化的认同与了解，有助于更为顺畅地实现双方在财务融资等方面的各项合作。

3. 战略投资者带来的积极影响

公司治理方面，境外战略投资者通过推荐金融专业人士担任董事，委派专家小组为兴业银行开展公司治理调研并提出改进建议，促进了兴业银行公司治理的不断完善。尤其是外资董事，以其专业而独立的国际视野，为提高董事会决策水平发挥了积极作用。

业务合作方面，三年多来，兴业银行与境外战略投资者之间先后进行了70多轮次的互访、培训、考察及调研，吸收国外先进业务技术和管理经验，改进兴业银行经营管理。零售业务是兴业银行与境外战略投资者战略交流合作的重要领域。作为零售业务全球领先的银行之一，恒生银行有很多成功经验和模式值得学习借鉴。以信用卡业务为例，入股以后，恒生银行通过为兴业银行培训技术骨干，派出专家顾问和管理团队参与兴业银行信用卡业务的经营管理工作，使得兴业银行在短时间内获得了先进的信用卡业务技术和管理技术，增强了信用卡业务的竞争力。

国际金融公司拓展了兴业银行为节能、环保企业或项目融资业务。2006年5月，兴业银行与国际金融公司签署了能效融资项目合作协议，把双方的市场化融资优势和公用事业服务优势、风险管理技术优势有机结合起来，通过市场化运作方式，最大程度、最高效率地推动中国节能和环保事业的持续发展。兴业银行以国际金融公司认定的节能、环保型企业和项目为基础，按照自身的信贷审批流程，向符合条件的节能、环保型企业和项目发放贷款，国际金融公司对相关贷款提供本金损失分担、相关的技术援助和业绩激励。

此外，兴业银行与境外投资者在审计、管理会计、风险管理、IT等领域进行了广泛交流与合作。

（三）零售业业务转型——实现未来的持续发展①

兴业银行提出大力发展零售业务，加强市场细分，明确核心业务领域和资源投入重点，推进组织再造，提升专业服务能力，改革考核方式，优化资源配置；深化信息技术应用，为战略转型提供强大的技术支持等措施。

2004 年，上述各项措施已经开始落实，截至 2004 年末，兴业银行的个人贷款余额达 174.04 亿元，较 2002 年初增长 117.55%，个人储蓄存款余额 238.47 亿元，较年初增长 39.46%。

零售业务不是兴业银行的长项，而恰恰是恒生银行的长项。2004 年，兴业银行与恒生合作推出了兴业、恒生双 LOGO 信用卡，充分引进了恒生银行在信用卡产品上的技术和管理经验，并共享了恒生在香港的服务网络，恒生银行帮助兴业银行在较短的时间里获得了先进的信用卡业务技术和管理技术，缩短了与先进银行的差距。

三、兴业银行的经验借鉴

（一）加强资本管理，完善公司治理

通过引资、上市、发债等多种方式扩充资本，并在此过程中不断提升经营管理的现代化水平，完善公司治理②。

（二）根据形势及时调整业务策略

2001 年，国家治理通货紧缩，货币和财政政策比较宽松，市场资金头寸也比较充足。在这种形势下，兴业银行提出商业银行有条件也应该采取更加积极的经营策略。兴业银行取消各分行的存贷比管理，坚持以优质资产带动负债、中间业务的发展，带来银行优质资产规模的迅速上升，抓住了发展机遇。

2003 年，兴业银行将以盈利为主要指标的考核办法，改为以经济增加值为主要指标的考核办法。该方法以资本经济成本扣除后的资本回报率和资产收益率为核心。当 2004 年上半年国家实施宏观调控时，兴业银行已提前作出反应，并且应对自如。

（三）在 IT 技术革新的推动下，银行再造提升了效率，降低了成本，增强了风险管理能力

再造是全球银行业发展的一个趋势，兴业银行不断加快再造的进程，总的

---

① 陶艳艳、李仁杰：《解读兴业银行》，载《银行家》，2005（8）。

② 余欣：《默默进攻金融市场——兴业银行行长李仁杰畅谈经营理念》，载《中国金融家》，2004（9）。

方向是以客户为中心，按照扁平化、集中化、专业化和前、中、后台分离的原则，变"小总行、大分行、大支行"为"大总行、小分行、小支行"，在有效节约成本、强化风险控制的同时，迅速提高业务创新能力和客户服务能力。为此，兴业银行借鉴国际银行业先进做法，陆续设立众多专业化中心，并将其中的资金营运、研究开发、信用卡等前台业务经营中心移师上海，以借助作为全国金融中心的上海在信息、人才、资金等方面的优势，更紧密地接触前沿市场。同时，将与市场接触程度相对低的后台业务处理中心，如资金清算、单证处理、电话银行、软件开发等，放在福州马尾，以充分发挥当地的人力资源成本和场地成本较低的优势。

总之，兴业银行由小变大的发展过程，为我国众多中小银行的发展提供了宝贵的经验。

第四节　海南发展银行的教训

海南发展银行①的成立比民生银行还早两年，但是，其发展的结果却天壤之别。所以，海南发展银行是我们的反面教材。

一、海南发展银行的历史背景

海南发展银行是一家地方性股份制商业银行，1994 年底经中国人民银行总行批准同意筹建，1995 年 8 月 18 日海南发展银行创立大会暨第一次股东大会在海口召开。

它是在海南省富南国际信托投资公司、海南蜀兴信托投资公司、海口市浙琼信托投资公司、海口市华夏金融公司和三亚市吉亚信托投资公司五家信托投资公司的基础上，向全国募集股份组建而成的。海南发展银行成立时，约有股东 47 家，股本总额为 16.77 亿元人民币（其中外币 5 000 万美元）。其中，五家信托投资公司的股东有 22 家，经海南省资产评估事务所评估的净资产为 6.31 亿元入股，占总股本的 37.63%，新募股东 25 家注资 10.46 亿元，占总股本的 62.37%。主要股东包括海南省政府、中国北方工业总公司、中国远洋运输集团公司、首都国际机场等，海南省政府拥有控股权。

---

① 刘华：《海南发展银行的倒闭警示今犹在》，载《银行家》，2004（2）。

海南发展银行开业 1 年多，到 1996 年底，全行资产总额达 86.3 亿元人民币（包括外币），比 1995 年底增长 24.4 亿元，增长率高达 152%；各项贷款余额 35.11 亿元，比上年底增加 17.8 亿元，增长率为 97.8%。据 1997 年的《海南年鉴》称，该行收息率为 90%，未发生一笔呆滞贷款，与境外 36 家银行及其 403 家分支行建立了代理关系。

在 1996 年底海南省全省社会存款余额增长低于全国平均增长速度 12.3 个百分点、社会贷款余额低于全国平均增长速度 9 个百分点的情况下，海南发展银行业绩骄人。

然而，1997 年一次糟糕的资产重组结出了恶果。1997 年 12 月 10 日，海南发展银行兼并了海南省约 28 家出现支付危机的城市信用社作为其支行。为了增强流动性，后又设立了广州分行、白云支行、文昌支行等 5 家分支机构。

终于，多种不稳定因素葬送了海南发展银行。一是海南发展银行对城市信用社的兼并和托管不堪重负，二是岛外设立分支机构吸纳资金导致新旧股东之间的利益纠葛与冲突，三是风险意识淡薄，违规经营，四是内部管理与控制制度混乱。结果，海南发展银行经营状况每况愈下，财务状况不断恶化，亏损严重，流动性严重不足，并导致了挤兑风潮。

1998 年 6 月 21 日，中国人民银行发出公告：鉴于海南发展银行不能及时支付到期债务，为了保护债权人的合法权益，根据《中华人民共和国商业银行法》等法规，中国人民银行决定于 1998 年 6 月 21 日关闭海南发展银行，停止一切业务活动。同时，中国人民银行依法组织成立清算组，对海南发展银行进行关闭清算。

这样，不到三个年头，拿着行业垄断性营业牌照的海南发展银行竟然破产了！教训深刻！

二、海南发展银行的关闭原因分析

海南发展银行如果能够按照市场原则进行经营管理，历史债务的存量可以被优质资产的增量所消化[1][2]。什么原因导致了海南发展银行的破产呢？

（一）股东对立

海南发展银行董事会的股东之间的矛盾尖锐，致使公司的控制权问题没有

---

[1] 刘华：《海南发展银行的倒闭警示今犹在》，载《银行家》，2004（2）。
[2] 蔡臻欣、谢洁：《海南发展银行的关闭及警示》，载《中国城市金融》，1999（1）。

得到解决，造成董事会效率低下。海南发展银行创建时，原有股东的资产价值未能按市场原则进行客观科学的评估，为新老股东的分歧埋下了祸根。5 家信托投资公司入股海南发展银行时，净资产被评估为 63 111 万元，明显高估。海南发展银行成立后，银行聘请了海南省审计事务所对 5 家信托投资公司的原有资产重新评估，净资产为 47 049 万元。如果剔除潜在损失额 36 194 万元，则净资产为 10 855 万元。由于原有股东资产水分太大的问题一直没有得到解决，新老股东之间的矛盾越来越突出。

（二）盲目重组

海南发展银行在政府推动下，重组了 28 家城市信用社。这些信用社普遍存在资本充足率低，超负荷经营；备付率低，清偿能力不足；违规投资严重，贷款大量投向房地产等一系列问题，资产质量恶化，不良贷款比例高。在此冲击下，海南发展银行脆弱的本质进一步暴露出来，最终导致清偿能力的丧失。

（三）高息揽储

资本金的短缺迫使海南发展银行树立了存款立行的思路，但它更多的是靠高息揽储等违规操作开拓资金来源。1996 年该行的五年期存款年利率高达22%，这么高的利率在当时全国治理通货膨胀、物价不断下跌的情况下，是难以为继的。银行的贷款利率必须更高，逆向选择，信贷风险迅速加大。当银行因坏账而出现信用恐慌时，整个支付和清偿系统恶性循环，紧绷的信用系统最终瘫痪。

（四）行政干预过度

无论是海南发展银行开办时并入的 5 家信托公司，还是 1997 年兼并的28 家信用社，都是行政过度干预的结果。海南发展银行以海南省政府为大股东，一方面在收回贷款和追缴债务方面拥有了强大的后盾，另一方面政府出于利益采取行政干预，且往往违背金融市场的"游戏规则"和商业银行经营原则。

同时期的东南亚金融危机，就是政府违背经济规律干预经济的后果。所以，对于政府干预经济，要警示干预不当的不良后果。

（五）银行不断违规

海南发展银行开业，即违背了"资本金不足不能开业"的银行业规则。此后的高息揽储违规操作，以及"对同一借款人贷款比例超出规定"也违反了《商业银行法》。由于银行经营奉行违规文化，银行一直踩在刀尖上经营，最终摔了下来。

由于我国采取严厉的金融监管制度，确实存在部分监管措施不合理的现象。另外，在部分宏观调控时期，由于监管举措违反经济规律，银行赖以生存的社会信用环境又不够理想，导致所有参与主体都不得不违规经营，否则难以生存。这个阶段就包括了 1996 年前后。

当时，高息揽存虽然在业界普遍存在，但是，敢于以 22% 的利息揽存的银行，恐怕只有海南发展银行一家。是海南发展银行自己选择了一条不归之路。

三、从海南发展银行事件中得到的启示

（一）以市场机制和商业银行经营原则为导向，限制行政干预

银行经营要警惕行政手段的过度干预。政府的过度干预一者会导致企业文化不健康，忽视风险，腐败盛行，二者会导致资产质量根本性下降，地方面子工程、形象工程、豆腐渣工程一个大项目就可以把银行拉下水，三是贪大求全，好大喜功，没有效率。由于政府干预而导致小银行出现危机的例子，在全国不胜枚举。小银行由于政府控股，不良的政府作风会浸染银行企业文化。所以，银监会特别倡导股权多元化，以制约政府的非理性行为。这在我国是有道理的①②。

由于我国是个行政主导的国家，政府乱作为、政府不作为缺乏监督时，就会产生严重的经济后果。而政府不讲信用给社会信用带来的恶劣影响，一度是学术界讨论的热点话题。有鉴于此，银监会对地方政府融资平台充满警惕。这种警惕是必要的。因为我国的行政权缺乏监督，地方"土皇帝"祸害一方的例子也是屡见不鲜的。

（二）有效监管与商业银行的自律机制、外部审计机制相结合

以金融自由化为特征的全球金融变革提出了"放松管制"，但这是建立在严密的监管立法和比较健全的现代银行体系和制度基础之上的"有效监管"。金融监管要有放有紧，不能听之任之。美国的次贷危机即是监管失效的例子，被监管机构寻求制度漏洞提供的机会，追求自身利益最大化，最终，"千里之堤，溃于蚁穴"。所以，监管者要时刻关注银业新的风险点，发现问题，即时

---

① 蔡臻欣、谢洁：《海南发展银行的关闭及警示》，载《中国城市金融》，1999（1）。
② 朱崇实、贺绍奇：《商业银行股份化过程中的若干法律问题——兼论海南发展银行的关闭原因》，载《厦门大学学报》，1999（3）。

补救。

　　此外，金融机构的自律管理和社会的审计评估监督等都是复杂的金融系统良好运转的必要条件。银行的内部管理是防范化解金融风险的基础和关键，也是中央银行监督目标能否得以有效实现的关键。因此商业银行在推进资产负债比例管理的同时，必须建立健全有效的决策管理机制、授权审批机制、责任会计管理机制、稽核监督机制以及其他相应机制，实现真正意义的现代金融企业制度，与中央银行的监管目标相适应。内控机制中的诸多漏洞，葬送了海南发展银行大好前程。

参 考 文 献

1. 专著

[1] 阎庆民:《现代小银行监管前沿问题研究》,北京,中国金融出版社,2010。

[2] 祁敬宇:《全球化的金融监管问题》,北京,首都经济贸易大学出版社,2011。

[3] 祁敬宇、王刚:《后危机时代的全球金融监管》,北京,首都经济贸易大学出版社,2011。

[4] 罗慰年、吴垠:《华尔街战争》,北京,中国纺织出版社,2008。

[5] 李兵:《银行监管边界问题研究》,北京,中国金融出版社,2005。

[6] 安德鲁·斯宾塞等:《从贝尔斯登陷落到全球金融恐慌》,北京,中信出版社,2009。

[7] 祁敬宇:《金融监管案例评析》,北京,首都经济贸易大学出版社,2011。

[8] 大卫·G. 梅斯等:《改进银行监管》,北京,中国人民大学出版社,2006。

[9] 郑颂主编:《资本幕后》,北京,中国商业出版社,2008。

[10] 经济热点面对面编委会:《华尔街风云》,北京,中国发展出版社,2008。

[11] 周仲飞、郑晖:《银行法原理》,北京,中信出版社,2004。

[12] 祁敬宇:《金融监管学》,西安,西安交通大学出版社,2010。

[13] 范小云:《繁荣的背后——金融系统性风险的本质、测度与管理》,北京,中国金融出版社,2006。

[14] 周仲飞:《银行法研究》,上海,上海财经大学出版社,2010。

[15] 钱小安:《金融监管体制、效率与变革》,北京,中国金融出版社,2006。

[16] 陈佳贵、刘树成主编:《国际金融危机与经济学理论反思》,北京,中国社会科学出版社,2010。

[17] 陈晗:《金融衍生品演进路径与监管措施》,北京,中国金融出版社,2008。

[18] (澳)彼得·哈契著,范立夫等译:《泡沫先生:艾伦·格林斯潘与消失的七万亿美元》,大连,东北财经大学出版社,2008。

[19] 塞缪尔·亨廷顿:《文明的冲突与世界秩序的重建》,北京,新华出版社,2010。

[20] 翟晨曦：《美国次贷危机引发全球金融危机的思考》，北京，经济科学出版社，2009。

[21] 黄海洲：《理解次贷危机》（第36辑），吴敬琏主编，北京，中信出版社，2008（7）。

[22] 陆泽峰：《金融创新与法律变革》，北京，法律出版社，2007。

[23] 巴曙松等：《巴塞尔协议Ⅲ研究》，北京，中国金融出版社，2011。

[24]（美）理查德·比特纳著，覃扬眉、丁颖颖译：《贪婪、欺诈和无知——美国次贷危机真相》，北京，中信出版社，2008。

[25] 李勇坚：《即将来临的大逆转》，北京，中国经济出版社，2009。

[26] 丁邦开、周仲飞：《金融监管学原理》，北京，北京大学出版社，2004。

[27] 罗慰年、吴垠：《华尔街战争》，北京，中国纺织出版社，2008。

[28] 王爱俭等：《虚拟经济合理规模与风险预警研究》，北京，中国金融出版社，2007。

[29] 罗伯特·博森：《大乱有大治——如何治理美国的金融系统》，北京，中信出版社，2010。

[30] 李文泓：《宏观审慎监管框架下的逆周期政策研究》，北京，中国金融出版社，2011。

[31] 臧慧萍：《美国金融监管制度的历史演进》，北京，经济管理出版社，2007。

[32] 范德胜：《经济转轨时期的我国金融发展和经济增长》，北京，中国金融出版社，2006。

[33] 朴明根、王春红、邹立明：《金融全球化下银行风险防范研究》，北京，经济科学出版社，2008。

[34] 安德鲁·斯宾塞：《恐慌害死熊》，北京，中信出版社，2009。

[35] 希拉里·罗森伯格：《兀鹫投资者》，上海，上海财经大学出版社，2006。

[36] 雷曜：《次贷危机》，北京，机械工业出版社，2008。

[37] 理查德·布克斯塔伯：《我们自己制造的魔鬼》，北京，中信出版社，2008。

[38] 第一财经日报：《拯救全球金融》，北京，中信出版社，2009。

[39] 辛乔利、许秀江：《大乱局》，北京，中国经济出版社，2008。

2. 期刊文章

[1] 赵雅坦、邹新月：《股份制商业银行竞争能力的实证研究》，载《河南社会科学》，2009（1）。

[2] 陈恒有、陈继抗：《SWOT模型与BCG矩阵视角下商业银行中间业务竞争战略选择》，载《财会研究》，2008（16）。

[3] 李冠青：《商业银行理财产品的差异化竞争战略》，载《人民论坛》，2010（8）。

[4] 李兴智：《构建良好金融生态环境 助推商业银行优质竞争》，载《金融理论与实践》，2009（3）。

[5] 潘明忠：《商业银行金融同业合作的创新空间及发展策略》，载《商业银行》，

2 007（11）。

[6] 袁园、李顺、卢新元：《商业银行竞争情报系统的构建与应用研究》，载《图书馆学研究》，2009（6）。

[7] 曾进：《商业银行竞争态势分析》，载《财经论坛，统计与决策》，2008（20）。

[8] 詹浩勇、陈成：《我国商业银行与境外战略投资者的合作与竞争》，载《财经之窗，特区经济》，2008（9）。

[9] 邓光军、曾勇、李强、何佳：《外资银行与中资银行的战略合作决策研究》，载《管理科学学报》，2012（7）。

[10] 熊俊、陆军：《国内和欧美手机银行业务发展的实践与创新》，载《金融论坛》，2011（3）。

[11] 李壮、孙英隽、陈妍：《我国手机银行发展的模式选择与对策分析》，载《经济问题探索》，2011（9）。

[12] 饶鹏：《手机银行发展现状比较及启示》，载《金融与经济》，2012。

[13] 中国人民银行研究局：《金融市场研究处》，2011 - 11 - 30。

[14] 何光辉、杨咸月：《手机银行模式与监管：金融包容与中国的战略转移》，载《财贸经济》，2011（4）。

[15] 汤运筹：《手机银行业务发展中的问题及对策研究》，载《银企信用》，2011（11）。

[16] 华坚：《手机银行：未来银行业的竞争焦点之一》，载《上海金融》，2001（4）。

[17] 熊国红、戴俊敏：《对手机银行的认识与安全问题的思考》，载《武汉金融》，2011（1）。

[18] 张纪：《手机银行风险分析与安全策略》，载《上海金融》，2006（2）。

[19] 段军山：《中小股份制银行零售银行业务发展思路》，载《中国流通经济》，2011（2）。

[20] 辛兵海、杜崇东：《全球零售银行增长策略研究及对我国邮储银行的启示》，载《财金融与经济》，2009（8）。

[21] 张保军：《中小银行零售银行业务发展探究》，载《金融论坛》，2011（1）。

[22] 孙艳：《中国零售银行实现平衡发展与盈利的路径选择》，载《金融与经济》，2009（1）。

[23] 唐丽君：《我国零售银行与批发银行的比较》，载《浙江金融》，2007（3）。

[24] 罗明忠：《零售银行业务的特点、发展趋势及启示》，载《云南财贸学院学报》，2001（2）。

[25] 赵萍：《中国零售银行的业务扩展》，载《经济理论与经济管理》，2003（8）。

[26] 韩敏：《学习国外零售银行经营理念 增强中行零售业务竞争实力》，载《金融与经济》，2003（12）。

[27] 李庆萍：《新形势下我国零售银行业务发展探析》，载《商业银行》。

［28］ 邱兆祥、范香梅：《中小银行地域多元化问题研究述评》，载《经济学动态》，2009（6）。

［29］ 梁笛：《银行资产规模与中小企业信贷——大银行和小银行比较优势研究》，载《东南亚研究》，2007（6）。

［30］ 亢海红：《中小企业信贷与银行资产规模》，载《东方企业文化》，2011（5）。

［31］ 范香梅、邱兆祥、张晓云：《我国商业银行跨区域发展的经济效应研究》，载《财贸经济》，2011（1）。

［32］ 曾向阳：《地方中小银行的转型路径》，载《中国金融》，2011（7）。

［33］ 曾向阳：《加快地方中小银行的转型路径》，载《中国金融家》，2011（6）。

［34］ 曾向阳：《加快转型是地方中小银行"十二五"科学发展的根本途径》，载《金融与经济》，2011（6）。

［35］ 秦捷、钟田丽：《"小银行优势"在中小企业信贷市场的实证检验——基于中小板上市公司的经验证据》，载《预测》，2011（1）。

［36］ 孙鬵：《中国中小银行可持续发展策略：规模领先还是特色制胜》，载《金融论坛》，2011（4）。

［37］ 阚景阳：《西方社区银行经营特色与发展模式分析》，载《山西财政税务专科学校学报》，2012（8）。

［38］ 解传喜：《关系导向与我国中小银行战略转型》，载《生产力研究》，2005（1）。

［39］ 朱建武：《中小银行规模扩张的动因与行为逻辑分析》，载《财经理论与实践》，2007（7）。

［40］ 丁时杰：《创新信贷管理理念，促进持续稳定发展——浅谈城市商业银行小企业关系型贷款退出》，载《创新与创业教育》，2010（3）。

［41］ 何德旭、王朝阳：《小银行必须有明确的市场定位——浙江民泰商业银行的启示》，载《银行家》，2012（5）。

［42］ 朱建武：《中小银行规模扩张的动因与行为逻辑》，载《经济管理》，2007（6）。

［43］ 傅勇：《比较优势、市场定位与我国中小金融机构发展战略研究》，载《金融研究》，2011（12）。

［44］ 朱建武：《我国中小银行资产扩张效应实证研究（1987～2004）》，载《财经研究》，2006（8）。

［45］ 樊大志：《中小银行业务转型问题》，载《中国金融》，2010（9）。

［46］ 孙鬵：《中国中小银行可持续发展策略：规模领先还是特色制胜》，载《金融论坛》，2011（4）。

［47］ 朱静：《我国城市商业银行的市场定位及发展战略》，载《企业经济》，2010（1）。

［48］ 李文浩：《德国邮政银行转型历程和成功经验》，载《武汉金融》，2008（4）。

［49］ 曾平、王小章：《脱胎换骨地推动经营的转型——访兴业银行行长李仁杰》，载《今

日中国》，2005（10）。

［50］刘佳、周文琦：《差异化链及其应用分析——以招商银行大学生信用卡推广活动为例》，载《商场现代化》，2005（10）。

［51］韩文亮：《品牌建设是上海国际金融中心建设的重要途径》，载《上海经济研究》，2009（3）。

［52］韩文亮、戚焱：《论商业银行的品牌战略建设》，载《新金融》，2008（2）。

［53］宋娜、李冰倩：《论商业银行最根本核心竞争力——品牌战略系统工程的建设》，载《沿海企业与科技》，2008（11）。

［54］吴满鑫：《招商银行的战略转型》，载《新财经》，2005（6）。

［55］孙艳：《中国零售银行实现平衡发展与盈利的路径选择》，载《金融与经济》，2009（1）。

［56］阮永平、王亚明：《我国商业银行经营模式的结构再造：基于国外零售银行发展趋势的价值链分析》，载《上海金融》，2006（12）。

［57］段军山：《中小股份制银行零售银行业务发展思路》，载《中国流通经济》，2011（2）。

［58］段嘉玉：《零售银行市场博弈有道》，载《中国市场》，2007（2）。

［59］薛鸿健：《零售银行的渠道挑战与多渠道集成》，载《金融论坛》，2006（4）。

［60］任律颖：《谈"长尾效应"与发展大众零售银行服务》，载《浙江金融》，2010（5）。

［61］《零售银行在中国：如何平衡发展与盈利——访罗兰贝格国际管理咨询公司副总裁及合伙人罗曼》，载《新金融》，2006（1）。

［62］唐玲：《我国商业银行的核心转型战略——从发展零售业务角度的思考》，载《新金融》，2007（10）。

［63］唐菁菁、孙灵刚：《中美商业银行中间业务的创新机制研究》，载《南方金融》，2012（1）。

［64］李菊：《试论发展零售银行业务是中小股份制商业银行的有效选择》，载《理论界》，2008（12）。

［65］李玉强等：《工商银行实施品牌战略提高核心竞争力研究》，载《金融论坛》，2008（12）。

［66］林谦：《金融品牌、差异化营销与银行核心竞争力——对深圳银行业品牌竞争的实证分析及其策略思考》，载《金融论坛》，2004（5）。

［67］王双平：《略论现代商业银行的品牌竞争策略》，载《杭州金融研修学院学报》，2004（11）。

［67］谢治春：《强势金融品牌特征与我国商业银行品牌发展》，载《上海金融》，2010（7）。

［68］刘妮：《以品牌优势来确保个人理财业务核心竞争力》，载《金融经济》，2007（10）。

[69] 李庆萍：《新形势下我国零售银行业务发展探析》，载《银行家》，2011（10）。

[70] 颜伟：《浅议我国商业银行的品牌战略》，载《现代商业》，2008（1）。

[71] 刘晓英：《金融企业的品牌传播策略研究——以招商银行为例》，载《特区经济》，2009（5）。

[72] 乔海曙、王军华：《品牌经营：银行竞争的战略制高点》，载《财经理论与实践》，2005（11）。

[73] 周越江、曾丽：《浅析现代商业银行发展与营销创新的必要性》，载《现代经济信息》，2011（6）。

[74] 徐东云：《品牌管理的魅力》，载《商业时代》，2003（3）。

[75] 钱颖：《我国商业银行实施品牌营销战略的思考》，载《金融与经济》，2006（6）。

[76] 楚毅涛：《商业银行品牌战略分析》，载《现代商贸工业》，2009（1）。

[77] 徐诺金：《银行营销：创立你的品牌》，载《中国金融》，2004（10）。

[78] 于长福：《提高哈埠商业银行服务质量的实证分析——提升哈尔滨本土银行品牌措施的几点建议》，载《科技与管理》，2010（3）。

[79] 周光新：《中小商业银行营销策略选择》，载《新西部（下半月）》，2009（9）。

[80] 黄瑞君：《浅议我国中小商业银行品牌战略》，载《科技信息》，2009（11）。

[81] 杨波：《如何提升中小商业银行的营销竞争力》，载《特区经济》，2004（12）。

[82] 杨蔚东、杨宝臣、董越：《关于我国社区银行发展的战略思考》，载《经济界》，2006（1）。

[83] 黄勇英：《中小商业银行营销策略探析》，载《成都大学学报（社会科学版）》，2010（4）。

[84] 田冠军、汤培丽：《财务定价、人力资源资本化与薪酬激励——兼对美国金融危机的思考与建议》，载《财会通讯》，2010（8）。

[85] 岳嵩：《中小商业银行营销战略选择》，载《商场现代化》，2006（4）。

[86] 于敏：《浅谈国有商业银行人才机制定位与改革路径取向》，载《湖北大学学报（哲学社会科学版）》，2006（4）。

[87] 于敏：《国有商业银行人才机制定位与改革路径取向》，载《湖北大学学报（哲学社会科学版）》，2006（7）。

[88] 王明华：《我国中小商业银行市场定位战略研究》，载《财经问题研究》，2000（11）。

[89] 张仿龙：《基于风险与价值创造的商业银行发展战略研究》，载《经济研究参考》，2010（4）。

[90] 张浩、徐旭门：《国际视野下国有商业银行人才流失问题研究》，载《中国商贸》，2012（10）。

[91] 邓丽娟：《美国商业银行人力资源管理启示录》，载《农村金融研究》，2006（9）

[92] 张连怀：《中小股份制商业银行竞争力提升途径分析》，载《河北金融》，2006（1）。

[93] 潘明忠：《商业银行金融同业合作的创新空间及发展策略》，载《银行家》，2007 （11）。

[94] 吴思嫣、胡君辰：《对商业银行实施逆周期人力资源管理的思考》，载《中国人力资源开发》，2011 （5）。

[95] 一心：《软实力标准：卓越高管的标杆——访中国工商银行总行人力资源提升项目专家黄勋敬博士》，载《中国人力资源开发》，2010 （1）。

[96] 张雅光：《财富 500 强经典案例之十二 中国银行人力资源管理制度改革路径解析》，载《中国人才》，2009 （10）。

[97] 王慧琴、余海斌：《我国商业银行人才测评研究》，载《中国人力资源开发》，2011 （3）。

[98] 梁嘉丽：《香港国际金融中心建设过程中的人才发展战略》，载《中国金融》，2010 （5）。

[99] 蔡旺：《村镇银行人才队伍建设研究》，载《广东农业科学》，2012 （3）。

[100] 李玥：《蓝海战略与农业银行高级人力资源管理模式探索》，载《湖北社会科学》，2009 （8）。

[101] 吴晓灵：《大国金融博弈需要多层次金融人才》，载《中国金融》，2011 （8）。

[102] 周澜：《我国国有商业银行人才困境的管理学分析》，载《金融与经济》，2010 （12）。

[103] 施慧洪：《我国农村金融信息化的五种模式分析》，载《商场现代化》，2009 （6）。

[104] 宫少林：《招商银行的发展历程与改革探索》，载《中国外汇管理》，1998 （6）。

[105] 伍旭川、徐金亭、尚海燕、刘永宁、吴松然、陈林、史定女、陈泰隆、徐嘉鸿、韩泽县、陈致平、郭胜雄、丛毓麟：《村镇银行发展中的 IT 支持》，载《银行家》，2010 （12）。

[106] 李南青、余国铮：《招商银行管理体制的改革探索》，载《海南金融》，1997 （6）。

[107] 刘伟林：《忽如一夜春风来 千树万树"葵花"开——由招商银行"一卡通"全国消费联网巡回展示活动所想到的》，载《银行与企业》，1999 （3）。

[108] 卢伟：《从"一卡通"到"一网通"招商银行以科技兴行铸造业界典范》，载《中国金融》，2000 （12）。

[109] 《云计算：让银行实现 IT 资源按需服务》，载《中国金融》，2011 （9）。

[110] 《新银行·再造之道——2007 中国金融峰会》，载《银行家》，2007 （12）。

[111] 李守荣、查子安：《强化管理 科技创新 铸造精品 追求卓越——访招商银行行长马蔚华博士》，载《中国金融》，2002 （3）。

[112] 崔荣慧：《上市铺就创新路——访招商银行副行长李浩》，载《银行家》，2002 （5）。

[113] 张云峰：《创新为王——中国民生银行启示录》，载《银行家》，2003 （11）。

[114] 叶云：《成功的秘诀：精心锻造内部机制——访中国民生银行行长蔡鲁伦》，载《中

国工商》，2000（5）。

[115] 李守荣、孙芙蓉：《制度创新是高速发展的强大动力——访中国民生银行行长董文标》，载《中国金融》，2002（11）。

[116] 郭颖君：《尽显科技魅力——透视中国民生银行数据大集中系统》，载《河北金融》，2004（6）。

[117] 延红梅：《加强与战略投资者的合作 推进我国银行业的对外开放——访兴业银行董事长高建平》，载《中国金融》，2006（12）。

[118] 陶艳艳、李仁杰：《解读兴业银行》，载《银行家》，2005（8）。

[119] 蔡臻欣、谢洁：《海南发展银行的关闭及其警示》，载《中国城市金融》，1999（1）。

[120]《奋发图强兴宏业——兴业银行十五发展纪实》，载《开放潮》，2003（9）。

[121] 刘华：《海南发展银行倒闭警示今犹在》，载《银行家》，2004（2）。

[122] 余欣：《默默进攻金融市场——兴业银行行长李仁杰畅谈经营理念》，载《中国金融家》，2004（9）。

[123] 郭一先、吴鹤立．曾记否：《金融梦在椰风中逝去——回首海南发展银行关闭始末》，载《金融经济》，2001（11）。

[124] 综合信息，http：//www.scicpa.or，2011－06－04。

[125]《壮大资金实力 推进二次创业——福建兴业银行行长陈芸答记者问》，载《发展研究》，1996（11）。

[126] 戴杭骁：《我国商业银行引进战略投资者策略探讨》，载《特区经济》，2009（8）。

后　记

　　《新监管标准下的小银行发展战略研究》一书承蒙晋商银行研究院提供项目经费，在课题组成员的共同努力下，本书持续时间大约一年，终于顺利完成。

　　作为国内一本系统研究我国小银行发展战略问题的专著，本书的创作是在我国金融改革新形势下的一次学术探索。本书的写作思路与总体设计由本人和晋商银行副监事长吕福贞完成，经过课题组成员共同讨论确定并分别承担编写任务。后来，随着课题的深入，我们又邀请了在金融监管研究方面有一定成果的首都经济贸易大学金融学院祁敬宇教授、首都经济贸易大学金融学院副教授、中国社会科学院博士后施慧洪一同加盟。首都经济贸易大学金融学院的部分硕士研究生、博士研究生也一并加入了课题的调研和写作，在搜集资料、调查研究等方面提供了许多有益帮助。

　　本书在写作过程中，还得到了中国银行业监督管理委员会、民生银行、华夏银行等金融机构的帮助，同时，我们也参考了诸多同仁的相关文献，本书已将主要参考文献列于书后。在此向各位同仁致以真诚的谢意。

　　本书的编辑出版，始终得到晋商银行高管层、晋商银行研究院领导的大力支持与帮助，中国金融出版社的领导和编辑也为本书的出版提供了指导与便利，在此一并深表谢意。

　　因作者水平有限，不足甚至错漏之处在所难免，敬请各位读者斧正。

2012 年 12 月 7 日

李树生